プリント形式のリアル過去問で本番の臨場感！

大阪府

大阪教育大学附属中学校 池田

2025年春受験用

解答集

本書は，実物をなるべくそのままに，プリント形式で年度ごとに収録しています。
問題用紙を教科別に分けて使うことができるので，本番さながらの演習ができます。

■ 収録内容

・解答集(この冊子です)

書籍ＩＤ番号，この問題集の使い方，最新年度実物データ，リアル過去問の活用，解答例と解説，ご使用にあたってのお願い・ご注意，お問い合わせ

・2024(令和６)年度 ～ 2019(平成31)年度　学力検査問題

JN131930

○は収録あり	年度	'24	'23	'22	'21	'20	'19
■ 問題収録		○	○	○	○	○	○
■ 解答用紙(算数は書き込み式)		○	○	○	○	○	○
■ 配点							

全教科に解説があります

実技教科による検査の概要も収録しています
注)国語問題文非掲載:2022年度の一，2021年度の一，2020年度の一

問題文の非掲載につきまして

著作権上の都合により，本書に収録している過去入試問題の本文の一部を掲載しておりません。ご不便をおかけし，誠に申し訳ございません。

本文の一部を掲載できなかったことによる国語の演習不足を補うため，論説文および小説文の演習問題のダウンロード付録があります。弊社ウェブサイトから書籍ＩＤ番号を入力してご利用ください。

なお，問題の量，形式，難易度などの傾向が，実際の入試問題と一致しない場合があります。

教英出版

■ 書籍ＩＤ番号

入試に役立つダウンロード付録や学校情報などを随時更新して掲載しています。
教英出版ウェブサイトの「ご購入者様のページ」画面で，書籍ＩＤ番号を入力してご利用ください。

書籍ＩＤ番号　103429

（有効期限：2025年9月30日まで）

【入試に役立つダウンロード付録】
「要点のまとめ(国語／算数)」
「課題作文演習」ほか

■ この問題集の使い方

年度ごとにプリント形式で収録しています。針を外して教科ごとに分けて使用します。①片側，②中央のどちらかでとじてありますので，下図を参考に，問題用紙と解答用紙に分けて準備をしましょう（解答用紙がない場合もあります）。

針を外すときは，けがをしないように十分注意してください。また，針を外すと紛失しやすくなりますので気をつけましょう。

① 片側でとじてあるもの　　② 中央でとじてあるもの

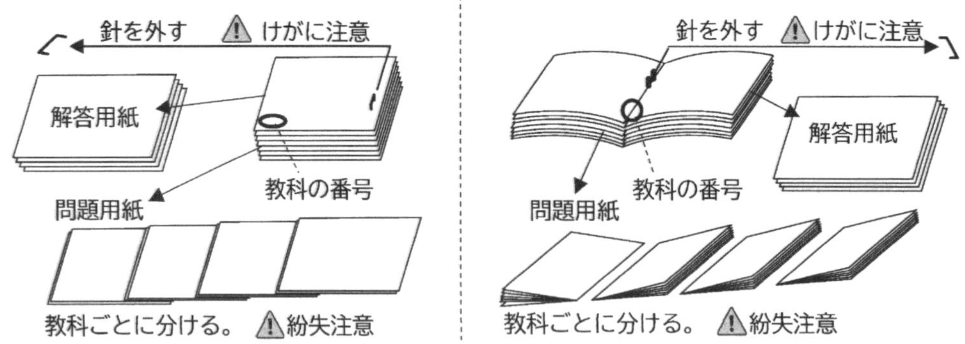

※教科数が上図と異なる場合があります。
解答用紙がない場合や，問題と一体になっている場合があります。
教科の番号は，教科ごとに分けるときの参考にしてください。

■ 最新年度 実物データ

実物をなるべくそのままに編集していますが，収録の都合上，実際の試験問題とは異なる場合があります。実物のサイズ，様式は右表で確認してください。

問題用紙	Ｂ４片面プリント
解答用紙	Ｂ４片面プリント

リアル過去問の活用

～リアル過去問なら入試本番で力を発揮することができる～

本番を体験しよう！

問題用紙の形式（縦向き / 横向き），問題の配置や余白など，実物に近い紙面構成なので本番の臨場感が味わえます。まずはパラパラとめくって眺めてみてください。「これが志望校の入試問題なんだ！」と思えば入試に向けて気持ちが高まることでしょう。

入試を知ろう！

同じ教科の過去数年分の問題紙面を並べて，見比べてみましょう。

① 問題の量

毎年同じ大問数か，年によって違うのか，また全体の問題量はどのくらいか知っておきましょう。どのくらいのスピードで解けば時間内に終わるのか，大問ひとつにかけられる時間を計算してみましょう。

② 出題分野

よく出題されている分野とそうでない分野を見つけましょう。同じような問題が過去にも出題されていることに気がつくはずです。

③ 出題順序

得意な分野が毎年同じ大問番号で出題されていると分かれば，本番で取りこぼさないように先回りして解答することができるでしょう。

④ 解答方法

記述式か選択式か（マークシートか），見ておきましょう。記述式なら，単位まで書く必要があるかどうか，文字数はどのくらいかなど，細かいところまでチェックしておきましょう。計算過程を書く必要があるかどうかも重要です。

⑤ 問題の難易度

必ず正解したい基本問題，条件や指示の読み間違いといったケアレスミスに気をつけたい問題，後回しにしたほうがいい問題などをチェックしておきましょう。

問題を解こう！

志望校の入試傾向をつかんだら，問題を何度も解いていきましょう。ほかにも問題文の独特な言いまわしや，その学校独自の答え方を発見できることもあるでしょう。オリンピックや環境問題など，話題になった出来事を毎年出題する学校だと分かれば，日頃のニュースの見かたも変わってきます。

こうして志望校の入試傾向を知り対策を立てることこそが，過去問を解く最大の理由なのです。

実力を知ろう！

過去問を解くにあたって，得点はそれほど重要ではありません。大切なのは，志望校の過去問演習を通して，苦手な教科，苦手な分野を知ることです。苦手な教科，分野が分かったら，教科書や参考書に戻って重点的に学習する時間をつくりましょう。今の自分の実力を知れば，入試本番までの勉強の道すじが見えてきます。

試験に慣れよう！

入試では時間配分も重要です。本番で時間が足りなくなってあわてないように，リアル過去問で実戦演習をして，時間配分や出題パターンに慣れておきましょう。教科ごとに気持ちを切り替える練習もしておきましょう。

心を整えよう！

入試は誰でも緊張するものです。入試前日になったら，演習をやり尽くしたリアル過去問の表紙を眺めてみましょう。問題の内容を見る必要はもうありません。どんな形式だったかな？受験番号や氏名はどこに書くのかな？…ほんの少し見ておくだけでも，志望校の入試に向けて心の準備が整うことでしょう。

そして入試本番では，見慣れた問題紙面が緊張した心を落ち着かせてくれるはずです。

※まれに入試形式を変更する学校もありますが，条件はほかの受験生も同じです。心を整えてあせらずに問題に取りかかりましょう。

2024 解答例
令和6年度

大阪教育大学附属池田中学校

《国　語》

一　1. a. 立派　b. わるぎ　2. ①ウ　②オ　③ア　3. イ　4. A. 学校を休んだ　B. ママとけんか　5. イラついてどうしようもなくて、八つ当たりばかりしている状態。　6. イ　7. 帰る場所がないのは自分だけではないという安心感をくれる存在。　8. 素のまんまのアズ　9. エ　10. 親友になった

二　1. a. あやま　b. 巻末　c. 教授　2. A. 語学力や専門家としての知識　B. 見えない　3. イ　4. ③オ　⑧ア　5. 情報を取捨選択して体系化する作業。　6. 達人たちの英知を本から借りて、あるテーマについての全体像を知ることができること。　7. A. イ　B. エ　8. ア　9. ウ

三　〈作文のポイント〉

・最初に自分の主張、立場を明確に決め、その内容に沿って書いていく。

・わかりやすい表現を心がける。自信のない表現や漢字は使わない。

さらにくわしい作文の書き方・作文例はこちら！→https://kyoei-syuppan.net/mobile/files/sakupo.html

《算　数》

1　(1)57　(2)12

2　(1)3　(2)60

3　(1)5　(2)19

4　(1)100.48　(2)258.08

5　(1)28　(2)66

6　(1)14　(2)46

7　(1)75.6　(2)82.8

8　(1)32　(2)22

9　(1)34　(2)193

10　(1)728　(2)792

《理　科》

1　(1)熱くなるので，測定後すぐに直接さわらないように注意する。　(2)酸素
(3)①X．石灰水　Y．二酸化炭素　② ㋑→㋐→㋒　③下図

2　(1)(a)支点…A　作用点…B　(b)支点…B　作用点…A　(2)(a)　(3)下図
(4)記号…ア　理由…手順1で薬包紙にのせた食塩の重さは，薬包紙の重さの分だけ1gよりも軽いから。

3　(1)天気…晴れ　理由…1日の中で気温の変化が大きいから。　(2)9，10　(3)ハザードマップ
(4)①水蒸気　②積乱雲　(5)青森，大阪，広島，福岡

4　(1)エ　(2)①ア，エ，キ　②ウ　(3)下図　(4)ア

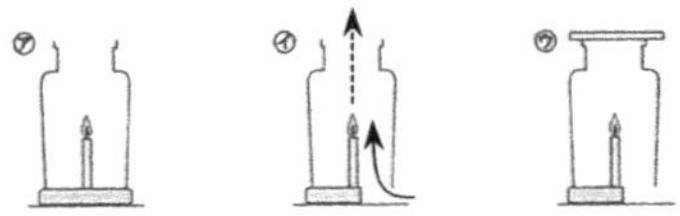

1(3)③の図

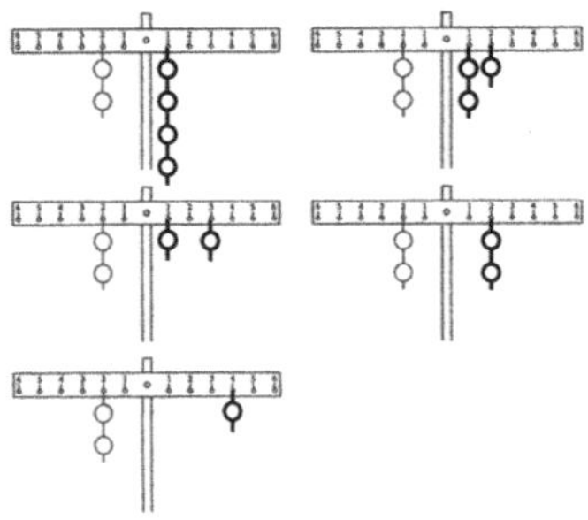
2(3)の図

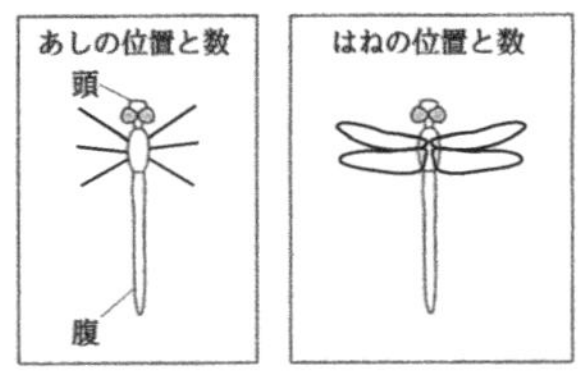

4(3)の図

《社　会》

1　[問1]水戸　[問2]潮目〔別解〕潮境　[問3]イ，ウ　[問4](1)(関東)ローム　(2)風車が回ることで強い音が発生するので，住宅地から距離をとって騒音による影響を減らすため。　[問5](1)娘の徳子を高倉天皇に嫁がせて生まれた子を安徳天皇とし，天皇の外戚として権力を強めた。　(2)ウ→ア→エ→イ　[問6](1)イ　(2)輸入品の関税率を決める権利である関税自主権がなかった点。　[問7](1)絵踏　(2)江戸幕府が禁止していたキリスト教の信者を見つけ出すため。　[問8](1)ウ　(2)ア

2　[問1](1)エ　(2)エ　(3)ア　(4)ユニセフ　(5)持続可能　[問2]ユーロ　[問3](1)イ　(2)朱印状　(3)エ
[問4]ウ　[問5]少子高齢化が進む中国や日本では，近年横ばいである国内総生産成長率は今後減少することが予想されるが，少子高齢化が進んでいないインドでは，今後も豊富な労働力を確保でき，近年増加している国内総生産成長率は今後も高い水準で推移していくと予想されるから。　[問6]ウ　[問7]ア

《2024　国語　解説》

一　2①　前後に「ねむりこけていた」「お腹が～上がり下がりしている」とあるから、寝息を立てている様子を表す言葉が入る。よって、ウの「スースーと」が適する。　②　「ねむりこけていた」ライオンが「体を起こした」時の様子なので、ゆったりした動作を表す言葉が入る。よって、オの「のっそりと」が適する。　③　雪が降る寒い日に、ライオンの「はく息」が「白いけむりのように空に上っていく」様子を表す言葉が入る。よって、アの「ゆっくりと」が適する。

3　直前に「どうするんだ」とあるから、イの「途方に暮れて」が適する。「途方に暮れる」は、どうすればいいのかわからない状態。

4　「またやっちゃった」と言ったアズに、唯人が「今度はなんや？」(―⑤の 10 行後)と聞いている。アズが「ママとけんか、かな。あたし学校を休んだから、いろいろ言われちゃって……」と言っていることからぬき出す。

5　アズが今の自分の状態を語っている部分に着目する。―⑥の７～９行前の「あたしは八つ当たりばかりしてるから、友達もいない～イラついてどうしようもなくて、町も学校も、ちっとも好きになれなくて」からまとめる。

6　「何をするにも自信がなく、話すのも苦手な」唯人が、「アズとおると～言葉がすらすら出てくる」のはなぜかを考える。「あっ、しまった～また言葉がきついなんて言われそう」なことを言ってもおこらない、「唯人くんにアホって言われてもちっともいやじゃないよ」と言ってくれるアズとの会話は、唯人にとって安心感を覚えるものであるはず。また、自分の心の内を語ったアズのことを、唯人は「こっちのアズ(学校とは大ちがいの、バリアを張ってない素のまんまのアズ)のほうがええな」と思っている。これらの内容から、イの「親近感」(自分に近いと感じる、親しみの気持ち)が読み取れる。

7　―⑧の前で、アズが「ライオン～声も聞こえたの。帰る場所がないのはおまえだけじゃないぞって」「なあんだ、そうか～あたしだけじゃなかったんだって。すっごく安心したの。だから～親友になったんだ」と語っていることからまとめる。

8　アズが「そんなふうに思とった」ことを、唯人はこの時の会話を通して知った、つまり、それまで知らなかったのである。(　八字　)の直前の「いつもとはちがう」に着目し、「いつもとはちがう」アズとはどのようなアズかが書かれた部分を探す。―⑥の５行前に、学校とは大ちがいの「バリアを張ってない素のまんまのアズ」とある。

9　直前の「おれかて、ひとりぼっちやで」という唯人の言葉を聞いて、アズは―⑩のようになった。「あたしだけひとりぼっちで外国にいるみたい」「帰る場所がない」と孤独感をかかえているアズが、唯人が「おれかて、ひとりぼっちやで」と言うのを聞いたらどのように感じるか。「唯人も同じなのだ」という気持ちになると考えられるので、エが適する。―⑩のようになったアズの気持ちを察した唯人が、「唯人のひとりぼっちと、アズのひとりぼっちが同じかどうかはわからない。でも、今、確かにそれは重なった」と思っているのも参照。

10　「唯人とアズとライオン」のつながりを考える。「ぽつんとすわった一頭のライオン」は、「居心地が悪そうな顔～場ちがいなところに来ちまった」という様子に見え、アズに「帰る場所がないのはおまえだけじゃないぞ」というメッセージを感じさせた。「あたしだけひとりぼっちで外国にいるみたい」「帰る場所がない」と孤独感をかかえているアズは、そのライオンを「親友」だとした。そう話したアズに、唯人は「おれかて、ひとりぼっちやで」と言った。つまりアズにとって、唯人も孤独を共感し合える友、心を許し合える友になったのだと考えられる。よって、「親友になった」(―⑧の前行)をぬき出す。

二 2　この本について、―①の直後の二段落で具体的に説明している。「この本の中で、著者は『B見えない』という結論を冒頭で示します」「著者～研究しています～A語学力や専門家としての知識が、深い論考を可能にしたのです」からぬき出す。

3　「丹念」は、心をこめて丁寧におこなうこと。

4③　直前の「１冊の本を読むことで、自力では困難な～の成果を知ることができる」ということを、「テーマに精通したプロフェッショナルを～やとったも同然」だと言いかえているので、オの「いわば」が適する。

⑧　直前の２段落で「本を読むことで、また、読み方を工夫することで～学べる要素はたくさんあります。たとえば～という視点で読むと～できるようになります～伝え方の工夫によって、わかりやすく～逆もあることがわかります」と具体的に述べたことを、「読み方を意識すれば～ものの見方～伝え方など、いろいろな力をきたえることができるようになるのです」とまとめているので、アの「このように」が適する。

5　「あるテーマについての全体像を知るには～(情報を)取捨選択して体系化する必要」があるが、自力では困難なその作業を、本の著者がすでにしてくれてあるということを言っている。ここで言いたいことは、(　③　)の直前で「１冊の本を読むことで、自力では困難な情報の収集・調査と整理・検証の成果を知ることができる」と述べているのと同じことである。

6　「知の巨人の肩に乗り」が意味することと、「はるか遠くまで見わたせる」が意味することをおさえてまとめる。まず、ここでの「知の巨人」は、著者である専門家、その分野の「達人たち」のことである。「肩に乗り」は、読者が自力でおこなうのではなく「達人たち」にたよること、つまり「達人たちの英知を、本から借りること」「著者が考えぬいてきた成果を、本を通じて教えてもらうこと」をたとえた表現である。次に、本において「はるか遠くまで見わたせる」とはどのようなことかを考える。見える範囲が広い、つまり「あるテーマについての全体像を知る」ことができるということ。これらの内容をまとめる。

7　本を書くにあたって、論理を展開していくのに必要なものごとである。集めるべき「材料」とは何か、その「材料」を「料理」することにあたる過程は何かを考える。〰bの前行に「検証の材料となる情報」とあるのを参照。

8　「自分がこのテーマで書くならば」という視点で本を読むと、「著者の視点や戦略」が見えてくるとある。これは、読者として内容を読み取るのとはちがう見方をする、つまり、書き手の立場に立って(読み手の立場をはなれて)どのように表現しているかに注目して読むということである。よって、アの「客観的に読み取る」が適する。

9　ア．本文で「１冊の本を読むことで、自力では困難な情報の収集・調査と整理・検証の成果を知ることができる」「あらゆる分野の達人たちの英知を、本から借りることができる」と述べていることから言える内容である。イ．本文の最後で「読み方を意識すれば～ものの見方、とらえ方、考え方、伝え方など、いろいろな力をきたえることができるようになるのです」と述べていることに適する。　ウ．「本に書かれた内容～うのみにしてはいけない」というようなことは本文中で述べていない。　エ．本文の最初で取り上げている「万里の長城」は月から「見えない」という話から言える内容である。

《2024　算数　解説》

1 (1)　与式$=13\times4.8+1.6\times(3\times6)-1.8\times19=13\times4.8+6\times4.8-1.8\times19=(13+6)\times4.8-1.8\times19=19\times4.8-19\times1.8=19\times(4.8-1.8)=19\times3=$**57**

(2)　与式より，$(34-\frac{3}{4}\times\square)\div4\frac{3}{8}=2+3\frac{5}{7}$　$34-\frac{3}{4}\times\square=5\frac{5}{7}\times4\frac{3}{8}$　$34-\frac{3}{4}\times\square=\frac{40}{7}\times\frac{35}{8}$　$\frac{3}{4}\times\square=34-25$　$\square=9\times\frac{4}{3}=$**12**

2 (1) **【解き方】流水算で必要になる計算をまとめると，次の表のようになる。**

(上りの速さ)＝(静水での速さ)－(川の流れの速さ) (下りの速さ)＝(静水での速さ)＋(川の流れの速さ)	(静水での速さ)＝{(下りの速さ)＋(上りの速さ)}÷２ (川の流れの速さ)＝{(下りの速さ)－(上りの速さ)}÷２

船㋐がＢ地点からＡ地点まで川を下るときの速さは，$105\div5\frac{50}{60}=18$ より，時速 18 ㎞である。

船㋐がＡ地点からＢ地点まで進むのと，Ｂ地点からＡ地点まで進むのにかかる時間の比は $8\frac{45}{60}:5\frac{50}{60}=3:2$ なので，このときに進む速さの比は３：２の逆比の２：３である。よって，上りの速さは，$18\times\frac{2}{3}=12$ より，時速 12 ㎞である。したがって，川の流れの速さは，$(18-12)\div2=3$ より，時速**３**㎞である。

(2) **【解き方】船㋐の上りの速さと，船㋑の下りの速さの比を求める。**

船㋑の下りの速さは，$6+3=9$ より，時速９㎞だから，船㋐と船㋑が出会うまでに進む道のりの比は，進む速さの比に等しく $12:9=4:3$ である。よって，Ａ地点から $105\times\frac{4}{4+3}=$**60**(㎞)のところで出会う。

3 (1) **【解き方】１より小さい分数は，0.1 や 0.125 のように，一の位の数が０で，十の位以上がない小数である。**

小数第１位までの数のとき，小数点以下の数が 10 の約数であればよいので，0.1，0.2，0.5 の３個ある。

小数第２位までの数のとき，小数点以下の数が 100 の約数であればよいので，0.25 の１個ある。

小数第３位までの数のとき，小数点以下の数が 1000 の約数であればよいので，0.125 の１個ある。

よって，分子が１となる分数は $3+1+1=$**５**(個)ある。

(2) **【解き方】一の位の数に関わらず，小数点以下の数を分数で表したときに，分子が１となればよい。一の位の数によって，場合分けして考える。**

一の位の数が０のとき，(1)より，５個ある。

一の位の数が１のとき，1.2，1.5，1.02，1.05，1.25，1.025 の６個ある。

一の位の数が２のとき，2.1，2.5，2.01，2.05 の４個ある。

一の位の数が５のとき，5.1，5.2，5.01，5.02 の４個ある。

以上より，全部で $5+6+4+4=$**19**(個)ある。

4 (1) ＣＤが動いた後にできる図形は，図１の色つき部分であり，半径８㎝の半円である。

よって，求める面積は，$8^2\times3.14\times\frac{1}{2}=$**100.48**(㎠)

図１
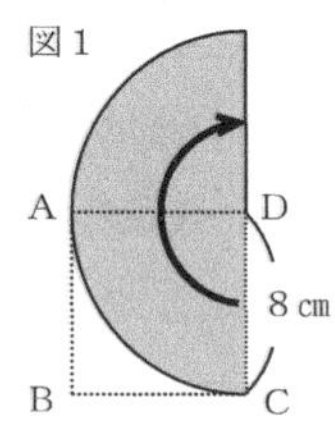

図２
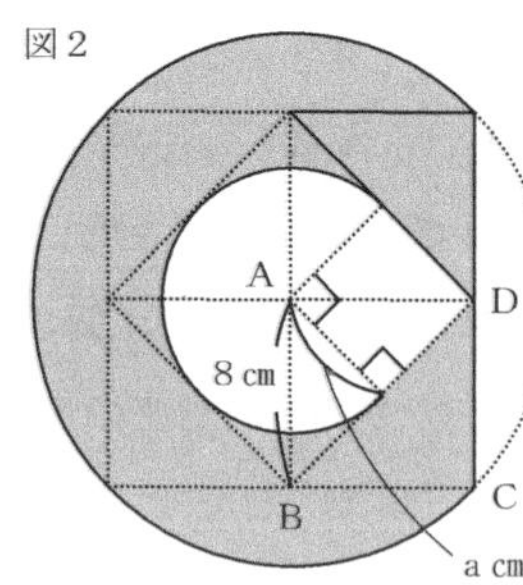

(2) **【解き方】270°＝180°＋90°だから，三角形ＢＣＤが動いた後にできる図形は図２の色つき部分である。四角形ＡＢＣＤの対角線の長さの半分をａ㎝として，半径(ａ×２)㎝の円の面積から，色なし部分の面積を引いて求める。**

正方形ＡＢＣＤの面積について，$(a\times2)\times(a\times2)\div2=8\times8$ より $a\times a=32$ が成り立つ。

色なし部分の面積は，㋐<u>１辺の長さがａ㎝の正方形の面積</u>と，㋑<u>半径ａ㎝，中心角 270°のおうぎ形の面積</u>と，㋒<u>半径(ａ×２)㎝の円の面積から，１辺の長さが８×２＝16(㎝)の正方形の面積を引き，４で割った面積</u>の合計である。㋐＝$a\times a=32$(㎠)，㋑＝$a\times a\times3.14\times\frac{270}{360}=32\times3.14\times\frac{3}{4}=24\times3.14$(㎠)，

㋒＝$\{(a\times2)\times(a\times2)\times3.14-16\times16\}\div4=(128\times3.14-256)\div4=32\times3.14-64$(㎠)

よって，求める面積は，$128\times3.14-32-24\times3.14-(32\times3.14-64)=(128-24-32)\times3.14+32=$**258.08**(㎠)

5 (1) 定価の２割引きは，原価の$(1+0.6)\times(1-0.2)=1.28$(倍)だから，利益は$(1.28-1)\times100=$**28**(%)となる。

(2) **【解き方】つるかめ算を利用する。利益の合計を，90×0.12＝10.8 より，[10.8] とする。**

定価の2割5分引きは，原価の(1＋0.6)×(1－0.25)＝1.2(倍)だから，利益は(1.2－1)×100＝20(%)となる。
さらに2割5分引きすると，原価の1.2×(1－0.25)＝0.9(倍)だから，(1－0.9)×100＝10(%)の損失となる。
90個の品物を原価の0.9倍の金額で売ると，損失の合計は90×0.1＝[9]となり，実際より[10.8]＋[9]＝[19.8]だけ損失したことになる。原価の0.9倍で1個売る代わりに，原価の1.2倍で1個売ると，利益は[1]×(1.2−0.9)＝[0.3]だけ増えるから，定価の2割5分引きで売った品物は，[19.8]÷[0.3]＝**66**(個)である。

[6] (1) **【解き方】何年経っても兄と弟の年齢の差は変わらず，3＋3＝6(歳)である。**

4年後の兄と弟の年齢について，比の数の差の7－5＝2が6歳にあたる。よって，4年後の弟の年齢は，$6\times\frac{5}{2}$＝15(歳)だから，現在のじろうさんの年齢は，15－4＋3＝**14**(歳)である。

(2) **【解き方】和差算を利用する。**

兄弟3人の年齢の和は，常にじろうさんの年齢の3倍になるから，4年後のさらに2年後，つまり6年後は，(14＋6)×3＝60(歳)である。よって，6年後の両親の年齢の和は，60×1.8＝108(歳)なので，現在の父と母の年齢の和は108－6×2＝96(歳)である。したがって，現在の母の年齢は，(96－4)÷2＝**46**(歳)

[7] (1) **【解き方】AとBがちょうどぶつかるとき，車㋐は65－2＝63(m)，車㋑は52－2＝50(m)進んだ。**

同じ時間に進む速さは，進む道のりに比例するから，車㋐の速さは，$60\times\frac{63}{50}$＝75.6より，時速**75.6**㎞である。

(2) **【解き方】車㋑が50m進んだとき，車㋐が進んだ道のりが65＋4＝69(m)より長ければよい。**

(1)をふまえると，車㋐の速さが，$60\times\frac{69}{50}$＝82.8より，時速**82.8**㎞より速ければよい。

[8] (1) **【解き方】㋐は1以上15未満，㋑は15以上30未満，㋒は30以上45未満，㋓は45以上60未満である。中央値から㋒の値を求める。**

㋑を一の位で四捨五入すると20になるから，㋑は15以上24以下である。中央値は，12÷2＝6より，大きさ順に6番目と7番目の平均であり，6番目の値は15冊以上30冊未満で最も大きい29冊である。7番目の値を37冊とすると，中央値は(29＋37)÷2＝33(冊)となり，30.5冊にならないから，7番目の値が㋒である。
よって，㋒＝30.5×2－29＝**32**

(2) **【解き方】平均値が30.5冊だから，㋐＋㋑＋㋓＝30.5×12－(29＋55＋37＋8＋51＋11＋44＋21＋32)＝78である。**

㋐を6倍すると45以上60未満となるので，㋐は，45÷6＝7.5より，8以上，60÷6＝10より，10未満の数，つまり8か9に決まる。㋑が最大となるのは，㋐，㋓が最小となるときだから，㋐＝8，㋓＝8×6＝48のとき，㋑＝78－8－48＝**22**となり，15以上30未満となるので，条件を満たす。

[9] (1) **【解き方】AとBの目盛りの長さの比は，1：0.56＝25：14だから，Aの1目盛りの長さを25，Bの1目盛りの長さを14としたとき，目盛りがそろうところから，25と14の最小公倍数の長さごとに目盛りがそろう。**

25と14は1以外に共通する約数を持たないから，最小公倍数は25×14＝350である。よって，Aが350÷25＝14(目盛り)，Bが350÷14＝25(目盛り)右にいくごとに，2つの巻き尺の目盛りがそろうので，このときのAの目盛りは20＋14＝**34**(目盛り)である。

(2) **【解き方】Aの目盛り95とBの目盛り18より右で，2つの巻き尺の目盛りがそろうごとに，2つの目盛りの差は25－14＝11ずつちぢまっていく。**

目盛りxは，Aの目盛り95とBの目盛り18から，右に(95－18)÷11＝7(回)だけ目盛りがそろったところである。
よって，x＝18＋25×7＝**193**

[10] (1) **【解き方】(残った立体の表面全体の面積)＝(立方体ABCD－EFGHの表面積)－(正方形㋐の面積)×2＋**

(正方形㋐を底面に持つ直方体の側面積)で求められる。柱体の側面積は，(底面の周の長さ)×(高さ)で求める。

立方体ＡＢＣＤ－ＥＦＧＨの表面積は，10×10×６＝600(㎠)，正方形㋐の面積は，４×４＝16(㎠)，正方形㋐を底面に持つ直方体の側面積は，４×４×10＝160(㎠)である。

したがって，残った立体の表面全体の面積は，600－16×２＋160＝**728**(㎠)

⑵　**【解き方】立方体の外側の表面積と，内側の表面積を分けて求める。**

立方体の外側の表面積は，600－16×４＝536(㎠)である。

２つの直方体をくり抜いてできた立体の展開図のうち，正方形ＢＦＧＣと正方形ＣＧＨＤをつなげた図形は図ｉのようになる。

よって，２つの直方体にくり抜かれた部分をふくむように，面ＣＧＨＤと平行な面で立体を切断すると，くり抜かれた部分は図ⅱのようになる。このうち，太線で囲まれた長方形の部分は，立体上で，縦，横，高さがそれぞれ４㎝，４㎝，６㎝の直方体であり，図ⅲの斜線部分の正方形を通過するようにくり抜かれる。よって，図ⅲの直方体の表面のうち，残った立体と接する部分(内側の表面積にふくまれる部分)の面積は，図ⅳの長方形の面積２個分だから，４×(２＋４＋２)×２＝64(㎠)である。

図ｉ

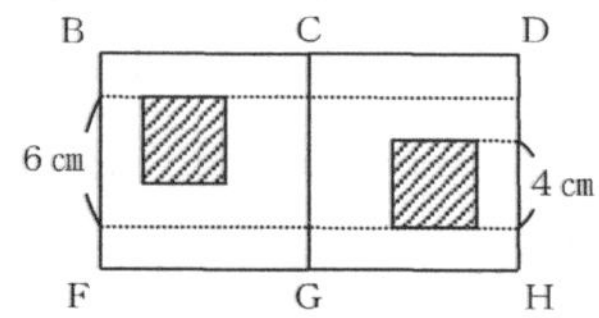

図ⅱ

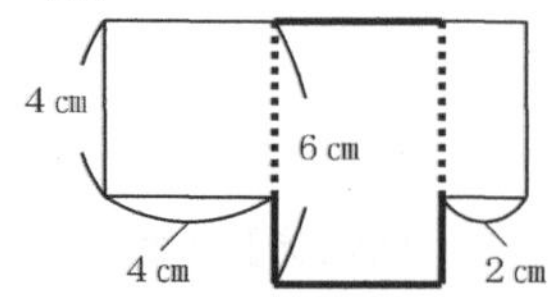

図ⅲ

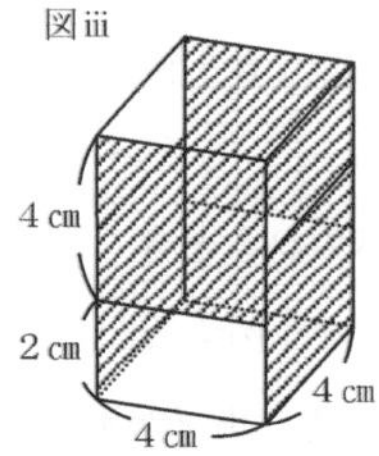

図ⅳ

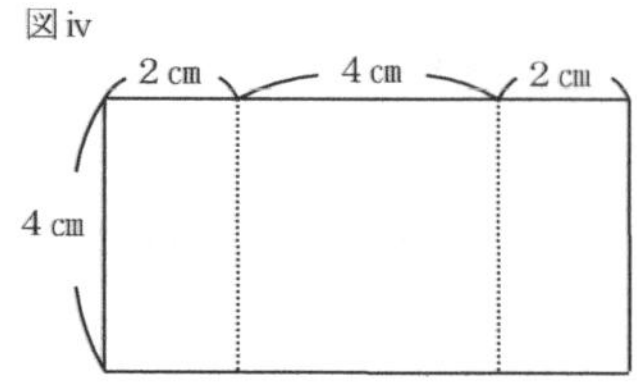

また，図ⅱの細線部について，残った立体と接する部分の面積は，底面の周の長さが４×４＝16(㎝)，高さが４＋２＝６(㎝)の直方体の側面積と等しいから，16×６＝96(㎠)であり，これが２個分だから，96×２＝192(㎠)である。

したがって，求める面積は，536＋64＋192＝**792**(㎠)

《2024　理科　解説》

1　⑵　Ａはちっ素，Ｂは酸素である。

⑶①　ろうそくのろうは，炭素をふくんでいて，燃えると酸素と結びついて二酸化炭素になる。ろうと同じように，木やエタノールなど，燃えると二酸化炭素を発生させる物質を有機物という。　②③　ろうそくが燃え続けるには新しい空気(酸素)が必要である。ろうそくが燃えたあとのあたたかい空気は軽くなって上に移動するので，ガラス板でびんの口をふさいでいる㋒では燃えたあとの空気が上に移動できず，新しい空気が入ってこないので，すぐにろうそくが消える。これに対し，びんの口が空いている㋐と㋑では，燃えたあとの空気が上から出ていき，新しい空気が入ってくる。下にすき間がある㋑では，燃えたあとの空気が上から出ていき，新しい空気が下から入ってくるという空気の動きができるため，びんの口だけが空気の出入り口となっている㋐よりもよく燃える。

2　⑴　ⓐＣ(力点)に上向きの力を加えることで，Ａを支点としてＢ(作用点)に上向きの力がはたらく。　ⓑＣ(力点)に下向きの力を加えることで，Ｂを支点としてＡ(作用点)に上向きの力がはたらく。

⑵　⑴より，ⓐとⓑでは，支点から作用点までの距離(きょり)がどちらもＡからＢまでの長さで等しい。このようなとき，支点から力点までの距離が大きい方がより小さい力でせんを開けることができる。支点から力点までの距離は，ⓐ

がAからC，(b)がBからCだから，(a)の方が大きい。

(3)　てこを回転させるはたらき〔おもりの重さ(g)×支点からの距離(cm)〕が時計回りと反時計回りで等しくなると，つり合う。ここではおもりの重さをおもりの数，支点からの距離をうでの番号に置きかえて考える。図3のとき，2個のおもりがてこを反時計回りに回転させるはたらきは2×2＝4だから，時計回りに回転させるはたらきも4になるようなつるし方を考える。〔4×1〕，〔2×1＋1×2〕，〔1×1＋1×3〕，〔2×2〕，〔1×4〕の5通りが考えられる。

(4)　図4の(a)では，右の皿に薬包紙をのせていないので，食塩と薬包紙の重さの合計が1gになっている。つまり，薬包紙にのせた食塩の重さは薬包紙の重さの分だけ1gよりも軽い。食塩を水にとかすことによって食塩の重さが変わることはないので，手順2で全体の重さが100gになった容器の水に手順1で薬包紙にのせた食塩をすべて入れてとかしても，101gにはならない(101gよりも軽い)。

3　(1)　日の出後，太陽が地面をあたため，あたためられた地面によってその上にある空気があたためられることで気温が上がっていく。気温が最も高くなるのは，太陽が最も高くなる正午ごろから少しおくれて午後2時ごろであり，その後，気温は下がっていく。晴れている(雲がなく太陽の光がさえぎられない)ことで，このように1日の中で気温が大きく変化する。くもりや雨の日など，空が雲におおわれていると，1日の中で気温があまり変化しない。

(2)　0～8のときが晴れ(0～1のときをとくに快晴という)，9～10のときがくもりである。

(5)　図2で，那覇(なは)の下にある×が現在の台風の中心の位置であり，×から出ている実線で囲まれた範囲(はんい)が，今後，台風の中心が進む可能性が高いと予報されている地域である。また，×を中心とする小さい円が現在の暴風域，大きい円が現在の強風域であり，暴風域から出ている実線で囲まれた範囲が，今後，暴風域に入る可能性が高いと予報されている地域である。

4　(1)　モンシロチョウの成虫が見られるようになるのは3月ごろからである。アは5月ごろ，イは9月ごろ，ウは7月ごろから花がさき始める。

(2)　図1のアとエとキはモンシロチョウ，ウとカはアブラゼミのようすだから，イとオとクはXのようすである。イのようすに着目すると，Xはアキアカネだと考えられる。

(3)　こん虫の体は，頭部，胸部，腹部の3つの部分に分かれていて，6本(3対)のあしはすべて胸部についている。また，はねがある場合，はねもすべて胸部についている。トンボのはねはふつう4枚(2対)である。

(4)　イ×…サクラの枝には花や葉になる芽がついている。　ウ×…ナナホシテントウは成虫の姿で冬をこす。
エ×…トノサマガエルは土の中で冬眠し，春になると土の中から出てきて，産卵する。

《2024　社会　解説》

1 ［問２］　潮目には魚のエサとなるプランクトンが多く発生し，好漁場となる。海面上の境界を潮目，境界面全体を潮境という。

［問３］　ア．誤り。(280＋205＋148＋96＋91)÷3236＝0.253…より，約３割を占めている。イ．正しい。水揚げ量の合計は，上位１・２位が280＋205＝485(千ｔ)，３～５位が148＋96＋91＝335(千ｔ)で，上位１・２位の合計の方が多い。ウ．正しい。上位５港の位置は右図参照。エ・オ．誤り。右図参照。

［問４］(1)　ロームは土壌(どじょう)区分の一つであり，関東平野に広がる関東ロームで知られる。

(2)　写真２は，洋上風力発電のようすである。表２より，風車から105デシベルの音が発生していて，電車が通るときのガード下の音より強く，かなりの騒音であることがわかる。騒音問題以外にも，倒壊による事故や，景観破壊なども問題として挙げられている。

［問５］(1)　平安時代，子どもは母親の実家で生活することが多かったため，子どもが天皇になったとき，天皇の母方の祖父の影響力が強くなる傾向があった。

(2)　ウ(承久の乱　1221年)→ア(御成敗式目　1232年)→エ(文永の役　1274年)→イ(永仁の徳政令　1297年)

［問６］(1)　1854年に結ばれた日米和親条約では，函館・下田の２港が開かれ，1858年に結ばれた日米修好通商条約では，函館・神奈川(横浜)・新潟・兵庫(神戸)・長崎の５港が開かれた。

(2)　日米修好通商条約が結ばれると，イギリス・フランス・オランダ・ロシアとも同様の不平等条約が結ばれた。これらをまとめて，安政の五か国条約と呼ぶ。安政の五か国条約は，日本に関税自主権がなく，相手国の領事裁判権を認めた，日本に不利な不平等条約であった。領事裁判権は，日本にいる外国人が罪を犯した場合，日本の法律ではなく，本国(外国)の法律で領事が裁判をする権利である。

［問７］　イエス・キリストや聖母マリアが描かれた像(踏絵)を踏むことができないと，キリスト教徒であると判断された。キリスト教徒ではないことを証明させるための取り組みとして，宗門改めも行われた。

［問８］(1)　写真３は，八幡製鉄所である。八幡製鉄所は，日清戦争(1894～1895年)の下関条約で得た賠償金の一部を使って，現在の福岡県北九州市に設置された。

(2)　長州藩は現在の山口県，土佐藩は現在の高知県，肥前藩は現在の佐賀県，薩摩藩は現在の鹿児島県あたりを領有した。薩長土肥と呼ばれるこれらの藩は，江戸時代の後半に財政の立て直しや軍事力の強化などの藩政改革に成功し，後に幕末から維新にかけて政治を動かすようになっていった。

2 ［問１］(1)　国際連合には，総会・安全保障理事会・経済社会理事会・信託統治理事会・国際司法裁判所・事務局の６つの主要機関があり，オランダのハーグにある国際司法裁判所以外は，ニューヨークの国連本部にある。

(2)　第二次世界大戦の終戦は1945年である。日米安全保障条約の調印は1951年で，サンフランシスコ平和条約の調印と同日であった。日本はサンフランシスコ平和条約で独立を回復した後もソ連が安全保障理事会で拒否権を発動していたため，国際連合に加盟できなかった。1956年，日ソ共同宣言を発表してソ連と国交を回復したことでソ連の反対がなくなり，日本は国際連合への加盟を果たすことができた。(第一次)石油危機は1973年，東西ドイツの統一は1990年，ヤルタ会談は1945年(終戦前)。

(4) ユニセフ(UNICEF)は国連児童基金の略であり，開発途上国や，戦争，内戦，震災などで被害を受けている国の子どもの支援や，子どもの権利条約の普及活動などを行っている。

(5) SDGsは，Sustainable Development Goals の略称であり，17の目標と169のターゲットからなる。

［問２］ ＥＵの発足は1993年で，その後1999年に共通通貨ユーロが導入された。ＥＵに加盟しているがユーロを導入していない国としてデンマークやポーランドを覚えておきたい。

［問３］(1) オリーブはスペインやイタリア，てんさいはロシアやフランス，カカオ豆はコートジボワールやガーナなどで盛んに生産されている。

(2) 朱印状は，朱印船貿易において，徳川家康が大名や豪商に与えた，海外への渡航を許す証書である。

(3) 選挙権の要件の変化は右表参照。

選挙法改正年	納税条件	性別による制限	年齢による制限	全人口に占める有権者の割合
1889年	15円以上	男子のみ	満25歳以上	1.1%
1900年	10円以上	男子のみ	満25歳以上	2.2%
1919年	3円以上	男子のみ	満25歳以上	5.5%
1925年	なし	男子のみ	満25歳以上	19.8%
1945年	なし	なし	満20歳以上	48.7%
2015年	なし	なし	満18歳以上	83.3%

［問４］ 日本と南アフリカ共和国の経度差は135－30＝105(度)，時差は７時間であるから，105÷７＝15より，経度差15度で１時間の時差が生じるとわかる。インドネシアとブラジルの経度差は105＋45＝150(度)なので，時差は150÷15＝10(時間)になる。

［問５］ 中国は，一人っ子政策によって人口増加が抑えられたが，インドは積極的な人口抑制を行わなかったため，2023年に中国を抜いて人口が世界一となった。中国では，急激に少子高齢化が進行し，問題となっている。人口ピラミッドは，少子高齢化が進むほど下部がせまく，上部が広くなっていく。

［問６］ Ａ．誤り。検索の上位には，検索履歴などから，利用者にとって望ましい情報が優先されて表示されるため，情報がかたよる可能性がある。Ｂ．正しい。Ｃ．誤り。記事・資料中のデータを変更すると，資料作成者の権利侵害や，正確性の欠如につながる。

［問７］ 1945年８月６日午前８時15分に広島に，同年８月９日午前11時２分に長崎に原子爆弾が投下された。

大阪教育大学附属池田中学校

《国　語》

一　1．a．おおごと　b．寄　c．光景　2．唯奈が遠藤に怪我をさせたことで、先生や保護者をまじえて話し合いをしていたから。　3．家にい～出した　4．ア，イ　5．イ　6．自問自答　7．どう考　8．エ　9．ころころと　10．自分が自分の一番の味方になろうと決心し、今後の生き方に希望が見えてきたこと。　11．【い】

二　1．a．居合　b．まち　2．エ　3．A．両生類　B．ツボカビ　C．呼吸　4．ア　5．④べき　⑤こそ　6．人間から動物へ、動物から人間へと逆感染して問題になるということはない。　7．⑦ウ　⑨オ　8．日本の両生類は、ツボカビと共存する中で、進化を通して免疫を獲得してきたから。　9．悲劇　10．イ

三　(例文)

ゼレンスキー大統領は、ロシアとウクライナの間で起きた多くの問題について他の国ぐにが無関心でいることが、事態を悪化させてきたと考え、この発言をしたと考えられる。

私はこの発言に納得する。ロシアがウクライナに侵攻するまで、両国の対立は長い間続いてきた。世界中の人びとがこの問題にもっと関心を持ち、平和的に解決しようという国際世論が高まっていれば、侵攻は起きなかったかもしれないからだ。

《算　数》

1　(1)2023　(2)$1\frac{1}{2}$

2　(1)404　(2)636

3　(1)24　(2)36

4　(1)12　(2)5.4

5　(1)13　(2)29

6　(1)2，30　(2)8

7　(1)33　(2)21.68

8　(1)55　(2)20125

9　(1)88　(2)$6\frac{1}{4}$

10　㋐のコースの合計…19　㋑のコースの合計…23

《理　科》

1 ⑴沸とう石　⑵エ　⑶温度計内の液体の体積が大きくなるから。
⑷右グラフ　⑸白いもの…湯気　記号…イ　⑹ア

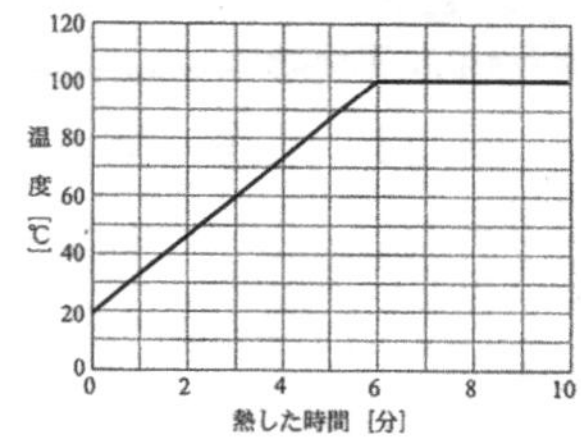

2 ⑴①ア　②豆電球では，発光ダイオードより多くの電気が熱に変わっているから。
⑵①センサー　②プログラミング　⑶使う人がいないときにエスカレーターを動かす電気を節約できる。

3 ⑴A．西　B．北　C．東　D．南　⑵あ②　い④　⑶ア　⑷右図

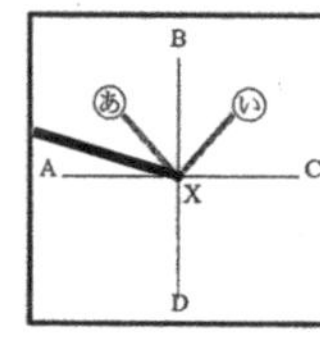

4 ⑴記号…イ　黄／青むらさき　⑵①だ液はヒトの体温に近い温度でよくはたらくから。
②試験管Yに入れるもの…水とうすいデンプンの液　実験の内容…試験管Yを40℃くらいのお湯に入れて10分ほど温める。　③消化液　④吸収する…ケ　たくわえる…サ

《社　会》

1 ［問1］　神奈川県…横浜　沖縄県…那覇　［問2］⑴エ　⑵江戸時代，蝦夷地でとれた昆布が北前船で薩摩藩に運ばれ，そこから琉球王国に運びこまれたから。　［問3］⑴もたず　⑵日米安全保障条約
［問4］⑴イ→ウ→ア→エ　⑵女子学徒隊／ひめゆり学徒隊 などから1つ　［問5］⑴ア　⑵イ　［問6］イ
［問7］⑴エ　⑵沖縄県は，本州に比べて水源となる河川が短く流域面積がせまいので，水量がとぼしいうえに，年々人口が増加し，観光客数も増加しているため，必要な飲料水・生活用水が増えているから。　［問8］日没後に電灯の光を当て続けることで，開花時期を遅らせる工夫。

2 ［問1］ドーハでは6月から7月にかけての平均気温が35℃を超え，運動をするには危険な暑さとなるから。
［問2］ウ　［問3］ウ　［問4］(第1次)オイルショック　〔別解〕(第一次)石油危機　［問5］8
［問6］給食での粉ミルク(脱脂粉乳)の提供。　［問7］ポルトガル　［問8］エ　［問9］左側に分銅を置いて，さおが水平になるときの分銅の重さを調べる。　［問10］ア．平清盛　イ．足利義満　ウ．宗義智

《2023　国語　解説》

一　2　前書きに「唯奈は～苦手なクラスメイトの遠藤にばかにされ、けんかになった」とある。また、文章中に、「もう話し合いが終わって」「相手の親に何か言われたの？」「金子先生、ベテランのしっかりした先生だった」「遠藤に怪我(けが)させた」「さっき、遠藤くんのお母さんと話していたら」「それくらい腹が立って、だから噛(か)み付いた」などとある。これらから、遠藤とけんかになった唯奈が噛み付いて、相手に怪我をさせ、そのことで先生や親をまじえて話し合いをしていたと推測できる。

3　唯奈や「お母さん」から、泣いている理由をいろいろと訊(き)かれた「お父さん」は、それらを否定した後で、「家にいた時に親に言われたことを思い出したんだよ」と、泣いていた理由を説明した。

4　ア．「同じくらい傷つけてやりたいって思った。それくらい腹が立って、だから噛み付いた。本当は……全部、覚えていた。忘れたいほどのことだから、忘れたと思い込(こ)もうとしていた。この本心を、きちんと説明しなくちゃいけないのだろう」より、適する。　イ．「学校に通えない子だ、かわいそうだって、よく言われたんだ。さっき、遠藤くんのお母さんと話していたら、その時の親の姿が蘇(よみがえ)って」より、適する。　ウ．由利は話し合いが終わってから唯奈たちに合流しているので、適さない。　エ．「金子先生、ベテランのしっかりした先生だった」とあるので、「経験が浅く」は誤り。よって、適さない。　オ．「唯奈の行いを知り」が誤り。圭吾が泣いた理由は、「家にいた時に親に言われたことを思い出した」からである。よって、適さない。

5　直前に「照れくさくなったのか」とあるので、不自然な感じの笑いだったと考えられる。よって、イが適する。

7　本心とは、表に出していない本当の心のこと。２行前に「本当は……全部、覚えていた」とあり、その直前の２文に、唯奈の本心が書かれている。

8　この直前で、唯奈は、自分の好きな天気の話ができて心がはずんでいる。よって、アは当てはまる。また、唯奈は「お母さん」に、「自分は、自分の一番の味方でいなくちゃいけないんだよ」と言われ、「少なくとも自分にたいしては、ごまかすのはやめよう～自分が、自分の一番の味方になろう」と決心した。「蝶々(ちょうちょう)のようなもの」は、このように決心する前の、解放感や前向きな気持ちを表している。よって、イとウも当てはまる。エは「嫌(いや)なことから逃(に)げ出したいと思っている」が当てはまらず、これが正解。

9　直前に「も」とあるので、「自分の心の中」以外にも「形を変え」るものが書かれていることがわかる。【い】の少し前に、うね雲は「ころころと形を変える」とあるので、「ころころと」が入る。

10　唯奈はこれまで、自分の本当の気持ちを「捻(ね)じ曲げて、気づかないようにしてきた」。太陽が覗(のぞ)き、温かい色の光が唯奈の顔を照らしはじめるという描写(びょうしゃ)は、物事がよい方向に動き出すことを暗示している。ここでは、「少なくとも自分にたいしては、ごまかすのはやめよう～自分が、自分の一番の味方になろう」と決心した唯奈が、自分の生き方に希望を見出すことを表している。

11　ぬけている文章に「天気のことならすらすらと口から溢(あふ)れ出す」とある。【い】の直前で、唯奈は気象の話をすらすらと少し長めに話しているので、ぬけている文章はここに入る。

二　2　リップスは、カエルの死体を集めて病理学者に送って調べてもらったと書かれている。病理学者は、病気の原因などを解明する仕事を行う。また、病理学者に調べてもらったことで、カエルの「大量死の原因がツボカビと呼ばれる病原菌(きん)である可能性が示唆(しさ)された」。このことから、リップスは、なんらかの伝染病がカエルの大量死の原因だという仮説を立てていたことが分かる。よって、エが適する。

3　1～3行後の「両生類は皮膚(ひふ)を通して酸素、水分、ミネラルを吸収して生きています～両生類を死にいたらせます」より考える。ツボカビが両生類の皮膚に付着すると、「皮膚に侵入(しんにゅう)し機能を破壊(はかい)する」とある。こうなると、酸素の吸収、つまり呼吸ができなくなってしまう。

4　示唆とは、それとなく示す、あるいは知らせること。

6　ツボカビのおそろしいところは、「1種類のカエルだけでなく～両生類の半分ほどに感染(かんせん)リスクがあり、死亡リスクも高いという点です」とある。一方、新型コロナは、人間以外の「哺乳類(ほにゅうるい)に感染することがわかっていますが、いまのところ、それによって人間以外の動物たちが次々に死んだり、人間から動物へ、そして再び動物から人間へと逆感染して大きな問題になる事態は報告されていません」とある。下線部から解答をまとめる。

7⑦　直前に書かれている1つ目の疑問に、直後にある2つ目の疑問を付け加えているので、ウの「そして」が適する。　⑨　直前に書かれている内容を、直後で言いかえているので、オの「つまり」が適する。

8　直後の「日本を含めアジアの両生類はツボカビと共存してきた歴史があり、進化を通して免疫(めんえき)を獲得(かくとく)してきたからだと考えられています」の部分が理由になっている。免疫があるので、ツボカビによる大量死が起こらなかったのである。

9　前の段落に「ツボカビによる世界規模の両生類の絶滅も、私たち人間が引き起こした悲劇だったのです」とある。

10　最初にカエルの大量死という問題を取り上げ、その原因は何かという問題提起を行い、ツボカビが原因だという答えを示している。このことをふまえてさらに2つの疑問を挙げ、それらの答えを示している。よって、イが適する。

三　ゼレンスキー大統領は、ロシアのウクライナ侵攻(しんこう)が始まる直前にこのような発言をした。ウクライナ侵攻が始まる何年も前から、ロシアとウクライナの間には多くの問題が起きていた。

《2023　算数　解説》

1　(1)　与式$=17\times17\div(\frac{7}{14}-\frac{5}{14})=17\times17\div\frac{1}{7}=17\times17\times7=$**2023**

(2)　与式より，$\frac{9}{5}\times\frac{7}{2}-(\frac{7}{6}+\square)\times\frac{9}{10}=5\times0.78$　　$\frac{63}{10}-(\frac{7}{6}+\square)\times\frac{9}{10}=\frac{39}{10}$　　$(\frac{7}{6}+\square)\times\frac{9}{10}=\frac{63}{10}-\frac{39}{10}$

$\frac{7}{6}+\square=\frac{24}{10}\times\frac{10}{9}$　　$\square=\frac{8}{3}-\frac{7}{6}=\frac{16}{6}-\frac{7}{6}=\frac{9}{6}=\frac{3}{2}=$ **$1\frac{1}{2}$**

2　(1)　2023÷5＝404余り3より，**404**個

(2)　7の倍数の個数は2023÷7＝289(個)，5と7の倍数，つまり5と7の最小公倍数35の倍数は，2023÷35＝57余り28より，57個ある。よって，5または7の倍数は404＋289－57＝**636**(個)

3　(1)　**【解き方】たろうさんがはじめに持っていたあめの個数を，3と6と8の最小公倍数は24だから，㉔とする。**

5人にあげたあめの個数について，Aさんには$㉔\times\frac{1}{3}=⑧$(個)，Bさんには4個，Cさんには$㉔\times\frac{1}{6}=④$(個)，Dさんには$㉔\times\frac{1}{8}=③$(個)，Eさんには（④＋1）個あげたことになる。よって，あげたあめの個数の合計は，⑧＋4＋④＋③＋(④＋1)＝⑲＋5(個)となり，これが㉔個に等しいから，⑲＋5＝㉔　　㉔－⑲＝5　　⑤＝5

したがって，たろうさんがはじめに持っていたあめは$5\times\frac{㉔}{⑤}=$**24**(個)である。

(2)　**【解き方】メロン味のあめの個数を①個とする。**

イチゴ味のあめは2×①＝②(個)，ブドウ味のあめは②×1.2＝(2.4)(個)持っていることになる。よって，3種類のあめの個数の合計は，①＋②＋(2.4)＝(5.4)(個)となり，これが81個に等しいから，求めるブドウ味のあめの個数は，$81\times\frac{(2.4)}{(5.4)}=$**36**(個)

4 (1) 集めた花の本数は3＋5＋5＋6＋3＋3＝25(本)である。花びらが8枚の花は3本あるから，求める割合は$\frac{3}{25}$×100＝**12**(%)である。

(2) 集めた花の花びらの枚数の合計は，3×3＋4×5＋5×5＋6×6＋7×3＋8×3＝135(枚)となる。

よって，平均すると花1本あたりの花びらは135÷25＝**5.4**(枚)である。

5 (1) **【解き方】毎月貯金する金額について，妹は姉よりも500－300＝200(円)多い。**

現在の姉と妹の貯金額の差は4100－1500＝2600(円)である。よって，姉と妹の貯金額が等しくなるのは，

2600÷200＝**13**(か月後)である。

(2) **【解き方】姉と妹の貯金額が等しくなってから□か月後に2人の貯金額の比が4：5になるとすると，2人の貯金額は右の線分図のように表せる。**

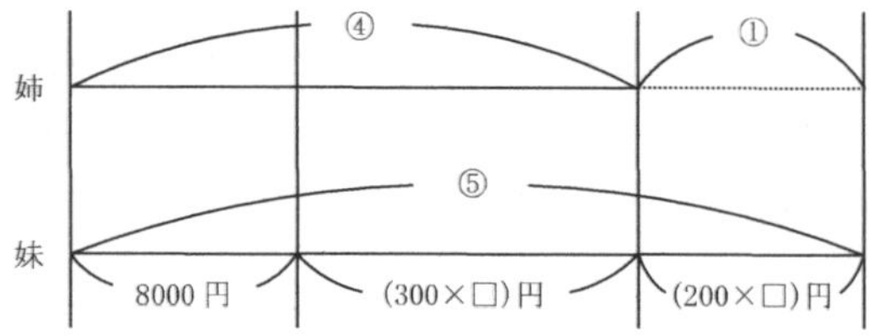

右の線分図より，①＝200×□だから，妹の貯金額は(200×□)×$\frac{⑤}{①}$＝1000×□(円)と表せる。

よって，1000×□＝8000＋300×□＋200×□　(1000－300－200)×□＝8000　□＝8000÷500＝16である。

したがって，姉と妹の貯金額の比が4：5になるのは，13＋16＝**29**(か月後)である。

6 (1) **【解き方】同じ道のりを移動するときにかかる時間は，移動する速さと反比例することを利用する。**

1時間42分＝1$\frac{42}{60}$時間＝$\frac{17}{10}$時間であり，いつもの68%，つまり0.68倍の速度で走ったときにかかる時間は$\frac{1}{0.68}$倍＝$\frac{25}{17}$倍かかる。よって，求める時間は，$\frac{17}{10}$×$\frac{25}{17}$＝$\frac{5}{2}$(時間)＝2$\frac{1}{2}$(時間)より，**2時間30分**である。

(2) **【解き方】つるかめ算を利用して，工事区間を走った時間を求める。**

今日は出発してから到着(とうちゃく)するまで，いつもより2時間8分－1時間42分＝26分多くかかったことになる。

よって，時速80kmで2時間8分走ったときと，1時間42分走ったときの道のりの差は80×$\frac{26}{60}$＝$\frac{104}{3}$(km)である。

つまり，時速80kmで2時間8分走ると，実際のA地点からB地点までの道のりより$\frac{104}{3}$km長くなる。1時間を時速80kmから時速15kmにおきかえると，80－15＝65(km)短くなる。だから，工事区間を走っていた時間は，$\frac{104}{3}$÷65＝$\frac{8}{15}$(時間)である。よって，工事区間は15×$\frac{8}{15}$＝**8**(km)である。

7 (1) **【解き方】縦と横が1cmの正方形(面積が1cm²)の数と，その正方形を対角線で切断してできた直角二等辺三角形(面積が$\frac{1}{2}$cm²)の数を数える。また，右図の部分は，矢印のように移動することで，正方形の面積3個分として数えることができる。**

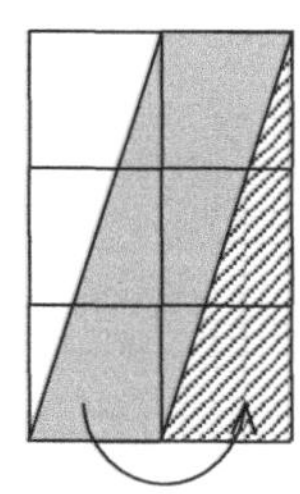

正方形の個数は24個だから，図の分をふくめて24＋3＝27(個)，直角二等辺三角形の個数は12個である。よって，求める面積は，27＋12÷2＝**33**(cm²)

(2) **【解き方】右の「葉っぱ型の図形の面積」を利用する。**

図2の色つき部分を下図のように移動させる。

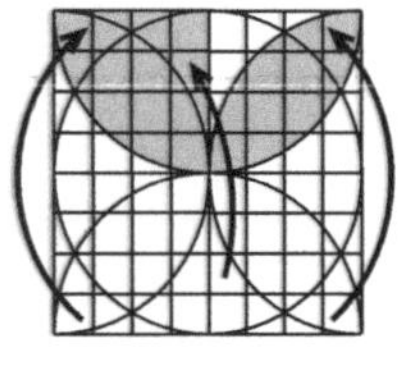

葉っぱ型の図形の面積

右の斜線(しゃせん)部分の面積は，

(円の$\frac{1}{4}$の面積)×2－(正方形の面積)＝

(1×1×3.14×$\frac{1}{4}$)×2－1×1＝0.57だから，

(葉っぱ型の面積)＝(正方形の面積)×0.57

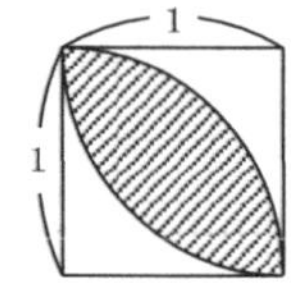

このとき，色つき部分の面積は，半径4cmの円の面積の$\frac{1}{4}$と，面積が4×4＝16(cm²)の正方形内にある葉っぱ型の図形の面積の和である。よって，求める面積は，4×4×3.14×$\frac{1}{4}$＋16×0.57＝12.56＋9.12＝**21.68**(cm²)である。

8 ⑴　使う画びょうの個数は，縦，横に並べた画用紙の枚数よりも１個ずつ多い個数である。画用紙を縦に４枚，横に 10 枚並べたとき，画びょうは縦列に４＋１＝５(個)，横列に 10＋１＝11(個)使うから，必要な個数は５×11＝**55**(個)である。

⑵　**【解き方】１枚の画用紙をできるだけ縦にも横にも他の画用紙と重なるようにするとき，面積が最小となる。**
36 枚の画用紙の並べ方は，縦の枚数と横の枚数の積が 36 となればよいので，(縦の枚数，横の枚数)＝(１，36)(２，18)(３，12)(４，９)(６，６)(９，４)(12，３)(18，２)(36，１)の９通りが考えられる。このうち，縦と横の枚数の差が小さいほど，画用紙どうしが重なる部分が多くなるので，面積が最小となるのは(６，６)の場合である。重ねる部分の幅は縦，横ともに１㎝だから，長方形の面積は，{(20－１)×６＋１}{(30－１)×６＋１}＝**20125**(㎠)である。

9 ⑴　**【解き方】平面ＢＥＦＣに注目して，辺の長さを考える。**
図ｉのＧＨは直方体をくり抜いた部分の水の高さであり，６－４＝２(㎝)となる。
よって，求める水の体積は，縦，横，高さがそれぞれ４㎝，４㎝，６㎝の直方体の体積から，１辺の長さが２㎝の立方体の体積を引いた値に等しい。
したがって，４×４×６－２×２×２＝96－８＝**88**(㎤)

図ｉ
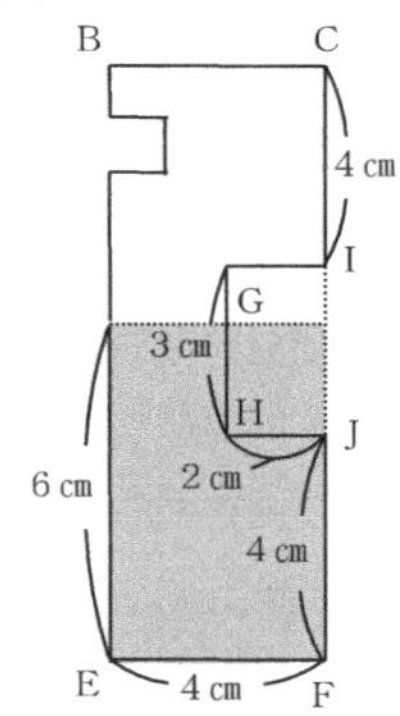

⑵　**【解き方】水面の高さがどの範囲にあるか，容積を具体的に求めて考える。**
図ｉでＣ→Ｉ→Ｊに向かって水が入っていくと考える。
３点ＡＢＣが下になるように容器を置いたとき，Ｉの高さまでの容器の容積は，
４×４×４－(１×１×１＋１×１×２)＝61(㎤)である。
同様に，Ｊの高さまでの容器の容積は，61＋(４×４×３－２×２×３)＝97(㎤)
⑴より水の体積は 88 ㎤だから，水面はＩからＪの間にある。よって，Ｉの高さまで入れた残り 88－61＝27(㎤)の水をＩの高さからＪの高さまでの部分に入れると考えると，水面の底面積は，４×４－２×２＝12(㎠)だから，この部分の水の高さは $27 \div 12 = \frac{9}{4}$(㎝)である。したがって，水の高さは容器の底から $4 + \frac{9}{4} = $ **$6\frac{1}{4}$**(㎝)である。

10 **【解き方】この立体が㋐のコースのように直線を進むとき，４回転がるとすべての面を１回ずつ地面につけて，最初の向きに戻る。**

図ｉ
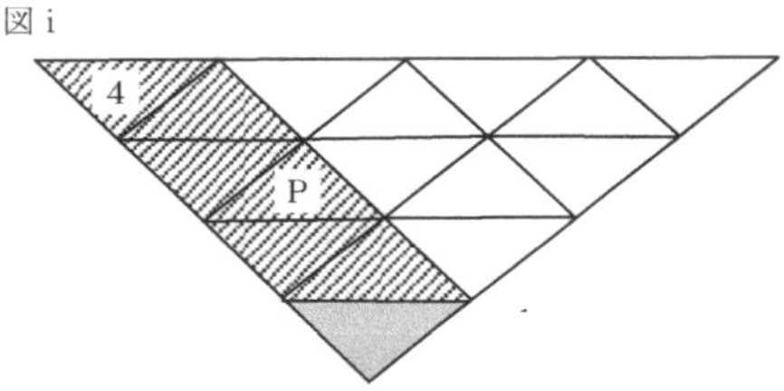

㋐のコースではスタート地点で地面に４がふれている状態から，図ｉの斜線部分を転がり，ゴールに移動する。
３回転がった地点をＰとすると，Ｐに到着するまでにすべての面が４→３→２→１の順に１回ずつ地面にふれたことになり，数字の合計は４＋３＋２＋１＝10 になる。
また，立体はＰからさらに３回転がってゴールに到着するから，数字の和は，10＋４＋３＋２＝**19** である。

図ⅱ
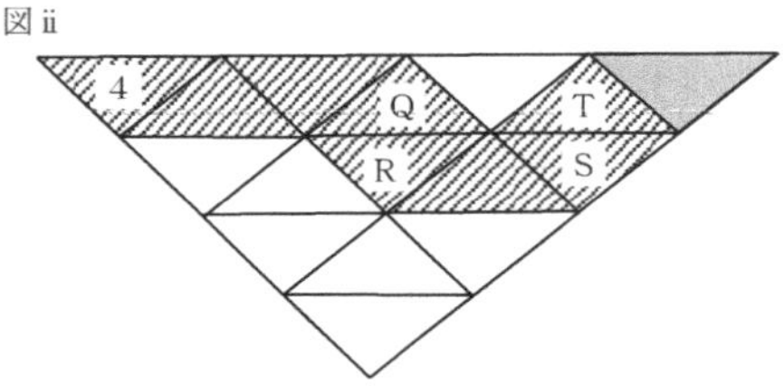

㋑のコースでも同様に考えると，図ⅱのＱまでは地面にふれている数字は４→３→１→２となり，和は 10 である。
Ｒでは３が地面にふれ，正面から右側が４，左側が１になるので，ＲからＳまで地面にふれている数字は，３→４→２となる。ＳからＴはＱからＲの移動と反対向きの移動をするから，Ｔは３であり，Ｔからゴールへは Ｑに到着する直前までと同じ移動をするから，３→１となる。以上より，数字の和は，10＋３＋４＋２＋３＋１＝**23** である。

《2023　理科　解説》

1 (2)　エ○…あたためられた水は軽くなって上に移動する。加熱した場所より下にある水は上にある水よりも冷たい(重い)ので，上にあるあたたかい水と入れかわりにくい。

(3)　ものはふつう，あたためられると体積が大きくなり，冷やされると体積が小さくなる。

(4)　水の温度は熱した時間に対して一定の割合で上がり，100℃で沸とうが始まると，水がなくなるまで100℃で一定になる。４分後に出てきた小さなあわは水にとけていた空気であり，沸とうが始まったのはさかんにあわが出てきた６分後である。

(5)(6)　ふたのすき間から出てきた目に見えない水蒸気が空気中で冷やされると水に変化し，白いけむりのように目に見えるようになる。これが湯気である。湯気はその後，空気中で蒸発してふたたび水蒸気になって見えなくなる。

2 (1)　豆電球は電気のエネルギーを光のエネルギーに変えるための道具であるが，実際には電気のエネルギーのほとんどが熱のエネルギーに変わっている。

3 (1)　棒のかげは太陽がある方向と反対方向にできる。午前10時と午後２時の太陽はそれぞれ南東と南西にあるから，棒のかげはそれぞれ北西と北東にできる。よって，図３では，Ｂが北であり，Ａが西，Ｃが東，Ｄが南だとわかる。

(2)　図１では，太陽が最も高い位置にある③が正午の太陽の位置だから，③の方向が南であり，太陽は東から西へ，①→②→③→④→⑤の順に動いたことになる。よって，①が午前７時，②が午前10時，③が正午，④が午後２時，⑤が午後５時の太陽の位置であり，図３で，北西にできている㋐が午前10時(②)，北東にできている㋑が午後２時(④)のかげである。

(3)　棒が人のかげに入ったり，棒のかげに人が入ったりしない位置から記録する。

(4)　太陽は㋐を記録したときよりも東寄りにあるから，棒のかげは㋐よりも西にかたむいた方向にできる。また，日の出直後は太陽が㋐を記録したときよりも低い位置にあるから，棒のかげの長さは長くなる。

4 (2)②　デンプンの変化がだ液によるものであると言えるようにするには，だ液の有無だけが異なる実験を行い，デンプンが変化しないことを確かめる必要がある。試験管Ｙで，ヨウ素液の色が青むらさき色に変化すれば，デンプンの変化がだ液によるものであると言える。　③　下線部のはたらきを消化といい，それにかかわる液体を消化液という。消化液は，胃やすい臓などでもつくられていて，それぞれどの養分に対してはたらくかが決まっている。

④　消化された養分は小腸で吸収される。小腸の内側の壁(かべ)には柔毛(じゅうもう)という突起(とっき)があり，表面積を広くすることで養分を効率よく吸収している。小腸で吸収された養分のうちブドウ糖とアミノ酸は小腸からかん臓に送られ，その一部はかん臓でたくわえられる。

《2023　社会　解説》

1 ［問２］(1)　琉球王国は 17 世紀初頭に薩摩藩に攻められ，薩摩藩に服属していたが，一方で薩摩藩の管理のもと，中国への朝貢貿易を行っており，中継貿易によってさかえていた。江戸時代の鎖国のもと，交易や交流の窓口となっていたのは，薩摩(エ)—琉球王国，松前(ア)—アイヌ，対馬(イ)—朝鮮，長崎(ウ)—オランダ・中国である。

(2)　日本海沿岸から，瀬戸内海を回って大阪へ運ぶ，西廻り航路の船を北前船とよんだ。蝦夷地(北海道)の昆布やにしんなどの産物は，北前船によって，「天下の台所」とよばれた大阪に運ばれるだけでなく，薩摩藩・琉球王国を経て，さらには中国(清)まで届けられていた。その道筋を「昆布ロード」とよぶ。

［問３］(1)　非核三原則は 1960 年代に佐藤栄作首相が唱えた。その後，佐藤栄作はノーベル平和賞を受賞した。

(2)　1951 年，サンフランシスコ平和条約の調印と同じ日に，吉田茂首相は会場を変え，アメリカと日米安全保障条約を結んだ。日米安保条約に基づき，日本の各地に在日米軍基地が置かれているが，特に，本土より長く1972年までアメリカの統治下にあった沖縄には，在日米軍基地の70%が集中している。

[問4](1)イ(真珠湾攻撃　1941年12月)→ウ(本土空襲本格化　1944年11月～)→ア(沖縄戦　1945年3月～)→エ(1945年8月　広島：6日　長崎：9日)　**(2)**　沖縄戦において，男子学徒は鉄血勤皇隊・通信隊，女子学徒はひめゆり学徒隊をはじめとする女子学徒隊として戦場に動員された。女子学徒は主に，野戦病院などでの看護活動にあたった。

[問5](1)　なるべく短時間で済ませようとすると，落ち着いて会話ができなくなり，大事なことの確認・伝達を忘れる可能性がある。また，焦ったり，早口になったりして電話の相手にも失礼である。　**(2)**　聞き取った内容をすべてメモに書きとるのは難しいので，要点をメモするようにする。相手が言うことをすべて記録したいのであれば，相手に許可をとり，ボイスレコーダーを用いるのがよい。

[問6]　サンゴは暖かい海に生息し，30℃くらいまでの水温が適温とされている。地球温暖化の影響で海水の温度が上昇すると，サンゴと共生している藻類が離れていってしまい，サンゴが白くなる「白化現象」が生じる。

[問7](1)　「シルクロードなどを通って伝わってきている」とある。シルクロードによって西アジアと東アジアが結ばれ，交易が行われたから，アジアに属するモンゴル，中国，サウジアラビアは通っていると考えられる。ブラジルは南アメリカに位置し，日本から見ると地球の反対側の位置で，遠く離れている。　**(2)**　資料2からは，沖縄県の河川が神奈川県の河川に比べて長さが短く，流域面積もせまいこと，資料3からは，沖縄県の人口が増加したこと，資料4からは，沖縄県への観光客の数が増加したことが読み取れる。沖縄県は島の形が南北に細長く，川は主に東西に流れるため，川の長さは短く，流域面積もせまい。また，森林の面積も広くなく，降った雨水を貯える力が乏しい。そのため，雨が降ってもすぐに雨水が海に流れ出てしまい，水不足になりやすい。また，沖縄県の人口や観光客数が増加すると，より多くの飲料水・生活用水が必要になってくる。

[問8]　電照菊の栽培は，愛知県の渥美半島でも盛んに行われている。菊は仏花として用いられることが多く，3月(春の彼岸)，8月(お盆)，9月(秋の彼岸)，12月(年末)に需要が集中する。6月～10月の出荷では，お盆や秋の彼岸，11月～5月に出荷では，年末や春の彼岸の需要増に対応できる。

2　**[問1]**　カタールのドーハは，夏の気温が35度を超える砂漠気候である。選手やサポーターの体調が考慮され，平均気温が25℃と，少し下がる11月に開催時期が変更された。

[問2]　日本の秋田県や岩手県を通る緯線が北緯40度線であり，北緯40度線がスペインのマドリードあたりを通ることは覚えておきたい。

[問3]　人口密度は人口÷面積(㎢)で求められる，カタールの面積を□㎢とすると，人口密度を求める式は，2680000÷□＝234(人／㎢)となるから，□＝2680000÷234より，□＝11452.991である。下線部③に「カタールという国は秋田県よりも少し小さい」とあるので，10分の1程度とかなり小さいイ・エではなく，ウを選ぶ。

[問4]　第1次オイルショックは，1973年から始まった第4次中東戦争を受けて，西アジアの産油国が石油の輸出を制限したり，値上げをしたりしたことで起きた。日本ではトイレットペーパーなどが不足するのではないかと騒ぎになり，買いだめを行う人々が増えたため，各地で品不足が発生した。

[問5]　日本とサウジアラビアの経度差は，135－45＝90(度)なので，90÷6＝15より，経度差15度で1時間の時差が生じることがわかる。日本とドイツの経度差は135－15＝120(度)，時差は120÷15＝8(時間)になる。

[問6]　ユニセフ(ＵＮＩＣＥＦ)は国連児童基金の略であり，開発途上国や，戦争，内戦，震災などで被害を受けている国の子どもの支援や，子どもの権利条約の普及活動などを行っている。第二次世界大戦後，日本の子どもた

ちの栄養不良は深こくであり，衣料などの生活に必要なものも十分ではなかった。給食では脱脂粉乳が提供され，くすりや衣服の原料となる原綿も提供された。

[問７]　大航海時代を経て，南アメリカ大陸はスペインとポルトガルの植民地支配を受け，ポルトガルはブラジル，スペインはブラジルを除く南アメリカ大陸の大半を支配した。そのような歴史から，南アメリカ大陸のほとんどの国の公用語がスペイン語であり，ブラジルだけはポルトガル語を公用語としていることは覚えておきたい。このことを知らなくても，文章中の「種子島」「鉄砲」「南蛮貿易」から判断できるようにしたい。

[問８]　自由民権運動は，1874 年に板垣退助らが民撰議院設立建白書を提出したことから始まった。ア．木戸孝允ではなく，西郷隆盛。西南戦争は1877年に起きた。イ．国民ではなく，天皇に主権があった。大日本帝国憲法の発布は 1889 年。ウ．男女ではなく，男子のみであった。第１回衆議院議員選挙は 1890 年。

[問９]　資料６は天秤量りの写真である。オランダ船が運んできた輸入品の砂糖などを計量するために使われた。

[問10]ウ．徳川家康から命じられ，対馬藩の藩主であった宗義智は朝鮮との和平条約（己酉（きゆう）条約）を成立させた。その後，宗氏が朝鮮との貿易を独占した。

2022 解答例 令和4年度 ★大阪教育大学附属池田中学校

《国　語》

一　1．a．きざ　b．補修　c．複雑　2．商品として出来上がったもの。　3．イ　4．ウ　5．その名前が　6．臨機応変　7．ア　8．Ⅰ．カメラで撮るという自分の提案　Ⅱ．認められ、今後に役立ててもらえる　9．昼食を庭でとること。　10．イ　11．皓くん～だけだ

二　1．a．現　b．かこ　2．⑴エ　⑵イ　3．ほおに～なこと　4．表情　5．見識に基づいて言えば　6．脳内でドーパミンやフェニルエチルアミンなどがさかんに放出されているということ。　7．明らかにならない　8．Ⅰ．物に取り囲まれて生きている　Ⅱ．「意味の世界」のなかに住んでいる　9．ア，ウ　10．ウ，オ　11．ア

三　〈作文のポイント〉

・最初に自分の主張、立場を明確に決め、その内容に沿って書いていく。

・わかりやすい表現を心がける。自信のない表現や漢字は使わない。

さらにくわしい作文の書き方・作文例はこちら！→

https://kyoei-syuppan.net/mobile/files/sakupo.html

《算　数》

1　⑴3.22　⑵$\frac{1}{2}$

2　⑴112　⑵79.2

3　⑴17　⑵7.2

4　⑴11　⑵54

5　⑴170　⑵1750

6　⑴18.28　⑵2.58

7　⑴②　⑵1001

8　⑴64　⑵51

9　⑴4　⑵$\frac{6}{7}$

10　⑴14.2　⑵189.7

《理　科》

1　(1)メスシリンダー　(2)①ウ，エ　②針が中心から左右に等しくふれたとき。
(3)ア　(4)150　(5)水の温度が下がっても，とかすことができる食塩の最大量はほとんど変化しないから。　(6)水が蒸発して，とかすことができる食塩の最大量が少なくなったから。

2　(1)0.9　(2)③，④　(3)どの条件を…ふりこの長さ　どのように…$\frac{1}{4}$倍にする。
(4)1.25

3　(1)あ．かわいただっし綿を　い．種子が空気にふれないくらいの水を入れ　う．光が当たらない　(2)え．B　お．C　(3)右図　(4)か．数　き．太さ

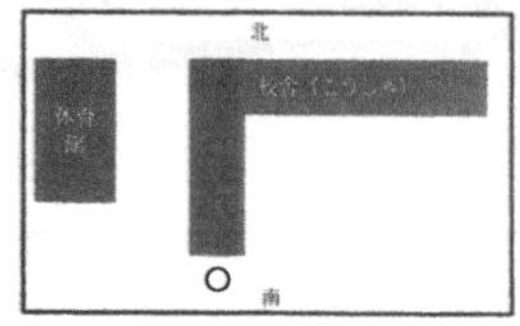

3(3)の図

4　(1)A　(2)ア　(3)イ　(4)右図　(5)太陽の光が当たっている部分だけが光って見える
(6)カ

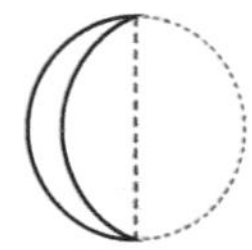

4(4)の図

《社　会》

1　[問1]ア　[問2]イ　[問3]前方後円墳は，近畿地方に成立したヤマト王権の大王の墓だから。　[問4]ア　[問5]土地を耕作する権利　[問6]蔵屋敷　[問7]ウ　[問8]エ　[問9][1]X．イタイイタイ病　Y．水俣病　[2]ア　[問10]生物由来のバイオマス発電は，温室効果ガスである二酸化炭素の排出量が少ないから。

2　[問1]大型で重量がある自動車は，航空機輸送に適さないから。　[問2]ウ　[問3][1]正倉院　[2]ウ　[問4][1]殖産興業　[2]八幡製鉄所　[3]日本とロシアが韓国や満州を支配しようとしたから。　[問5]イ　[問6]大気汚染　[問7]歩行者の安全性や快適性を重視し，自動車の走行速度を抑制するため。
[問8][1]エ　[2]ア

《2022 国語 解説》

一 著作権に関係する弊社の都合により本文を非掲載としておりますので、解説を省略させていただきます。ご不便をおかけし申し訳ございませんが、ご了承ください。

二 2(1) 「自然」に触れたいと思っているということに、「その(自然の)美しさ」に触れたいと思っているということを付け加えているので、エの「そして」が適する。 (2) 「いつも自然に～その美しさに触れたいと思っている人」は風のすがすがしさや花の可憐さを味わうが、「目的地に急いで行くことだけを考えている人には～何の注意も引かないにちがいありません」と、対照的な二者を取り上げているので、イの「しかし」が適する。

3 —①は、「風や花」の表情。それらに触れたいと思っている人が「風や花」から感じることなので、本文１～２行目の「ほおにすがすがしい風を感じたり、かたくりや百合の花の可憐さに心打たれたりするようなこと」。

4 「ただ単に物に囲まれて生きているのではなく、『(Ａ)の世界』のなかに、そして『意味の世界』のなかに住んでいる」というつながりから、「(Ａ)の世界」は「意味の世界」と並べて取り上げられるものであり、(Ａ)には、この文章で「意味」と同じような意味で使われている言葉が入ると判断できる。直前の段落で「単なる物以上のもの～として表情を伴って現れてくる～それは言いかえれば、わたしたちがそこに『意味』を見ているということでもあります」と述べていることから、「表情」。

5 「知見」とは、見解、見識という意味。ここでの「借りる」は、説明するためにそれを利用する、知恵や力などの助けを受ける、という意味。

6 「そのこと」は、直前の「脳内にはおそらくドーパミンやフェニルエチルアミンなどの神経伝達物質がさかんに放出されている」ということを指す。この部分をまとめる。

7 「脳のなかで起こっていることを明らかにすれば、その正体に迫ることができると考える人がいるかもしれません～しかし」というつながりであることから、筆者は、迫ることはできないという考えであると読み取れる。つまり「明らかにならない」ということを強調するために、それとは反対の内容を「明らかになるでしょうか」と疑問の形で述べ、当然そうはならないでしょう、ということを導いているのである。

8 —④の「二重世界」について、１～２行前で「わたしたちは物にも取り囲まれていますが、ただそれだけではなく、『意味の世界』にも住んでいます。つまり二重の世界に住んでいるのです」と説明されている。

9 ア．本文２段落目で「物はわたしたちに、単なる物以上のもの～として表情を伴って現れてくる～言いかえれば、わたしたちがそこに『意味』を見ているということ～野の花のなかに～という『意味』を見ているのです。同じようにミステリー小説やファンタジーアニメのなかに～という『意味』を見ているのです」と述べていることから読み取れる。 イ．このようなことは述べていない。 ウ．本文２段落目で「野の花のなかに～和ませてくれる～生活を潤いのあるものにしてくれるという『意味』を見ているのです」、—③のある段落で「『いとおしい』という思いは～『意味』の部分に関わる事柄だからです」と述べていることから読み取れる。 エ．「意味の世界でしかない」は誤り。本文では「わたしたちは物にも取り囲まれていますが、ただそれだけではなく、『意味の世界』にも住んでいます」と述べている。 オ．このようなことは述べていない。

10 ア．「一方を否定して」はいない。 イ．「脳のなかで起こっていることを明らかにすれば、その正体に迫ることができる」という考えについて、その補足として「専門家の知見を借りれば、脳内には～放出されているのでしょう」ということを取り上げている。筆者は、それがわかっても「明らかにならない」と考えているので、適さない。 ウ．「たとえば人をいとおしい～と思うというような経験」という具体例から、「いとおしさや恋しさの正体」について説明する中で、それが「物ではなく、それに上書きされている『意味』の部分に関わる事柄」だということを述べている。このことに合う。　エ．このような構成ではない。　オ．「『これって、いったい何なのだろう』と思ったこと～明らかにしたいと思ったことはありませんか」という問いかけから、思ったことがあります、という答えを想定している。また、「明らかになるでしょうか」という問いかけから、明らかにはならないでしょう、という答えを想定している。そしていずれも、その答えをもとに説明を続けている。このことに合う。

11　本文では、「わたしたちは、ただ単に物に囲まれて生きているのではなく～『意味の世界』のなかに住んでいる」、つまり、「物」とそれに上書きされている「意味」を見て生きている、「物」と「意味の世界」という「二重の世界」に生きている、ということを述べている。まとめると、わたしたちはそのような世界に生きているということを説明していると言える。よって、アが適する。筆者は「意味の世界」の重要性を述べているわけだが、ここではその「可能性」を説いているわけではないので、ウは適さない。

《2022　算数　解説》

1 (1)　与式＝(3.71－2.56)×2.8＝1.15×2.8＝3.22

(2)　与式より，$(3\frac{1}{4}-\square)\div\frac{22}{5}+\frac{15}{4}\times(\frac{5}{10}-\frac{4}{10})=1$　　$(3\frac{1}{4}-\square)\div\frac{22}{5}+\frac{3}{8}=1$　　$(3\frac{1}{4}-\square)\div\frac{22}{5}=1-\frac{3}{8}$

$3\frac{1}{4}-\square=\frac{5}{8}\times\frac{22}{5}$　　$3\frac{1}{4}-\square=\frac{11}{4}$　　$\square=3\frac{1}{4}-\frac{11}{4}=\frac{13}{4}-\frac{11}{4}=\frac{2}{4}=\frac{1}{2}$

2 (1)　**【解き方】列車の長さを□mとすると，(□＋658)mを進むのに35秒かかり，(□＋284)m進むのに18秒かかるから，658－284＝374(m)進むのに，35－18＝17(秒)かかっている。**

列車の速さは，毎秒(374÷17)m＝毎秒22mだから，列車の長さは，□＝22×35－658＝112(m)

(2)　**【解き方】(1)で求めた秒速を時速に直す。**

1時間＝60分＝(60×60)秒＝3600秒　　秒速22m＝時速(22×3600÷1000)km＝時速79.2km

3 (1)　**【解き方】水面の高さは，入っている水の量に比例する。**

$20\times\frac{833}{980}=17$(cm)

(2)　**【解き方】水の入っていない部分に着目する。この立体の底面積は，980÷20＝49(cm²)で，7×7＝49より，底面の1辺の長さは7cmとわかる。AB＝BC＝7cm**

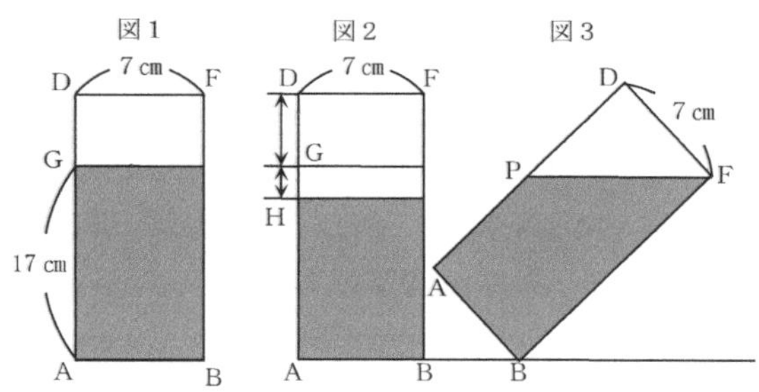

右図1はもともと入っていた状態，図2は20%の水をこぼした後で傾けるのをやめた状態，図3は20%の水をこぼしたときの状態を示している。

図2において，GH＝17×0.2＝3.4(cm)だから，

図2の水が入っていない部分の長方形の面積は，

(20－17＋3.4)×7＝44.8(cm²)

図3の三角形DPFの面積も44.8cm²になるから，DP＝44.8×2÷7＝12.8(cm)

よって，AP＝20－12.8＝7.2(cm)

4 (1)　**【解き方】1辺の長さが1cmの正六角形は，右図のように1辺が3cmの正三角形の中に1個作図することができる。1辺が2cmの正六角形は1辺が6cmの正三角形の中に1個作図することができる。**

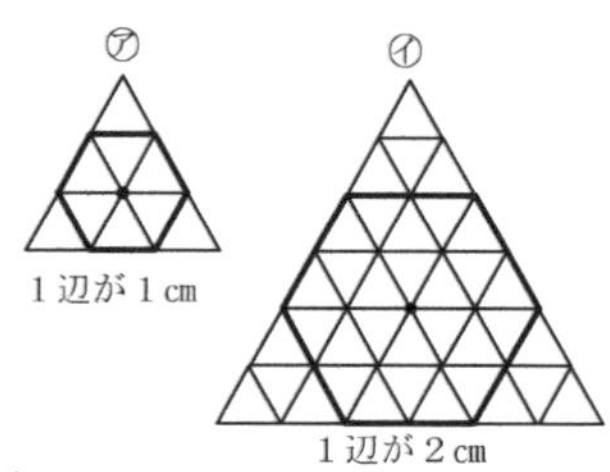

同じ三角形の個数の数え方は，まず一番上の頂点に三角形をおき，そこから下に一段下がるごとに，2個，3個，4個，…と数えていく。1辺が6cmの正三角形では，㋐の正三角形は下に3段下がれるから，1＋2＋3＋4＝10(個)，㋑の正三角形は1個だけだから，正六角形は，10＋1＝11(個)

⑵　**【解き方】⑴をふまえ，１辺が３cmの正六角形をつくるのに必要な正三角形を考える。**

正六角形がぴったりとはまる正三角形の１辺の長さは，正六角形の１辺の長さの３倍だから，１辺が３cmの正六角形をつくるのに必要な正三角形の１辺の長さは３×３＝９(cm)である。１辺が10cmの正三角形では，㋐の正三角形は下に10－３＝７(段)下がれるから，１＋２＋３＋４＋５＋６＋７＋８＝36(個)

㋑の正三角形は10－６＝４(段)下がれるから，１＋２＋３＋４＋５＝15(個)

１辺が９cmの正三角形は10－９＝１(段)下がれるから，１＋２＝３(個)

よって，正六角形は，36＋15＋３＝54(個)

5　⑴　**【解き方】３人の負担する金額の比は，３人の所持金の比と等しい。**

A，B，Cの３人の所持金の比は，500：1200：800＝５：12：８だから，比の数の和の５＋12＋８＝25が商品Xの値段にあたる。よって，Aさんの負担する金額は，$850\times\frac{5}{25}$＝170(円)

⑵　**【解き方】４人の所持金の合計は，850÷0.2＝4250(円)になる。**

Dのもともとの所持金は，4250－(500＋1200＋800)＝1750(円)

6　⑴　**【解き方】右のように作図して，直線部分と曲線部分に分けて求める。**

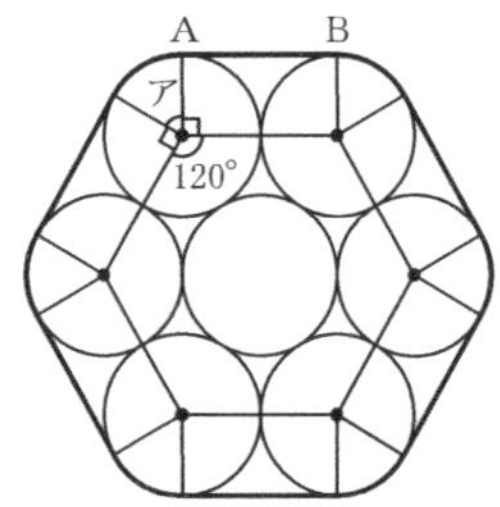

AB＝１＋１＝２(cm)だから，直線部分の長さの和は，２×６＝12(cm)

正六角形の１つの内角の大きさは120°だから，右図の角アの大きさは，

360°－90°－90°－120°＝60°になる。

曲線部分は，半径が１cmで中心角が60°のおうぎ形が６個でできているから，

これら６個のおうぎ形を合わせると，半径が１cmの円になる。したがって，

曲線部分の長さの和は，２×１×3.14＝6.28(cm)だから，囲った線の長さは，12＋6.28＝18.28(cm)

⑵　**【解き方】６個あるしゃ線部分の１つに着目する。**

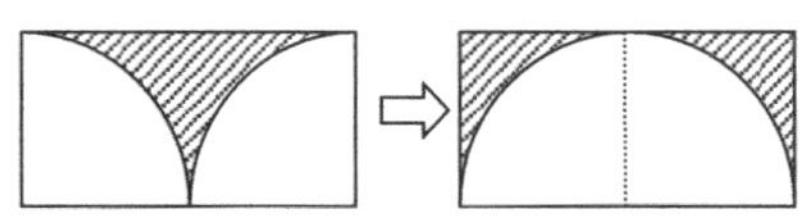

右図のようにおうぎ形の位置を入れ替えてもしゃ線部分の面積は変わらない。右図のしゃ線部分の面積は，縦が１cm，横が２cmの長方形の面積から，半径が１cmの半円の面積を引いて，１×２－１×１×3.14÷２＝0.43(cm²)

これが６個あるから，求める面積は，0.43×６＝2.58(cm²)

7　⑴　最初に⓪が０，①が１，②が２，③が３の上にあり，一番左にある石は⓪だから，(a)の操作で０＋４＝４の上に移動する。次に一番左にある石は①だから，(b)の操作で１＋５＝６の上に移動する。次に一番左にある石は②だから，(c)の操作で２＋３＝５の上に移動する。次に一番左にある石は③だから，(a)の操作で３＋４＝７の上に移動する。…，このように操作をくり返すと，右表のように，各石は移動する。右表より，11に置かれる石は，②とわかる。

	(a)	(b)	(c)	(a)	(b)	(c)	(a)	(b)	(c)	…
⓪	4	4	4	4	9	9	9	9	9	…
①	1	6	6	6	6	6	10	10	10	…
②	2	2	5	5	5	8	8	8	11	…
③	3	3	3	7	7	7	7	12	12	…

⑵　**【解き方】⑴より，(a)→(b)→(c)を３回くり返して操作すると，もとの並び順になっていることがわかる。また，②は３ずつ移動している。**

②は２に３の倍数を足した数の上に置かれる。(1000－２)÷３＝332余り２より，②の石が，最初に1000をこえて置かれる数直線の位置は２＋３×333＝1001である。

8 (1) **【解き方】上から１段目，２段目，３段目，４段目，５段目に分けて考える。**

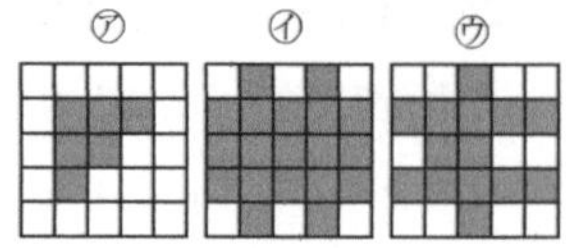

上から１段目と５段目は㋐のようになっている。上から２段目と４段目は㋑のようになっている。上から３段目は㋒のようになっている。

㋐の黒色の立方体は６個，㋑の黒色の立方体は19個，㋒の黒色の立方体は14個だから，

黒色の立方体の個数は，６×２＋19×２＋14＝64(個)

(2) **【解き方】(1)をふまえると，㋑と㋒の段には黒色の立方体と１面もくっついていない白色の立方体はない。㋐の段には黒色の立方体と１面もくっついていない白色の立方体がある。そこで全部の小さな立方体の個数から，黒色の立方体の個数と黒色の立方体と１面もくっついていない白色の立方体の個数を引いて求める。**

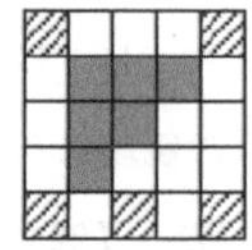

㋑の段を参照しながら，㋐の段の黒色の立方体と１面もくっついていない白色の立方体を探すと，右図のしゃ線を引いた５つの立方体が見つかる。黒色の立方体と１面もくっついていない白色の立方体は５×２＝10(個)あるから，条件に合う立方体の個数は，５×５×５－64－10＝51(個)

9 (1) **【解き方】初めて点Ｐと点Ｑが出会うのは，14÷(６＋１)＝２(秒後)である。**

点Ｐが，Ａ地点を出発してから点Ｑと出会うまでの時間と，点Ｑと出会ってからＡ地点にもどるまでの時間は等しいので，求める時間は，２×２＝４(秒後)

(2) **【解き方】右のようなグラフで考える。横軸を点ＰがＡ地点を出発してからの時間，縦軸をＡ地点からの距離とすると，点Ｐと点Ｑの移動の様子は右グラフのようになる。**

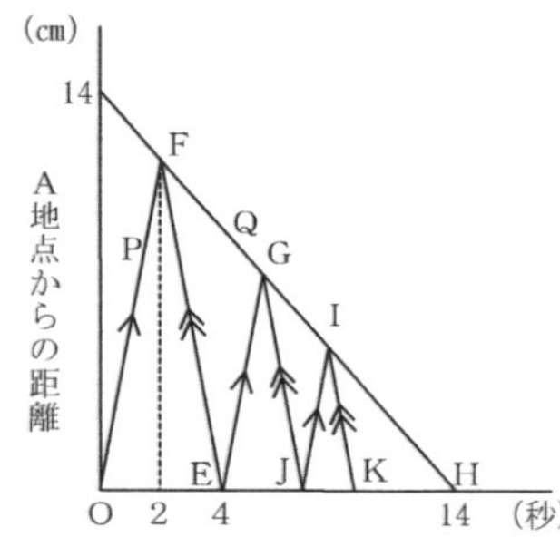

点ＱがＡ地点に着くのは，14÷１＝14(秒後)である。

ＯＦとＥＧとＪＩ，ＦＥとＧＪとＩＫはそれぞれ平行だから，

ＥＪ：ＪＨ＝ＦＧ：ＧＨ＝ＯＥ：ＥＨ＝４：(14－４)＝２：５

ＥＨ＝14－４＝10(秒)だから，ＥＪ＝$10\times\frac{2}{7}=\frac{20}{7}$(秒)，

ＯＪ＝$4+\frac{20}{7}=\frac{48}{7}=6\frac{6}{7}$(秒)　　点ＰはＡ地点を出発してから$6\frac{6}{7}$秒後にＡ地点にもどっているから，

出発してから７秒後には，Ａ地点から$7-6\frac{6}{7}=\frac{1}{7}$(秒)進んで，$6\times\frac{1}{7}=\frac{6}{7}$(cm)のところにいる。

10 (1) **【解き方】６個のデータの中央値は，データを大きさの順に並べたときの３番目と４番目の平均値になる。**

10月～３月のデータを小さい順に並べると，7.7，13.1，14.1，14.3，15.1，15.5になるから，

中央値は，(14.1＋14.3)÷２＝14.2(ｇ)

(2) **【解き方】ブリを何回食べたかをしぼりこむ。白米以外からとった脂質は，50.0－0.5×７＝46.5(ｇ)である。**

サケを７日食べると，脂質は4.5×７＝31.5(ｇ)になり，46.5ｇにとどかない。

ブリを１日，サケを６日食べると，脂質は15.1＋4.5×６＝42.1(ｇ)になり，46.5ｇにとどかない。

ブリを２日，サケを５日食べると，脂質は15.1×２＋4.5×５＝52.7(ｇ)になり，46.5ｇをこえ，52.7－46.5＝6.2(ｇ)多くなる。ここまでで，ブリは２日食べたがサケは５日食べていないことがわかる。

サケをマグロに１日だけかえると，脂質の量は4.5－1.4＝3.1(ｇ)減るから，マグロは6.2÷3.1＝２(日)

サケは，５－２＝３(日)食べたとわかる。

よって，タンパク質の合計は，3.8×７＋22.5×３＋21.4×２＋26.4×２＝189.7(ｇ)

《2022　理科　解説》

1 (1)　メスシリンダーで液体の体積をはかり取ることができることを利用して，水にとけない固体の体積をはかることもできる。ある一定の体積の水をメスシリンダーに入れ，そこに物体をしずめる。このとき増加した体積が固体の体積である。

(2)①　上皿てんびんで，ある重さの食塩をはかり取るとき，きき手側ではない皿にはかり取りたい重さの分銅をのせ，きき手側の皿に食塩をのせていく。また，食塩は皿に直接のせるのではなく，薬包紙の上にのせる。このため，薬包紙はきき手側ではない皿にものせ，薬包紙の重さによる差が出ないようにする。なお，食塩の重さをはかるときには，きき手側ではない皿に薬包紙と食塩をのせ，きき手側の皿に薬包紙をのせたあと，分銅をのせていく。

②　針のふれが止まるまでには時間がかかるので，針が中心で止まるまで待つ必要はなく，針が左右に等しくふれていればつり合っていると判断してよい。

(3)　水にとけたものは，水溶液全体に均一に広がり，温度や水の量が変化しなければ，時間が経過しても均一に広がったままで，とけているものの量(つぶの数)が変化したり，どこか一か所に集まったりすることはない。

(4)　温度が同じであれば，ものがとける量は水の量に比例する。ミョウバンは20℃の水100mLに12gまでとけるから，18gとかすのに必要な20℃の水は$100\times\frac{18}{12}=150$(mL)である。

(5)　表で，温度が20℃のときと60℃のときのとけた量に着目する。例えば，60℃の水100mLにそれぞれをとけるだけとかすと，ミョウバンは58g，食塩は38gまでとける。これを20℃まで冷やすと，ミョウバンは58－12＝46(g)が固体になって出てくるのに対し，食塩は38－36＝2(g)しか固体になって出てこない。

(6)　(4)解説の通り，ものがとける量は水の量に比例するので，水の量が少なくなれば，食塩がとける量も少なくなる。ふたをせずに数日放置しておくと，水面からの蒸発によって水の量が少なくなる。

2 (1)　10往復する時間の平均が(9.0＋9.1＋8.9)÷3＝9.0(秒)だから，1往復では9.0÷10＝0.9(秒)である。

(2)　ある条件によって結果が変わるかどうかを考えるには，その条件以外がまったく同じものを比べる。ここでは，おもりの重さによるちがいを考えたいので，ふりこの長さとふれはばが同じでおもりの重さが異なる③と④を比べればよい。なお，③と④では1往復する時間が同じだから，おもりの重さを変えてもふりこが1往復する時間は変わらないことがわかる。

(3)　(2)と同様に考えると，ふりこの長さとおもりの重さが同じでふれはばが異なる④と⑤を比べると，ふれはばを変えてもふりこが1往復する時間が変わらないことがわかり，おもりの重さとふれはばが同じでふりこの長さが異なる④と⑥を比べると，ふりこの長さを変えるとふりこが1往復する時間も変わることがわかる。よって，ふりこの長さの変化だけに着目すればよいので，①と⑥や②と⑧の結果より，ふりこの長さを$\frac{15}{60}=\frac{20}{80}=\frac{1}{4}$(倍)にすると，ふりこが1往復する時間が半分になることがわかる。

(4)　図2では，ふりこが1往復するとき，ふりこの長さは，左半分が60cm，右半分が60－40＝20(cm)になるから，図2のふりこが1往復する時間は(1.6÷2)＋(0.9÷2)＝1.25(秒)である。

3 (1)(2)　【考えられること】から，AとDは水の条件だけが異なり，AとEは空気の条件だけが異なることがわかる。つまり，Aは水があるからDは水がない条件，Aは空気があるからEは空気がない条件にすればよい。また，温度の条件が異なるのはBだけである。Bは冷蔵庫の中にあるため，Aと比べて，温度の条件だけでなく，光の条件も異なる(Bには光が当たらない)。このため，AとBを比べても，結果のちがいが温度によるものか光によるものか判断できない。よって，Bに対して温度の条件だけが異なるように，Cはダンボール箱をかぶせ，光が当たらないようにすればよい。

(3) 太陽は，東の地平線からのぼり，南の空で最も高くなった後，西の地平線にしずんでいく。よって，南だけでなく，東と西にも高い建物がない場所でなければ，一日中太陽の光が当たらない。

(4) 日なたで肥料と水をあたえて育てたものは，葉の緑色がこく，葉の数が多く，くきが太くなる。

4 (1) 月は太陽の光が当たった部分だけが光って見える。よって，図２のように月の左側が光っているとき，太陽は月の左側にあるから，図１のＡが太陽，Ｂが月である。

(2) 太陽は東の地平線からのぼり，正午ごろに真南にくるから，太陽が南よりも東よりのＡの位置にあるのは，正午より早い時刻である。

(3) 太陽は南の空に向かって高くなり，月は西の地平線に向かって低くなる。

(4) 図２の月は，南の空で左半分が光って見える下弦(かげん)の月である。この後，下弦の月は光って見える部分がさらに細くなり，約７日後に新月になる。

(6) 星座早見を使うときは，観察したい方角を下にして持ち，そこから頭の上にかざすようにして，実際の星空と見比べる。

《2022　社会　解説》

1 ［問１］ 琵琶湖は滋賀県にあるので，アが誤り(右図参照)。

［問２］ 滋賀県の県庁所在地名は大津市なので，イを選ぶ。

［問３］ 古墳時代，大和(現在の奈良県)の豪族は強い勢力をほこり，やがてヤマト王権(大和政権)を中心にまとまるようになった。ヤマト王権の中心となった者は，大王(後の天皇)と呼ばれるようになった。日本最大の前方後円墳として大阪府堺市にある大仙古墳が有名であり，仁徳天皇の墓と伝えられている。

［問４］ 織田信長→明智光秀→豊臣秀吉→徳川家康の順なので，ウ．長篠の戦い(1575年)→エ．本能寺の変(1582年)→ア．朝鮮出兵(1592年)→イ．関ヶ原の戦い(1600年)。

［問５］ 太閤検地では予想される収穫量を米の体積である石高で表したため，年貢を確実に集めることができるようになった。また，耕作者が検地帳に記されたため，荘園領主である貴族や寺社はもっていた土地の権利を失った。

［問６］ 諸藩の蔵屋敷が集まる大阪に年貢米や特産物が運ばれたため，大阪は経済の中心地として「天下の台所」と呼ばれた。

［問７］ ウが誤り。戦後の日本を指導したＧＨＱによって，満20歳以上の男女すべてに選挙権が保障された。

［問８］ エが誤り。内閣の長である内閣総理大臣は，「国会議員」ではなく「国務大臣」の罷免権を持つ。

［問９］［１］ 四大公害は，富山県のイタイイタイ病，熊本県の水俣病，新潟県の新潟水俣病，三重県の四日市ぜんそくである。イタイイタイ病は，神通川流域で多発した，骨が病変して折れやすくなる病気である。鉱山廃水中のカドミウムが原因であった。水俣病は，八代海沿岸で多発した，手足が震えたりしびれたりする病気である。工場廃水中の有機水銀が原因であった。　［２］ 温室効果ガスを大量に排出するのは火力発電であり，日本は石炭・石油・天然ガスによる火力発電量が全体の 80％以上を占めていることから，アを選ぶ。イは原子力，ウは水力。2011 年に発生した東日本大震災による福島第一原子力発電所の事故を受けて，全国の原子力発電所が稼働を停止し，不足する電力を火力発電で補ったため，火力発電の割合がますます増えている。

［問 10］ バイオマス発電では生ゴミなどの生物資源によって発電する。太陽光・風力・バイオマス・地熱などの

再生可能エネルギーは，地球温暖化の原因となる二酸化炭素などの温室効果ガスをほとんど発生させないため，地球温暖化を抑制する効果があるとされる。

2 ［問１］ 自動車の重量が重いことに着目する。輸送方法について，重量の重い自動車や石油・石炭といった原料や燃料などは船，小型・軽量で単価の高い半導体などの電子部品は航空機が利用されている。

［問２］ ウ．愛知県にはトヨタがあるので，名古屋港は自動車や自動車部品の輸出が盛んである。

［問３］［１］ 奈良時代，シルクロードを通って西アジアから様々な宝物が唐に伝わっており，その一部が遣唐使によって日本に持ちこまれ，東大寺の正倉院に納められた。 ［２］ 原油は，サウジアラビア・アラブ首長国連邦・クウェートなどのＯＰＥＣ加盟国からの輸入が多いので，ウを選ぶ。

［問４］［１］ 殖産興業政策として，生糸の品質や生産技術の向上を目的に，フランス製機械を輸入し，フランス人技師を雇って富岡製糸場がつくられた。 ［２］ 八幡製鉄所は，鉄道建設や軍備拡張のための鉄鋼を生産することを目的に，日清戦争後の下関条約で得た賠償金の一部を使って建設された。 ［３］ 資料３には，朝鮮(魚)をめぐって対立する日本(左)と清(右)，漁夫の利を狙うロシア(中央)が描かれている。

［問５］ イが誤り。義務教育が小学校(６年)・中学校(３年)の９年間となったのは，第二次世界大戦の終戦(1945年)後である。

［問６］ 自動車の排気ガスを減らす取り組みであることから，大気汚染と判断する。中国では，車の排気ガスや工場から排出されたＰM2.5の濃度が非常に高くなっている。

［問７］ 車がまっすぐに走れないようにすることで，自動車の走行速度を抑制している。

［問８］［１］ エ．パソコンは，最も早い時期から普及していたＢと判断する。スマートフォンとタブレット型端末は2008年の日本向け iPhone 発売後に普及した。スマートフォンは普及率の高いＡなので，タブレット型端末はＣとなる。 ［２］ アが正しい。イはユーチューバーの評価，ウは店長を名乗るアカウント，エは価格比較サイトが正確な情報とは言えない。インターネットでは誰でも手軽に情報を発信できるので，間違った情報が含まれていることもある。そのため，インターネットで得られた情報をそのまま受け取らず，正しい情報かどうかを本で調べたり，詳しい人に聞いたりして確かめるメディアリテラシーを養うことが必要となる。

令和3年度

2021 解答例　★大阪教育大学附属池田中学校

《国　語》

一　1．a．裏手　b．したく　2．エ　3．郷内一の麹名人と呼ばれた父と、父の技を引き継いだ母が使っていた襷を掛けることで、これからは自分が麹造りを取り仕切る立場になるのだという責任感を自覚し始めた思い。　4．いつの／手に触　5．白米の飯を食べたい。　6．ア　7．沙奈が浸ける時間を適切に判断できるか確かめるため。　8．エ　9．水気　10．⑧目　⑨口　11．味噌や

二　1．a．評　b．訓練　c．やしな　2．意味のある内容を言葉にできることが、しっかりと思考していることのあかしだから。　3．これか　4．A．エ　B．イ　5．イ，ウ，オ　6．決定的なえいきょうをあたえる。　7．ア　8．一．人間の思考レベル　二．速　三．よどみ　9．エ　10．イ　11．ウ

三　(例文)

　価値観の異なる人の言動を受け入れられず、ぎすぎすした関係が生じやすくなった。それに対して『でんでんむしのかなしみ』を紹介したい。自分の背中に悲しみがつまっていると気付いたでんでんむしは、その不幸をなげくが、悲しみはだれもが持っていて、自分だけではないと知る。困難の中にある時こそ、他の人にもかかえた思いや事情があることを想像し、理解することが大切だ。それを教えてくれる点で、訴えるものがあると思う。

《算　数》

1　(1)21412　(2)$\frac{1}{4}$

2　(1)1760　(2)1360

3　(1)47　(2)15

4　図1…33　図2…286

5　(1)120　(2)12

6　(1)9.42　(2)1.14

7　(1)1020　(2)900

8　(1)52　(2)8，18，26

9　(1)5　(2)4.3

10　(1)1.5　(2)7

《理　科》

1 (1)う　(2)水分　(3)右図　(4)ウ　(5)ウ
(6)記号…④　理由…デンプンなどの炭水化物が，他よりも多く含まれているから。　(7)酸素

2 (1)ウ　(2)右図　(3)ふたを温めることで，体積が大きくなったから。

3 (1)かん電池につなぐ部分のエナメルをはがす。
(2)N極　(3)イ，ウ　(4)電流を流したときだけ磁石になるという特ちょう。

4 (1)ア，ウ，オ，キ　(2)①ウ　②うめ立て地のような，地下に水が多く，土地がかたまりきっていない場所。

5 (1)クレーター　(2)断面図…右図　説明…図2の地形ではふちがへこんでいるが，月面のくぼみではふちが盛り上がっている。　(3)右図　(4)照明からの光がまさやさんによってさえぎられたから。　(5)右図

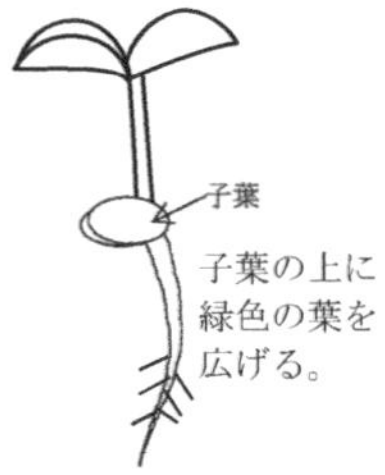

1(3)の図

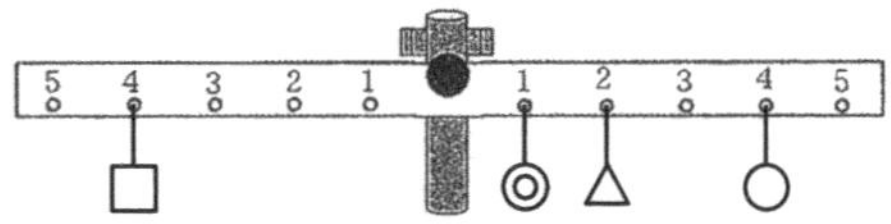

2(2)の図

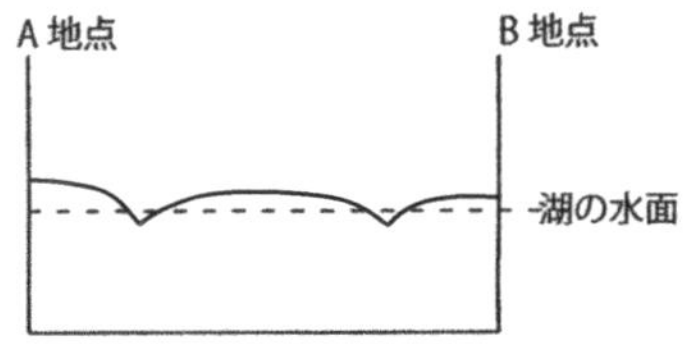

5(2)の断面図

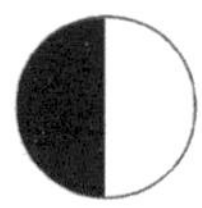
5(3)の図

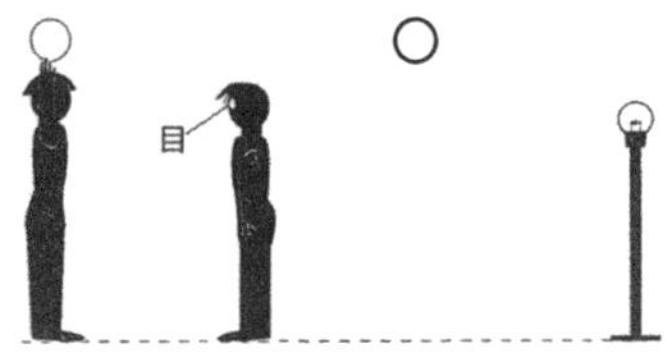

5(5)の図

《社　会》

1 ［問1］大津市　［問2］外来魚は湖に住む在来種を食べるので，湖の生態系がおびやかされるから。
［問3］平城京　［問4］聖武天皇　［問5］エ　［問6］寝殿　［問7］敵の攻撃に備えての見張りと防衛。
［問8］五箇条の御誓文　［問9］イ　［問10］［1］オ　［2］エ　［3］イ　［問11］分別して肥料として再利用するため。

2 ［問1］あ．兵庫県　い．東日本大震災〔別解〕東北地方太平洋沖地震　［問2］使用した核のごみの最終処分地が決まっていないこと。／他の発電に比べて，建設期間が長く，費用も高いこと。／稼働停止した発電所の処理がむずかしいこと。などから1つ　［問3］労働がたいへんなわりに収入が少ないため。　［問4］共助
［問5］［1］ウ　［2］千島海流〔別解〕親潮　［3］自然災害による被害を予測し，その被害範囲を知ることで被害を小さくする目的。　［問6］大雨が降ったとき，下流に流れる土砂をせきとめ，土石流を防ぐための取り組み。

大阪教育大学附属池田中学校

←解答例は前のページにありますので，そちらをご覧ください。

《2021　国語　解説》

一　著作権に関係する弊社(へいしゃ)の都合により本文を非掲載(ひけいさい)としておりますので、解説を省略させていただきます。ご不便をおかけし申し訳ございませんが、ご了承(りょうしょう)ください。

二　**2**　本文に「人間の思考レベルは、まずその人の『話し方』に表れます」「しっかりと思考している人は～しっかりした答えを返すことができます」と述べられている。また、具体例として、「卓球(たっきゅう)選手は～意味のある内容を端的(たんてき)に話す力も自然に養われている」と述べられている。つまり、意味のある内容を言葉にできることが、しっかりと思考していることのあかし(＝証拠(しょうこ))となる。だから、「内容のある話ができない人は、思考できていないのと同じ」と判断される。

3　――②には、「自分の考えを言葉で表現できない人(＝思考力のない人)は～これからの世界では通用しにくい」ということが述べられている。「これから」で始まる――③の直後の一文に着目する。「これから国際化が進み～多様な背景を持つ人が増えるようになったときには～説明スキルが威力(いりょく)を発揮」すると述べられている。「『マニュアル人間』というと思考できない人間を意味」するが、「言葉で説明できる人(＝「マニュアルを作ることのできる人間」)は、何かを人に教えることも上手(＝「説明スキル」がある)」「相当な思考力がなければ、マニュアルを作ることはできません」と述べられている。つまり、これからは、マニュアルを作ることができるような人(＝思考力のある人)が通用するということを言っている。筆者の言いたいことを伝えるために、反対の言い方をしている。

4 A　「マニュアル人間」は、「思考できない人間」を意味するので、エが適する。　**B**　「マニュアルを作ることのできる人間」は、相当な思考力があって、順を追って段取りを伝えることができる人間なので、イが適する。

5　ア．「サッカーの試合を観戦していると、失点シーンの多くは～判断ミスから生まれている」「緊張(きんちょう)や疲(つか)れなどにより、ほんの一瞬(いっしゅん)の隙(すき)が命取りとなる」とある。思考訓練を積み重ねているスポーツ選手でも判断ミスはあるので、適さない。　イ．「曖昧(あいまい)な言葉でごまかさず、マニュアルのように順を追って段取りを伝えることができます」より、適する。　ウ．「何を質問してもしっかりした答えを返すことができます」より、適する。　エ．「仕事では、英語ができる、中国語ができるという以前に、意味のある内容を言葉にできる力がますます求められます」とある。よって適さない。　オ．「卓球の張本智和(はりもとともかず)選手も～『えーと』『あのー』などのムダな言葉を発さず」「卓球選手は～思考訓練を積み重ねているので、意味のある内容を端的に話す力も～養われている」より、適する。

8一　本文の１行目に「人間の思考レベルは、まずその人の『話し方』に表れます」とあることから。

二・三　一流選手は、「ムダな言葉を発さず、よどみなく話を続け」ると述べられていることから、話し方が速いということが分かる。

9　直前の文の「必要な言葉を速いスピードで話す人は、頭の回転も速いといえます」をふまえると、「脳内が高速回転している人は～必然的に早口になります」となり、[う]は「早口」が適する。早口になる人は、「思考」のスピードと、「話す」スピードのどちらが上回るのかを考える。思考のスピードが速いと「必要な言葉」が次々と頭の中に浮(う)かんでくる。相手に伝えたいことが話すスピードを上回るから、早口になる。よって、[あ]は「思考」、[い]は「話す」が入るため、エが適する。

10　ア．各段落の始めを見ると、「そして」「だから」「しかし」などの「つなぐ言葉をくり返し」ているとは言えない。　イ．サッカーの久保選手、卓球の張本選手のインタビューでの受け答えを具体例として用いることで、説得力を持たせている。　ウ．日常的に親しまれている外来語を用いているが、それによって「日本固有の言葉では表現できない話題をのべている」わけではない。　エ．「思考力を高めるための工夫」については、紹介(しょうかい)されていない。　よってイが適する。

11　本文では、思考訓練を積み重ねていない人は「意味のある内容を端的に話す力」が養われていない、つまり、ムダな言葉を発して要点がわかりにくく、話が長くなるということが述べられている。よってウが適する。「下手の長談義」とは、話下手の人に限って話が長くなり、はた迷惑なこと。

《2021　算数　解説》

1 (1)　与式＝2021×10.6＋1011×2×10.6－2023×10.6＝(2021＋2022－2023)×10.6＝2020×10.6＝21412

(2)　与式より，$\frac{3}{8}+(\frac{3}{4}-\square\div3+\frac{7}{12})=\frac{13}{8}$　$\frac{3}{4}-\square\div3+\frac{7}{12}=\frac{13}{8}-\frac{3}{8}$　$\frac{3}{4}-\square\div3+\frac{7}{12}=\frac{5}{4}$

$\frac{3}{4}-\square\div3=\frac{5}{4}-\frac{7}{12}$　$\frac{3}{4}-\square\div3=\frac{2}{3}$　$\square\div3=\frac{3}{4}-\frac{2}{3}$　$\square\div3=\frac{1}{12}$　$\square=\frac{1}{12}\times3=\frac{1}{4}$

2 (1)　**【解き方】20%引きは，100－20＝80(%)で購入できるが，消費税10%がかかることに注意する。**

ケーキ大の20%引きは，2000×0.8＝1600(円)で，店内で食べると10%の消費税がかかるから，Aさんが払う代金は，1600×(1＋0.10)＝1760(円)

(2)　**【解き方】(Cさんの払った代金)→(令和ケーキの定価)の順に求める。BさんとCさんの払った消費税の税率が異なることに注意する。**

Cさんが払った代金は，(ケーキ小の定価)＋(ケーキ小にかかる消費税)＋(配達代金)＝1200×(1＋0.08)＋400＝1696(円)だから，Bさんが払った代金は1696－200＝1496(円)になる。Bさんは令和ケーキを店内で食べたから，かかる消費税は10%になるので，Bさんの払った代金は，令和ケーキの定価の1＋0.10＝1.1(倍)になる。

よって，令和ケーキの定価は，1496÷1.1＝1360(円)

3 (1)　**【解き方】模型Pの先頭部分と模型Qの先頭部分の間の長さに対して，出会い算で求める。**

模型Pの先頭部分から模型Qの先頭部分までは，436－10－3＝423(cm)離れている。2台が同時に出発すると，2台の模型は1秒あたり3＋6＝9(cm)近づくから，はじめてすれちがうのは，423÷9＝47(秒後)

(2)　**【解き方】2台の模型の移動距離に注目する。このとき，列車の長さを忘れないようにする。**

A地点から181cmの地点は，B地点から436－181＝255(cm)の地点であり，模型Pが移動した距離は，181－10＝171(cm)，模型Qが移動した距離は，255－3＝252(cm)である。模型Pと模型Qの速さの比は，3：6＝1：2だから，模型Qが出発してからはじめてすれちがうまでに，模型Pと模型Qが移動した距離の比も1：2になる。

したがって，模型Qが出発してからすれちがうまでに，模型Pが移動した距離は，$252\times\frac{1}{2}=126$(cm)である。

よって，模型Pは，模型Qが出発するまでに，171－126＝45(cm)移動したから，模型Qは模型Pが出発してから45÷3＝15(秒)おくれて出発した。

4　**【解き方】右図で，矢印㋐の向きの竹ひごは，●印の頂点の6か所に，矢印㋐の向きに2本ずつ並ぶと考える。**

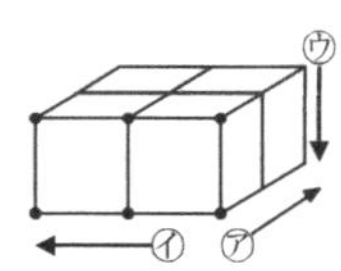

右図で，矢印㋐の向きの竹ひごは6×2＝12(本)ある。矢印㋑の向きには6×2＝12(本)，矢印㋒の向きには9×1＝9(本)並ぶから，図1の竹ひごの本数は，12＋12＋9＝33(本)

図2についても同じように考えると，図1の矢印㋐と同じ向きの竹ひごの本数は，24×4＝96(本)，矢印㋑の向きには20×5＝100(本)，矢印㋒の向きの向きには30×3＝90(本)並ぶから，図2の竹ひごの本数は，96＋100＋90＝286(本)

5 (1)　**【解き方】(チームのつくり方)×(4人の走る順番)で求める。**

5人から4人を選ぶチームのつくり方は，選ばない1人の決め方に等しく5通りある。

1チームの中の4人の走る順番は，4×3×2×1＝24(通り)あるから，走る順序は，5×24＝120(通り)

(2)　**【解き方】第1走者と第4走者の順序は，(第1走者・第4走者)＝(A，D)(D，A)の2通りある。**

残りの第２走者と第３走者の順序を考える。

ＡさんとＤさんの２人を除いた３人から２人を選ぶチームのつくり方は，選ばない１人の決め方に等しく３通りある。１チームの第２走者と第３走者の走る順序は，２×１＝２(通り)あるから，第２走者と第３走者の走る順序は３×２＝６(通り)ある。よって，第１走者と第４走者にＡとＤにしたチームの走る順序は，２×６＝12(通り)ある。

6 ⑴ **【解き方】点Ａがえがく線は，右図の太線部分になる。右図のように記号をおいて，Ｐ→Ｑ→Ｒ→Ｓまでの長さを求める。**

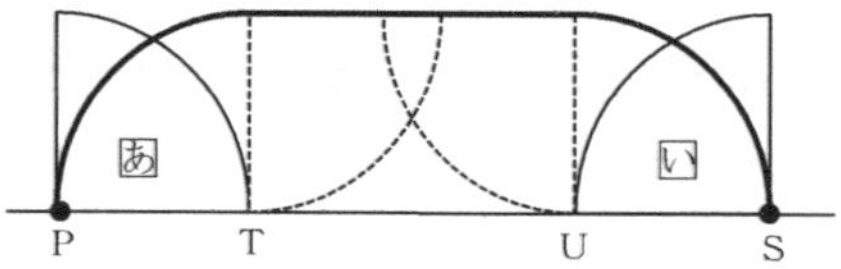

ＰからＱまでの曲線は，半径２㎝の円の円周の$\frac{1}{4}$である。

直線ＱＲの長さは，直線ＴＵと等しい。直線ＴＵは，図形あの曲線部分の長さに等しいから，ＱＲの長さは，ＰからＱまでの曲線の長さに等しい。また，ＲからＳまでの曲線の長さにも等しい。よって，太線の長さは，半径が２㎝の円の円周の$\frac{1}{4}\times 3=\frac{3}{4}$にあたるから，求める長さは，$(2\times 2\times 3.14)\times\frac{3}{4}=9.42$(㎝)

⑵ **【解き方】２つの図形の重なっている部分は，右図の色をつけた部分になる。右図のように記号をおいて考える。**

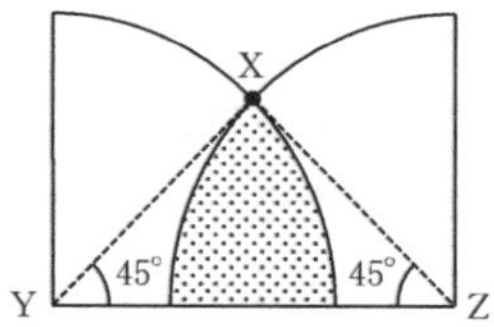

右図で，角ＸＹＺ＝角ＸＺＹ＝45°だから，角ＺＸＹ＝180°－45°－45°＝90°になるので，三角形ＸＹＺは直角二等辺三角形になる。

したがって，色をつけた部分の面積は，半径が２㎝で中心角が45°のおうぎ形の面積２個分から，直角三角形ＸＹＺの面積を引けば求められる。求める面積は，$2\times 2\times 3.14\times\frac{45°}{360°}\times 2-2\times 2\div 2=3.14-2=1.14$(㎠)

7 ⑴ **【解き方】ＡさんとＢさんがＣさんに渡した金額の比は 15：31 だから，ＡさんがＣさんに渡した金額を⑮として考える。**

駅		Ａさんの自宅	Ｂさんの自宅	Ｃさんの自宅
				計
Ａさん	⑮	＼	＼	⑮
Ｂさん	⑮	⑯	＼	㉛
Ｃさん	⑮	⑯	400円	1940

ＡさんがＣさんに渡した金額を⑮とすると，ＢさんがＣさんに渡した金額は㉛，Ｃさんが負担した金額は㉛＋400(円)になる。Ｃさんが払った金額は，⑮＋㉛＋㉛＋400＝⑰＋400(円)で，これが1940円にあたるから，⑰＝1940－400＝1540(円)

よって，Ｃさんが負担した金額は，$1540\times\frac{31}{77}+400=1020$(円)

⑵ **【解き方】⑴をふまえると，Ａさんが１人で帰宅した場合の金額は，３人で乗車してＡさんが支払った金額の３倍に等しい。**

Ａさんが１人で乗車して支払うときの金額は，⑮×３＝㊺になるから，$1540\times\frac{45}{77}=900$(円)

8 ⑴ **【解き方】(10人の二重とびの回数の合計)＝(平均値)×10を利用する。**

10人の二重とびの回数の合計は，17.8×10＝178(回)だから，あ，い，うの３つの値の合計は，

178－(20＋11＋23＋17＋22＋19＋14)＝178－126＝52(回)

⑵ **【解き方】左の表にあ，い，うの３人以外をあてはめたとき，数字が入らない階級は，５以上～10未満と25以上～30未満の２つある。右の表についても調べると，数字が入らない階級は，６以上～９未満と24以上～27未満の２つある。**

どの階級にも少なくとも１人が入ることから，３人のうち，少なくとも１人は６以上～９未満，少なくとも１人は25以上～27未満の階級に入る。

３人を除いた７人を小さい順に並べると，11，14，17，19，20，22，23で，10人の中央値が18.5だから，大きさの順に並べたときの，５番目と６番目の合計は18.5×２＝37になる。以上のことから考えると，３人の値をＡ，

B，C（A＜B＜C）として，大きさの順に並べると，A，11，14，17，B，19，20，22，23，Cになるから，B＝37－19＝18である。A＋B＋C＝52だから，A＋C＝52－18＝34で，Aは6，7，8のいずれか，Cは25，26のいずれかだから，A＋C＝34となる組み合わせは，A＝8，C＝26に決まる。

よって，3つの値は，8，18，26

9 (1) **【解き方】水の深さが鉄の容器の高さをこえるかどうかに注意する。**

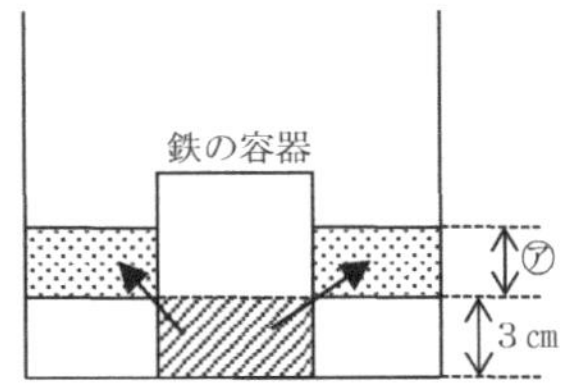

鉄の容器を入れたことで，10×8×3＝240(㎤)の水が，深さが3㎝より上の部分に移動したと考える。水が移動した部分の底面積は，20×10－10×8＝120(㎠)だから，移動した水の高さ（右図の㋐）は240÷120＝2(㎝)となり，水の深さは3＋2＝5(㎝)で，鉄の容器の高さを越えない。

(2) **【解き方】図2の向きで考えたときの，底面から5㎝までの容器の体積を求める。**

図2の状態で置いたときの底面から5㎝までの容器の体積は，10×6×5－(10－2)×(6－1)×(5－1)＝300－160＝140(㎤)だから，水の体積は，20×10×5－140＝860(㎤)

よって，容器を入れる前の水の深さは，860÷(20×10)＝4.3(㎝)

10 (1) **【解き方】2点P，Qは1秒間に進む目盛り数の和は5＋11＝16(目盛り)で，PとQは24目盛り離（はな）れていると考える。**

点P，Qがはじめて重なるのは，24÷16＝1.5(秒後)

(2) **【解き方】正三角形になるのは，3点の位置が円周を3等分するときである。1.5秒でPとQは出会うから，PとQが進む長さの和が1周の$\frac{1}{3}$になるのは，1.5÷3＝0.5(秒)ごとに起きるとわかる。また，Rは毎秒2目盛り進むから，0.5秒ごとに1目盛り進む。しかし，PとQそれぞれが小数第一位が5になる秒数に進む場所は，目盛りのところではないことから，このとき目盛りのところにあるRと結んで正三角形をつくることはできない。**

よって，整数の秒数について，それぞれの点の位置を調べる。

	0	1	2	3	4	5	6	7	8
P	0	5	10	15	20	1	6	11	16
Q	0	13	2	15	4	17	6	19	8
R	13	15	17	19	21	23	1	3	5

PとRの差がはじめて8または16となるところを探すと，7秒後に，Pが11目盛り，Qが19目盛り，Rが3目盛りの位置にいて，周囲の長さが3等分されていることがわかる。

よって，はじめて正三角形となるのは出発してから7秒後である。

《2021　理科　解説》

1 (1) う○…白米や小麦粉に最も多くふくまれる「う」がデンプンなどの炭水化物である。

(2) トウモロコシに77.1％，もやしに92％ふくまれる成分は水である。

(4) ウ○…大豆もやしの発芽に適した温度は20℃から25℃である。

(5) ウ○…トウモロコシのひげはめしべの根元を除いた部分である。この部分に花粉がつくと受粉して，やがて実ができる。

(6) ④○…かん臓は炭水化物をたくわえて，必要に応じて全身に送るはたらきをもつので，他よりもデンプンなどの炭水化物の割合が大きいと考えられる。

(7) 酸素は肺で血液中にとりこまれ，赤血球にふくまれるヘモグロビンと結びついて全身に送られる。ヘモグロビンは酸素の多い所では酸素と結びつき，酸素の少ない所では酸素をはなすので，全身に酸素を運ぶことができる。

2 (1) ウ○…あたたかい空気は上に流れるので，エアコンの風向を下向きにすれば，部屋全体を効果的に暖めることができる。

(2) てこをかたむけるはたらき〔おもりの重さ(g)×支点からの距離〕が左右で等しくなるときにつり合う。支点からの距離をうでの番号で考えると，てこを左にかたむけるはたらきは30，60，90，120，150のいずれかであり，てこを右にかたむけるはたらきが最も小さくなるのは，1に40g，2に20g，3に10gをつるした40+40+30=110のときだから，つり合うのはてこをかたむけるはたらきが120か150のときである。てこを左にかたむけるはたらきが120(4に30g)のとき，右は(1に40g，2に20g，4に10g)，(1に40g，2に10g，3に20g)でつり合う。また，てこを左にかたむけるはたらきが150(5に30g)のとき，右は(1に40g，3に20g，5に10g)，(1に40g，3に10g，4に20g)，(1に20g，2に40g，5に10g)，(1に10g，2に40g，3に20g)でつり合う。

(3) 金属を温めると体積が大きくなるので，ふたがとれやすくなる。

3 (1) エナメル線は，電流が流れる銅線のまわりを電流が流れないエナメルで加工したものである。必要な部分だけエナメルをけずることで，中の銅線に電流を流すことができる。

(2) 図2の方位磁針の向きより，電磁石のAはN極，BはS極である。図3では電流の向きを反対にしたので，AはS極，BはN極である。

(3) イ，ウ○…ある条件が必要かどうかを調べるとき，その条件以外を同じにして結果を比べる実験を対照実験という。イではコイルの巻き数による電磁石の強さを，ウでは電流の大きさによる電磁石の強さを調べることができる。なお，エではかん電池を並列つなぎにしたので，コイルに流れる電流の大きさはかん電池1個のときと同じで，電流の大きさによる電磁石の強さを調べることはできない。

(4) 磁石を使うと，磁石にくっついた鉄のかたまりを簡単にはなすことができない。電磁石では，電流を流さなければ鉄のかたまりを簡単にはなすことができる。

4 (1) ア×…図1より，内陸部でも地震が発生している。　ウ×…図1より，地震が発生する場所は均等には分布していない。　オ×…図2より，大陸から遠くはなれた海洋の地域にも火山が見られる。　キ×…日本以外にも火山の分布が多く，地震の回数が多い地域がある。

(2)① ウ○…大地が一時的に液体のようになりながら，大地の中から水や砂がふき上げてくる現象を液状化という。

② 液状化は，図4よりうめ立て地で起こりやすかったことがわかる。これらのことから，うめ立て地のようにできてからの期間が短く，地下のすき間がうまりきっていない土地では，液状化が起こりやすいと考えられる。

5 (2) 月面には大気や水がないので，いん石のしょう突によってできたクレーターがそのまま残っているが，地球には大気や水があるので，大気や水によってしん食されてくぼみが変形する。

(3) まさやさんから見ると，ボールの左側に照明があるので，ボールの左側半分が光って見える。なお，解答例では光って見える形をぬりつぶした。

(4) 照明からの光がまさやさんによってさえぎられたため，ボールに光が当たらなかったと考えられる。

(5) 照明を太陽，観測者の目を地球とし，月(ボール)が地球を中心として円をえがいていると考える。新月のときには太陽，月，地球の順にほぼ一直線に並ぶので，月(ボール)の位置は太陽(照明)と地球(目)の間になる。満月から目までの距離と新月から目までの距離が同じで，満月と同じ高さになるようにする。

《2021　社会　解説》

1 [問2] 琵琶湖の生態系を維持するため，ブラックバスやブルーギルなどの外来魚の釣りが推奨されている。

[問3] 平城京は，710年に元明天皇が藤原京から遷都してつくり，唐の長安の都制にならって碁盤の目状に区画された(条坊制)。

[問4] 奈良時代，聖武天皇は仏教の力で世の中を安定させようとして国分寺を全国につくり，奈良の都に東大寺と大仏をつくった。

[問５]　エが誤り。避難するときは，渋滞や交通事故を避けるために車は利用しないようにする。

[問６]　中心にある「寝殿」，寝殿を囲む「対屋」，寝殿と対屋を結ぶ「渡殿」などが，寝殿造の特徴である。

[問７]　図２に門番がいることに着目する。鎌倉時代の武士の館では，敵の攻撃に備えて館を柵で囲い，矢倉門付近には出入りする人や荷物を点検する番人がいた。

[問８]　五箇条の御誓文では，世論に従って新しい政治を行うという政府の方針を誓う文が発表された。

[問９]　イが正しい。おやとい外国人には，生糸の品質や生産技術の向上を目的に，富岡製糸場を開設したフランス人のブリューナなどがいる。このような近代産業の育成を目ざして西洋の知識や技術を取り入れた政策を「殖産興業」と言う。　ア．平民苗字必称義務令により，百姓や町人に名字を名のらせるようになった。　ウ．学制により，満６歳以上の男女が小学校で初等教育を受けるようになった。

[問10][１]　オ．元大阪町奉行所の与力であった大塩平八郎は，天保のききんに苦しむ人々に対する奉行所の対応を批判し，1837 年に彼らを救うために挙兵して乱を起こした(大塩平八郎の乱)。　[２]　エ．外務大臣であった陸奥宗光は，1894 年に治外法権(外国人が在留している国で罪を犯しても，その国の法律では裁かれず，本国の法律で裁判を受ける権利)の撤廃を実現した。　[３]　イ．福沢諭吉の開いた蘭学塾が，その後慶応義塾(慶応義塾大学)と改名された。また，『学問のすすめ』は，冒頭の言葉「天は人の上に人を造らず，人の下に人を造らず」が広く知られており，人間の自由・平等や学問の大切さが説かれている。大久保利通は薩摩藩出身で，岩倉使節団の一員として欧米に渡り，帰国した後，政府の中心人物として士族の特権を廃止する秩禄処分を行った。津田梅子は，岩倉使節団に従ってアメリカに留学し，帰国後女子英学塾(津田塾大学)を創設した。

[問11]　江戸時代，イワシを干して作った肥料(干鰯)や，菜種油をしぼって作った肥料(油粕)が利用されていた。

２　[問１]　淡路島は兵庫県にある。阪神・淡路大震災では倒壊による圧死，東日本大震災では津波による被害が大きかった。

[問２]　東日本大震災では，太平洋沿岸部に立地していた福島第一原子力発電所で放射能漏れの事故が起こった。この事故を受け，全国の原子力発電所が安全点検のため一時稼働を停止した。その結果，不足する電力分を火力発電でまかなうようになった。

[問３]　安い外国産の木材が多く輸入されるようになり，若者の林業離れが進んでいる。森林は，間ばつ・枝打ちをしないと生い茂る葉で日光が地面に届かなくなり，下草が生えなくなる。そうすると土がむき出しになり，保水力は低下してしまう。

[問４]　災害時には，「自助(自分自身の命を自分で守ること)」・「共助(地域コミュニティで力をあわせること)」・「公助(公的機関が個人や地域では解決できない災害の問題を解決すること)」が大切である。

[問５][１]　ウは秋田県についての記述だから，誤り。アは宮城県，イは青森県，エは岩手県。

[２]　三陸海岸沖には，暖流の日本海流(黒潮)と寒流の千島海流(親潮)がぶつかり，好漁場となる潮目(潮境)が形成される(右図参照)。

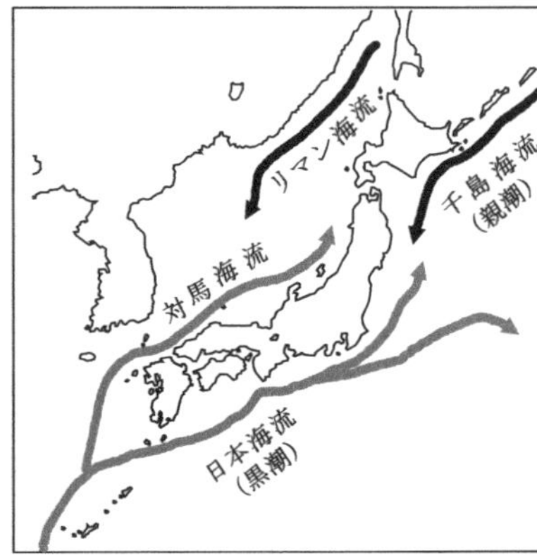

[３]　ハザードマップには，津波のほか，洪水や火山噴火，土砂災害などの自然災害について，災害が起きたときに被害が発生しやすい地域や緊急避難経路，避難場所などが示される。

[問６]　図３の砂防ダムが無いと，水に押し流された土砂が川からあふれ，家などを押しつぶす恐れがある。砂防ダムでは，上段のダムで大きな石，下段のダムで砂をせき止め，その下の川も直線状になるように工夫されている。また，災害が起こることを前提にして，災害による被害をできるだけ小さくするための取り組みを「減災」と言う。

2020 解答例
令和2年度

★大阪教育大学附属池田中学校

《国　語》

一　1. a. 事態　b. どしゃ　2. 目が見えない人　3. エ　4. A. ア　B. ウ　5. がまん
6. いつも人／どうした　7. 学校で同級生たちと気軽に会話をすること。　8. 自然と自分らしくいられる。
9. ア　10. 土砂のない場所を通りぬけ、進路をさまたげるものがなくなった。／心の奥深くにある苦しみを打破し、周囲とうまくやっていける気がした。

二　1. a. 勤　b. なっとく　c. 積極的　2. ウ　3. Ⅰ. エ　Ⅱ. ウ　4. 休み時間の「クラス全員遊び」には必ず参加すること。／赤い旗が立てられたら、運動場で遊んではいけない。　5. ア
6. A. イ　B. ウ　C. ア　7. 大切なの　8. イ　9. エ　10. (例文)事情に応じて選手個人の判断でプレーすることも許されるというルールの改善案を出し、みんなで議論をする。

三　(例文)

日本の良いところは、治安の良さだ。母が旅行先で財布を落とした時、すぐに交番に届けられ、中身もぬすまれずにもどってきた。この出来事から分かるように、ちつ序や安全がよく保たれていると思う。日本の良くないところは、消極的な人が多いことだ。私のクラスでも、自分の意見を言わずに、みんなに合わせている人が多い。感じ方や考え方のちがう人と分かり合うためには、おたがいに自分の思いをきちんと表現するべきだと思う。

《算　数》

1　(1)$\frac{2}{3}$　(2)$\frac{3}{4}$

2　(1)90　(2)100

3　(1)10　(2)9.6

4　(1)24　(2)185

5　(1)62.8　(2)57.38

6　(1)96　(2)$\frac{2}{3}$

7　(1)6　(2)18

8　(1)157　(2)44

9　(1)516　(2)458

10　(1)50　(2)24

《理　科》

1 ⑴イ　⑵水よう液の名前…炭酸水／うすい塩酸　理由…とけているものが気体だから。　⑶黄
⑷同じ点…どちらもうすい塩酸にとける。　ちがう点…一方はあわを出しながらとけるが，もう一方はあわを出さずにとける。

2 ⑴①酸素　②二酸化炭素　⑵ウ，エ　⑶③気管　④肺　⑷⑤ア，イ　⑥オ，カ　⑸エ

3 ⑴上流で土砂くずれなどが起こって，水がせき止められている可能性があるから。
⑵A．ウ　B．ア　C．エ　D．イ　⑶①ア　②エ　③イ　④ウ　⑷大量の雨が降ることによってひなん経路がしん水し，流される危険が生じる。　⑸あ．深さ　い．速さ　⑹う．角がとれて丸みをおびている
え．角ばっている

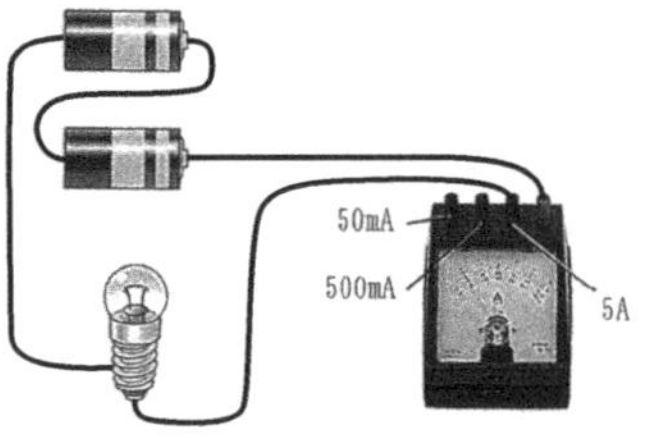

4 ⑴右図　⑵発光ダイオードにつなぐ導線の向きが逆だったから。
⑶電気のエネルギーを効率よく光のエネルギーに変えることができ，使用する電気の量が少なくてすむから。

《社　会》

1 ［問１］⑴エ　⑵応仁の乱が起こり，京都の町が 11 年間戦場となったから。　［問２］80
［問３］⑴足利義満　⑵日本風　［問４］①徳川家康　②徳川家光　③徳川慶喜　［問５］歴史的景観を保全するために条例で看板や建築物が制限されているから。　［問６］⑴ウ　⑵ア　［問７］イ　［問８］天候の変化によって発電量が安定しない点。／夜間に発電できない点。　などから１つ

2 ［問１］⑴塔のゆれと中にある心柱のゆれのタイミングがずれることで，ゆれが打ち消しあう制震構造だから。
⑵ア　⑶出島　⑷【き】　［問２］⑴ユネスコ　⑵はにわ　⑶ア　［問３］外国企業が進出しやすく，原料・製品の輸出入に便利だから。　［問４］エ　［問５］ア　［問６］※学校当局により問題削除　［問７］春節

2020 解説 令和２年度 ▶ 大阪教育大学附属池田中学校

←解答例は前のページにありますので，そちらをご覧ください。

《2020　国語　解説》

一　著作権に関係する弊社の都合により本文を非掲載としておりますので、解説を省略させていただきます。ご不便をおかけし申し訳ございませんが、ご了承ください。

二　**2**　最初の段落に「ある先生が～道徳の授業をやった折、まさにこの『ルールをつくり合う』という実践をしたことがありました」とある。また、最後の段落に「『ルールをつくり合う』ということに関しては、改めて、今の道徳の授業でやっていけないことでは決してないのです」とある。文章の最初から最後まで「ルールをつくり合う」ということに関する授業について述べているので、ウが適する。

3Ⅰ　それぞれの空らんの前後の内容に着目する。空らんの直後には、「その新たなルールが実際にちゃんと守られるかどうかは分かりません」「短期間しか授業を担当しない教育実習生が、今あるクラスや学校のルールを変えようなどという授業をするためには～前もってもっと対話しておかなければならなかった」とあり、空らんの前に書かれている内容を認めつつも、一部相反する内容が書かれている。よって、とはいうものの、ただしといった意味を表す、エの「もっとも」が入る。　**Ⅱ**　それぞれの空らんの前後の内容に着目する。二つ目の［Ⅱ］の前には、「あなたの授業は学習指導要領違反である」とあり、後には「彼の授業は学習指導要領違反などではありません」とある。空らんの前の内容から予想される内容に反する内容が後に書かれているので、ウの「でも」が入る。

4　直前の３段落に、「二つのルール」に関することが書かれている。「休み時間の多くが『クラス全員遊び』にあてられていて、あまり自由に遊べなかった」「気候などの条件によって、運動場で遊んではいけないという合図として赤い旗が立てられる」より考える。

5　直後に「この授業（＝「彼の授業」）において、子どもたちは、ルールは～であるという意義を理解し～必ず守ろうと約束したのです」とある。筆者は、子どもたちがルールの意義を理解し、それらを守ることを学んだことについて、「彼の授業は学習指導要領違反などではありません」と結論づけている。したがって、［②］に入る「学習指導要領」の「内容項目」は、ルールの意義を理解し、それらを守ることだと考えられる。よって、アが適する。

6A　教育実習生が、授業を行う前にもっと対話しておくべきだった相手が入る。直後にある「校長先生」と同じく、授業の内容に対して責任を負う人物が入るので、イが適する。　**B**　教育実習生が、授業で「ある意味では煽るだけ煽っ」た相手が入る。教育実習生は、「今あるクラスや学校のルールを変えよう」という授業を行った。これは、クラスの子どもたちを煽ったことになる。よって、ウが適する。　**C**　落ち度があった人物が入る。教育実習生が、授業を行う前に担任の先生や校長先生と十分に対話をしなかったこと、それによって「非常に無責任な授業」になったことについて、筆者は「大きな落ち度があったと思います」と述べている。よって、アが適する。

7　傍線部①の５～７行後に「大切なのは、ルールは～なのだという感度を子どもたちが育んでいくことなのです」とある。

8　〈★イ〉の前に「こんなことを考えてみるのはどうだろうと問いかけました」とあるが、その前後に問いかけの内容が書かれていない。ぬけている一文には、問いかけの内容が書かれているので、この一文は〈★イ〉に入る。ぬけている一文を〈★ア〉に入れようとすると、文末に「と。」があるので、前後がうまくつながらない。

9　文章中に「ルールはみんながハッピーになるためのもの、というルールの本質を～導き出した」「ルールは責任を持って守るもの、しかし同時に、それはみんながより自由になるために、自分たち自身でつくり直すことができるものなのだ」「ルールはみんながハッピーになるためのもの、自由になるためのものであるという意義を理解し」などとある。これらから、自由をみとめ合うためにルールが必要であるという主張が読み取れる。よって、エが適する。

10　この文章では、「ルールをつくり合う」授業がとり上げられ、ルールの本質について述べている。授業では、学校のルールについて子どもたちが議論を行い、「理不尽なルール」だと思うものについて「改善案を導き出し」ている。こうした内容をもとに、星野君のチームのルールについてどうすべきかを考える。

《2020　算数　解説》

1 (1)　与式$=\frac{3}{5}\times\frac{3}{4}+\frac{3}{4}\times(\frac{2}{5}-\frac{1}{9})=\frac{3}{5}\times\frac{3}{4}+\frac{3}{4}\times(\frac{18}{45}-\frac{5}{45})=\frac{3}{4}\times(\frac{3}{5}+\frac{13}{45})=\frac{3}{4}\times(\frac{27}{45}+\frac{13}{45})=\frac{3}{4}\times\frac{40}{45}=\frac{2}{3}$

(2)　与式より，$\frac{35}{8}\div(6-\square)+\frac{3}{2}=2\times\frac{7}{6}$　$\frac{35}{8}\div(6-\square)+\frac{3}{2}=\frac{7}{3}$　$\frac{35}{8}\div(6-\square)=\frac{7}{3}-\frac{3}{2}$

$\frac{35}{8}\div(6-\square)=\frac{5}{6}$　$6-\square=\frac{35}{8}\div\frac{5}{6}$　$6-\square=\frac{35}{8}\times\frac{6}{5}$　$6-\square=\frac{21}{4}$　$\square=6-5\frac{1}{4}=\frac{3}{4}$

2 (1)　この電車は，(列車の長さ＋650)m進むのに30秒かかり，(列車の長さ＋400)m進むのに20秒かかったから，650－400＝250(m)進むのに30－20＝10(秒)かかったことになる。電車の速さは，秒速(250÷10)m＝秒速25m，時速に直すと，時速$(25\times\frac{1}{1000}\times60\times60)$km＝時速90km

(2)　この電車は，30秒間で25×30＝750(m)進むから，電車の長さは，750－650＝100(m)

3 (1)　直方体の体積は5×12×5＝300(cm³)で，水そうの底面積は10×15＝150(cm²)だから，直方体を水の中にしずめると，水面は，300÷150＝2(cm)上昇して，8＋2＝10(cm)になる。

(2)　右のように水そうを真横から見た図で考える。直方体が押しのけた水に斜線を，その水が移動したことで増えた深さに色をつけて示している。斜線部分と色をつけた部分の体積が同じだから，この図では面積が等しくなる。㋐の面積は5×5＝25(cm²)で，㋑の部分の面積は10×15－25＝125(cm²)である。㋐と㋑の部分の底面積の比が25：125＝1：5だから，斜線部分と色をつけた部分の高さの比は5：1になる。よって，色をつけた部分の高さは$8\times\frac{1}{5}=1.6$(cm)になるので，底から水面までの高さは，8＋1.6＝9.6(cm)

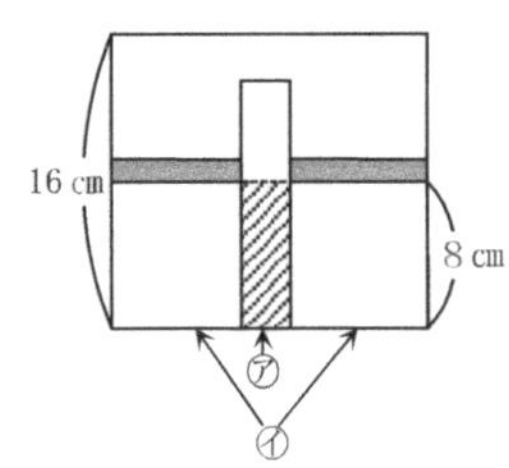

〔別の解き方〕

直方体を水そうの底につくまでしずめたとき，直方体の一部分は水面から出ていたことから，底面積が10×15＝150(cm²)の水そうに入った水を，底面積が150－5×5＝125(cm²)の水そうに移しかえたときの水面の高さを考えればよい。底面積の比が150：125＝6：5だから水面の高さの比は5：6となるので，求める高さは，$8\times\frac{6}{5}=$9.6(cm)である。

4 (1)　7＋10＋7＝24(人)

(2)　この中学校で記録が25m以上の生徒は4＋1＝5(人)だから，I市で記録が25m以上の生徒は，$1332\times\frac{5}{36}=185$(人)

5 (1)　しばふエリアで犬が動くことができる部分は，右図の斜線をつけた部分である。㋐は半径が4＋4＝8(m)で中心角が90度のおうぎ形，㋑は半径が4mで中心角が90度のおうぎ形だから，求める面積は，

$8\times8\times3.14\times\frac{90}{360}+4\times4\times3.14\times\frac{90}{360}=(64+16)\times3.14\times\frac{1}{4}=62.8$(m²)

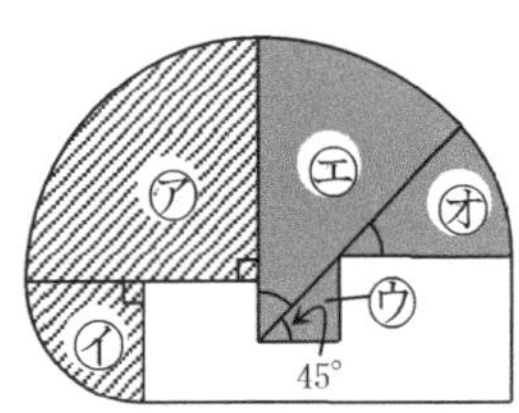

(2)　ロープの長さは，4＋4＋2＝10(m)で，コンクリートエリアで犬が動くことのできる部分は，右図の色をつけた部分になる。㋒は対角線の長さが10－6＝4(m)の正方形の半分の直角

二等辺三角形である。㋓は半径が10mで中心角が90－45＝45(度)のおうぎ形，㋔は半径が６mで中心角が45度のおうぎ形である。よって，求める面積は，$(4\times4\div2)\div2+10\times10\times3.14\times\frac{45}{360}+6\times6\times3.14\times\frac{45}{360}=$
$4+(100+36)\times3.14\times\frac{1}{8}=4+136\times3.14\times\frac{1}{8}=4+53.38=57.38$(㎡)

6 (1) むすめと母が飲んだお茶の量は，$(36-6)\div\frac{1}{2}=60$(mL)だから，最初に出されたお茶の$1-\frac{1}{3}=\frac{2}{3}$が，60＋４＝64(mL)にあたる。よって，最初に出されたお茶の量は，$64\div\frac{2}{3}=96$(mL)

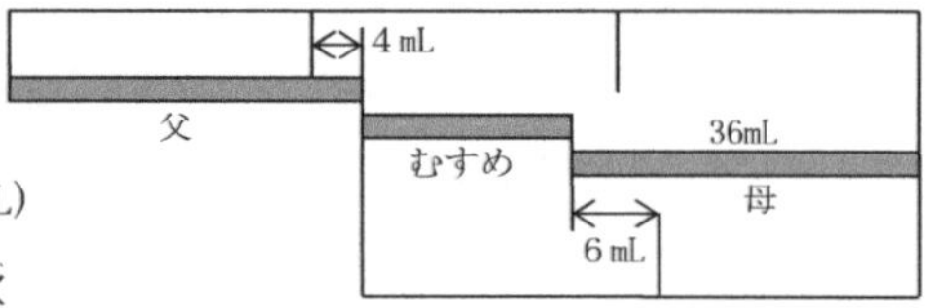

(2) むすめが飲んだお茶の量は60－36＝24(mL)だから，母が飲んだお茶の量の，$24\div36=\frac{2}{3}$(倍)である。

7 (1) ＡからＢまでのそれぞれの交差点までの進み方の数を右図に示した。
よって，ＡからＢまでの進み方は６通りである。

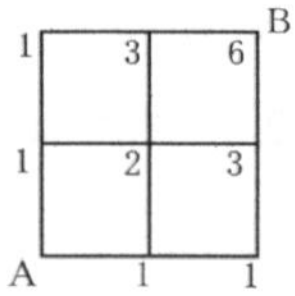

(2) ２人が出会う可能性があるのは，右図のＣ，Ｄ，Ｅの地点である。ＡからＢまでの進み方が６通りあるなら，ＢからＡまでの進み方も６通りある。Ａ→Ｃ→Ｂの進み方が１通りだから，Ｂ→Ｃ→Ａの進み方も１通りであり，Ａ→Ｅ→ＢとＢ→Ｅ→Ａについてもそれぞれ１通りずつある。また，Ａ→Ｄ→Ｂの進み方は６－２＝４(通り)だから，Ｂ→Ｄ→Ａの進み方も４通りある。

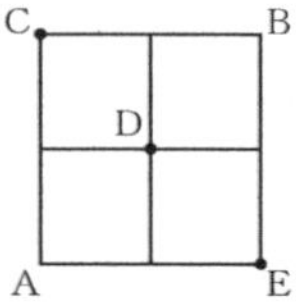

りょうさんがＣを通るときは，しんじさんはＤまたはＥを通れば出会わない。その進み方は，りょうさんが１通り，しんじさんが４＋１＝５(通り)だから，１×５＝５(通り)ある。りょうさんがＥを通るときも，Ｃを通るときと同様に５通りある。りょうさんがＤを通るときは，しんじさんはＣまたはＥを通れば出会わない。その進み方は，りょうさんが４通り，しんじさんが１＋１＝２(通り)だから，４×２＝８(通り)ある。
よって，全部で５＋５＋８＝18(通り)ある。

8 (1) 増やした分の合計は，10＋20＋30＋40＋50＋60＋70＋80＋90＝450(円)だから，１日目に貯金する金額の10倍が，2020－450＝1570(円)になる。よって，１日目に貯金する金額は，1570÷10＝157(円)

(2) ２日目にx円増やすとすると，３日目は(x×２)円，４日目は(x×３)円，…となり，７日目には(x×６)円になる。x＋(x×２)＋(x×３)＋…＋(x×６)＝x×(１＋２＋３＋…＋６)＝x×21(円)が，2020－157×７＝921(円)をこえればよい。921÷21＝43.8…となるから，２日目以降は少なくとも44円ずつ増やしていけばよい。ただし，2020－157×６＝1078，1078÷15＝71.8…より，72円をこえると６日目で初めて2020円をこえてしまう。

9 (1) 右図において，斜線をつけた直方体の部分が同じであることに注目すれば，立体Ａの斜線部分を立体Ｂの斜線部分に埋(う)め込(こ)んで考えれば計算が楽になる。
立体Ａの斜線部分以外の体積は，
４×４×(３＋３＋４)＋３×４×３＝196(㎤)で，
立体Ｂの斜線部分まで含(ふく)めた体積は，４×10×８＝320(㎤)だから，体積の合計は，196＋320＝516(㎤)

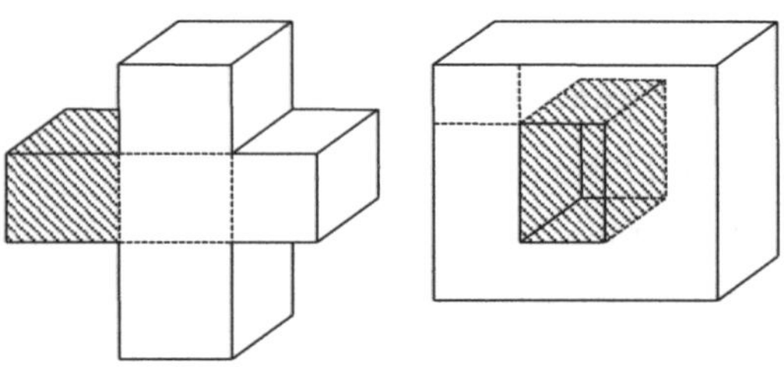

(2) 右図のように，立体Aと立体Bを組み合わせると，２つの立体の接している面積が最大になり，表面の面積が最も小さくなる。右の立体は，すべての面が垂直に交わる平面でできていて，どの部分にもすきまがないことから，表面の面積は，前後左右上下から見える面積の合計に等しくなる。

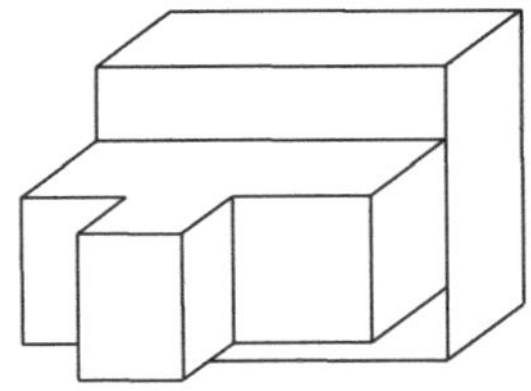

前後から見ると，８×10＝80(㎠)の長方形に見える。

左右から見ると，４×８＝32(㎠)の長方形と，４×４＝16(㎠)の正方形と，３×４＝12(㎠)の長方形が見える。

上下から見ると，４×10＝40(㎠)の長方形と，面積が４×(３＋３＋４)＋３×３＝49(㎠)のTの形をした図形に見える。

よって，面積の合計は，80×２＋(32＋16＋12)×２＋(40＋49)×２＝(80＋60＋89)×２＝229×２＝458(㎠)

10 (1) りょうさんのボートは，しんじさんのボートより，１分あたり 50－30＝20(m)多く進むから，スタートしてから９分後には，20×９＝180(m)の差ができている。かずやさんがりょうさんとすれちがったのはスタートしてから９分後だから，かずやさんがりょうさんとすれちがったとき，かずやさんとしんじさんは 180m 離(はな)れていることになる。その後，２分 15 秒＝$2\frac{1}{4}$分で，かずやさんとしんじさんはすれちがったから，２人のボートの速さの和は，分速(180÷$2\frac{1}{4}$)m＝分速 80mになる。(上りの速さ)＝(流れのないときのボートの速さ)－(川の流れの速さ)であり，(下りの速さ)＝(流れのないときのボートの速さ)＋(川の流れの速さ)より，しんじさんのボートの下りの速さは，分速(30＋30)m＝分速 60mだから，かずやさんのボートの上りの速さは，分速(80－60)m＝分速 20mである。よって，流れのないとき，かずやさんのボートが移動する速さは，分速(20＋30)m＝分速 50m

(2) りょうさんのボートの下りの速さは，分速(50＋30)m＝分速 80mだから，A地点からB地点までの道のりは，(80＋20)×９＝900(m)である。りょうさんがかずやさんとすれちがったのは，A地点から 80×９＝720(m)の地点だから，B地点まではあと 900－720＝180(m)である。りょうさんは，かずやさんとすれちがってから，速さを分速 10m速くしたから，B地点までの 180mを 180÷(80＋10)＝２(分)で進んだことになる。このとき，かずやさんは，B地点から 20×(９＋２)＝220(m)の地点を進んでいる。りょうさんが折り返すと，りょうさんはかずやさんに，１分あたり 10mの割合で近づくから，りょうさんがかずやさんに追いつくのは，りょうさんがB地点を折り返してから，220÷10＝22(分後)，かずやさんとすれちがってから，２＋22＝24(分後)のことである。また，これはスタートしてから９＋24＝33(分後)のことであり，かずやさんがA地点に着く 900÷20＝45(分後)より前のことである。

《2020　理科　解説》

1 (1) イ〇…石灰水はアルカリ性である。アルカリ性の水よう液をつけると，赤色リトマス紙は青色に変化し，青色リトマス紙は色が変化しない。

(2) 炭酸水には気体の二酸化炭素，食塩水には固体の食塩，石灰水には固体の水酸化カルシウム，うすい塩酸には気体の塩化水素がとけている。気体がとけている水よう液を加熱して水を蒸発させると，とけていた気体は空気中に出ていくので，蒸発皿には何も残らない。

(3) 鉄とうすい塩酸が反応することで，塩化鉄という鉄とは異なるものができる。塩化鉄がとけている液を加熱して水を蒸発させると，とけていた黄色の塩化鉄の固体が蒸発皿に残る。

(4) うすい塩酸を加えると，スチールウールはあわ(水素)を出しながらとけ，塩化鉄はあわを出さずにとける。

2 (1) 炭の中の黒い成分(炭素)と空気中のものが燃えるのを助ける気体である酸素が結びつくことで，二酸化炭素が生じる。

⑵ ウやエのように，炭素をふくみ，燃やすと二酸化炭素を生じるものを有機物という。ただし，炭素や二酸化炭素は有機物ではない。

⑷ ウとエとキは⑤と⑥の間，クは⑥より下にある。

⑸ エ○…⑦の高さの背中側には，左右に１組のじん臓がある。じん臓は，尿素(にょうそ)を血液中からこしとって尿をつくる臓器である。

3 ⑴ せき止められていた土砂や水が一気に流れてくると，土石流が起こる。

⑷ コンクリートで固められた都市部は水が地面にしみこみにくいため，短時間に大量の雨が降ると，しん水が起こりやすくなる。流される危険の他に，ふたの開いたマンホールに落ちたり，側溝にはまったりする危険もある。

⑸ 水の深さが深いところでは小さなつぶが積もりやすい。また，水の流れがおそいところでも小さなつぶが積もりやすい。

⑹ 流れる水のはたらきによってできるつぶは，流れてくる間に川底や他の石とぶつかって角がとれて丸みをおびるようになる。

4 ⑴ ２個の乾電池(かんでんち)を直列つなぎにすると，豆電球に流れる電流が強くなり，豆電球が明るく光る。乾電池の＋極から流れる電流が，電流計の＋たんし(図で一番右のたんし)に流れこむようにする。また，３つある－たんしは，電流の強さが予想できないときは，最も強い電流を測定できる５Ａのたんしを使い，針のふれを見ながら500mA→50mAのたんしへとつなぎかえていく。ソケットがない豆電球を光らせるには，豆電球につなぐ導線の一方を底の部分に，もう一方を側面の部分につなぐ。

⑵ 豆電球は電流が流れる向きにかかわらず光るが，発光ダイオードはあしの長い方に電流が流れこむときだけ光る。

⑶ 照明器具は，電気のエネルギーを光のエネルギーに変えることを目的とするものだが，電気のエネルギーのすべてを光のエネルギーに変えることはできず，その多くが熱のエネルギーに変わってしまう。発光ダイオードは他と比べて熱のエネルギーに変わる割合が小さく，より少ない量の電気で同じ明るさにすることができる。使用する電気の量が少なくなれば，発電に必要な化石燃料などの使用量を減らすことができる。

《2020　社会　解説》

1 [問１]⑴ 京都府は人口が最も少ないエと判断する。人口が多い神奈川県はイ，面積が広い静岡県はウ，人口密度が高い大阪府はアである。　⑵ 応仁の乱は，室町幕府８代将軍足利義政の跡継ぎ争いに有力守護の勢力争いが複雑にからみあって始まった。主戦場となった京都から公家や貴族らが地方へと逃れ，そこで京都の文化を伝えた。

[問２] サイクリングにかかった時間は５＋15＋20＋20＋10＋10＝80(分)である。コースについては右図参照。

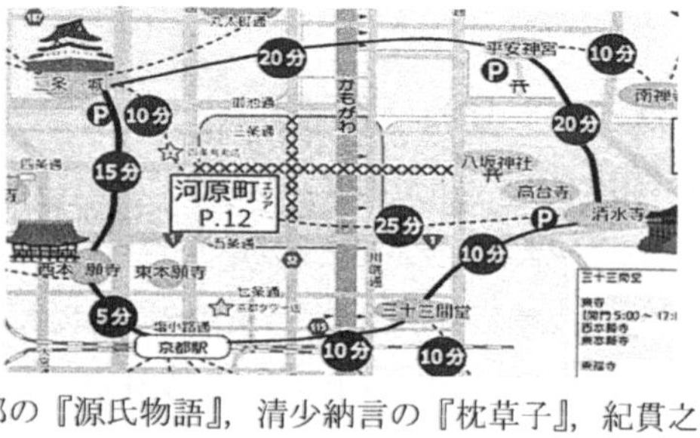

[問３]⑴ 足利義満が建てた金閣寺は，寝殿造・武家造・禅宗様を取り入れた，室町時代の北山文化を代表する建築物である。

⑵ 平安時代，唐風の文化を踏まえた，日本の風土や日本人の感情に合った独自の国風文化が栄えた。その中でかな文字が発明され，日本人の感情をきめ細やかに表すことができるようになり，紫式部の『源氏物語』，清少納言の『枕草子』，紀貫之の『土佐日記』など，さまざまな文学作品が生まれた。

[問４]① 徳川家康は，関ヶ原の戦いで石田三成を中心とする西軍に勝利して天下統一を果たし，1603年に征夷大将軍に任じられて江戸幕府を開いた。　② 徳川家光は武力によって大名を制圧し，武家諸法度に参勤交代の制

度を追加したことで知られる。　③　徳川慶喜は政府内での権力維持のために大政奉還を行ったが，公家の岩倉具視らが王政復古の大号令を発し，天皇中心の政治に戻すことを宣言した。

［問５］　京都府景観条例によって建築物のデザインや屋外広告物が規制され，歴史と経済活動が調和する景観づくりが実施されている。

［問６］⑴　ウが誤り。原材料の産出地域は限定されない。伝統工芸品の原材料は 100 年以上継続して使われているもの（既に枯渇したものや入手が困難な場合は，持ち味を変えない範囲で同種の原材料に転換できる）が使用される。

⑵　アが正しい。イは漆器，ウは越後上布・小千谷縮についての記述である。

［問７］　イ．京都議定書では，1990 年に比べて６％の削減が義務付けられ，「チームマイナス６％」というプロジェクトが立ち上げられて「クールビズ」「ウォームビズ」などの言葉が生まれた。また，世界で最も二酸化炭素を多く排出する中国は排出量削減の義務が課せられず，世界で２番目に二酸化炭素を排出するアメリカは離脱した。

［問８］　解答例のほか，「設置費用が高い点。」などもよい。日本の発電電力量全体における再生可能エネルギーの比率が低い原因として，火力発電と比べて発電費用が高くなることや，設置場所が限られること，天候などの影響を受けやすいことなどが挙げられる。一方，地球温暖化の原因となる二酸化炭素などの温室効果ガスをほとんど発生させず，原料を半永久的に使えるなどの利点もある。

2　［問１］⑴　法隆寺の心柱は，塔の先端に固定されており，制震構造の振り子の役目を果たしている。塔が右に傾くと，心柱が左に動いて自立を保とうとするため，地震の揺れを軽減できる。このような振動を軽減させるダンパー技術は，東京スカイツリーなどにも採用されている。　⑵　正倉院には奈良時代の聖武天皇の遺品がおさめられているから，アの「源氏物語絵巻（平安時代）」が誤り。イは螺鈿紫檀五弦琵琶，ウは白瑠璃碗，エは瑠璃の坏である。当時の唐には，シルクロードを通って西アジアから様々な宝物が伝わっており，その一部が遣唐使によって日本に持ちこまれた。　⑶　江戸幕府は，キリスト教の布教を行うポルトガルやスペインの船の来航を禁止し，キリスト教の布教を行わないオランダの商館を出島に移し，キリスト教と関係のない中国と２か国のみ，長崎での貿易を認めた。

⑷　【か】日清戦争開始（1894 年）→【え】日露戦争開始（1904 年）→【き】満州事変開始（1931 年）→【お】日中平和友好条約（1978 年）の順である。

［問２］⑴　ユネスコは国連教育科学文化機関の略称である。写真２は，「百舌鳥・古市古墳群」として世界遺産に登録された，日本最大の前方後円墳の大仙古墳（仁徳天皇陵）である。　⑵　古墳の出土品であるはにわには，円形の「円筒はにわ」と，人物・動物・家などをかたどった「形象はにわ」がある。

⑶　日本の衣類の半分以上が中国産だから，アを選ぶ。人口が 13 億人以上の中国では，安価な労働力を大量に得ることができるため，衣類を安く輸出できる。

［問３］　重量の重い石油や石炭，機械類などの移動に海上輸送が利用されていることから考える。経済特区のシェンチェン・アモイ・チューハイ・スワトウ・ハイナン島では税が減免されるなどの優遇措置がとられ，海外の企業の誘致がさかんに実施されている。そのため，中国では沿海部の都市を中心に経済発展が進んで，内陸部の農村との間で経済格差が拡大している。

［問４］　エが正しい。麻婆豆腐は四川料理であり，唐辛子の辛さによる発汗作用は体温調節の機能を持つ。ギョウザは北部の北京料理，チャーハンは南部の広東料理，麺料理は中国全土に広がっているが，特に北部でさかんに食べられる。

［問５］　訪日外国人旅行者のうち，最も多いのが中国人だから，アを選ぶ。地理的に近い東アジアの韓国や台湾などからの旅行者も多い。イは韓国，ウはアメリカ，エはタイである。

［問７］　中国では，旧暦の正月から１週間が春節として連休になる。

★大阪教育大学附属池田中学校

《国　語》

一　1．a．招待　b．ほんね　2．たまねぎ…悪い日　はちみつ…いい日　3．イ　4．ア　5．塾通いで忙しくなった紗希が、千春との付き合いを軽視していると思っているから。　6．いかり　7．紗希とサナエちゃんがひとことも口をきかず、周りの女子もまきこんで対立している様子。
8．(1)生きてく　(2)紗希…ウ　サナエちゃん…エ　9．きみはどう思う

二　1．a．不思議　b．貿易　c．お　2．はじめ…私たちが　おわり…らです。　3．イ
4．おおやけ　5．おまじないとして使った　6．銅　7．ア　8．エ　9．唐の時代に発行されたおカネ　10．誰もが価値があると思っているから価値や意味を持つという　11．イ　12．社会科学の視点で、自己循環論が価値や意味を与えるという、おカネやコトバの本質を説明するためのもの。

三　(例文)
　私は、「健和」を新しい元号にしたい。テレビを見れば、毎日のように事件や事故、災害のニュースが流れ、苦しんでいる人々の映像が映し出される。私の身の周りにも不登校になったり、病気で苦しんだりしている人がいる。私はこの元号に、みんなが健やかに過ごす平和な時代になってほしいという思いを込めた。

《算　数》

1　(1)19　(2)$3\frac{1}{10}$

2　(1)1.6　(2)4.8

3　(1)36　(2)25，30

4　(1)10　(2)7

5　(1)66.24　(2)100.48

6　(1)11.4　(2)1.8

7　(1)31，39　(2)A組，D組

8　(1)33個　(2)11個

9　(1)187：58　(2)$\frac{8}{35}$

10　(1)440　(2)335

《理　科》

1 ⑴①1.3　②変える部分…ウ　どのように変えるのか…おもりを上に動かして，ふりこの長さを短くする。
⑵気温が下がると金属でできたふりこの体積が小さくなり，ふりこの長さが短くなるから。

2 ⑴イ　⑵下から空気が入ってくるように，平らにしたねん土の一部を切り取る。　⑶気体検知　⑷右図

3 ⑴ア　⑵水草などのたまごを産みつけるためのものを入れる。　⑶ク　⑷サ　⑸右図
⑹はらにあるふくろにたくわえている。

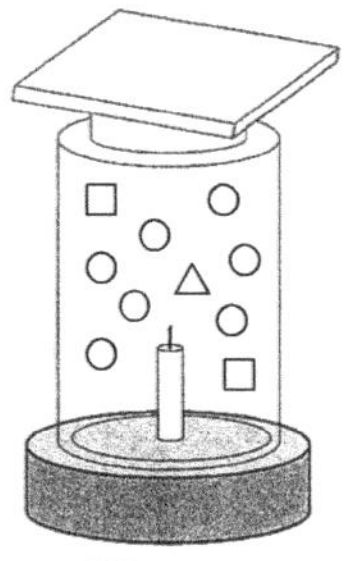

2⑷の図

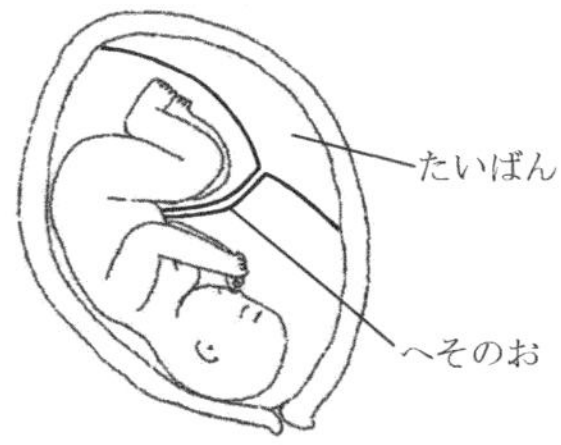

3⑸の図

4 ⑴節　⑵①㋑　②㋐　③㋑　⑶ア，ウ
⑷はんしょく相手が見つかりやすくなる点。／自分が有毒であることを敵に知らせることができる点。 などから１つ

5 ⑴ウ　⑵ア　⑶ウ　⑷反時計回り　⑸イ　⑹ウ　⑺イ

《社　会》

1 ［問１］⑴エ　⑵6.9倍　［問２］みかん　［問３］ウ　［問４］大豆　［問５］イノシシやシカが増えすぎたために，自然の生態系がくずれたり，農作物への被害が増えたりしているから。　［問６］鮮魚店・生麩店など，水を大量に扱う店が多くあるから。　［問７］⑴福井県，滋賀県，京都府　⑵イ　⑶Ｊ．エ　Ｋ．イ　Ｌ．ア　Ｍ．ウ
［問８］⑴洗濯　⑵水を節約できるところ。／電気を使わないところ。／汚れを見て落とせるところ。 などから１つ
［問９］イ→ア→ウ

2 ［問１］能　［問２］（Ｏ）水墨画　（Ｐ）雪舟　［問３］弥生時代に，朝鮮半島から日本に稲作が伝えられたから。
［問４］⑴ハングル　⑵明　［問５］⑴夏でも涼しいので，他県が生産しにくい夏でも，多くのレタスを生産できるため。　⑵リマン海流　［問６］⑴ア　⑵警察予備隊　［問７］（朝鮮）通信使　［問８］イ

2019 解説 平成31年度 大阪教育大学附属池田中学校

←解答例は前のページにありますので，そちらをご覧ください。

《2019　国語　解説》

一

2　直後の一文の内容から、「つまらなかったとか、いやなことがあったとか」という、悪いことがあった日が「たまねぎ」なのだと考えられる。あまい「はちみつ」は、「たまねぎ」とは反対の、よいことがあった日だと考えられる。

3　ア．──②の１～２行後に「先生からも頼(たよ)りにされているサナエちゃんは、しっかり者で気が強い」とある。　イ．──①の７～８行後に「千春が途中(とちゅう)で口ごもったり考えこんだりしても」とある。よって、イが適する。　ウ．「サナエちゃん」が発した紗希(さき)の悪口に対し、「勇気を振(ふ)りしぼって、千春は言い返した」とあるが、そのあと「今度は、なにも言い返せなかった」とある。　エ．──④の７～８行前に「紗希に悪気がないのは、千春にもわかっている。悪気なく～話ばかりする」とある。

4　「堂々と反対意見をぶつけられるのは、同じくらい気の強い、当の紗希くらいなのだった」「お誕生日会に出席した誰(だれ)かが、こっそり告げ口したようだった」「紗希の味方につく女子もいて」などとあることが手がかりとなる。　ア．「サナエちゃん」のお誕生日会なので「お祝いの場」である。しかし、そんな楽しいふんいきの場で、突然紗希の悪口を言い始めたので、周りはおどろき、空気がこおりついたようになったのである。よって、アが適する。　イ．紗希に告げ口をした人がいることや、──⑤の直前に「紗希の味方につく女子もいて」とあることから、「賛成の意思」の人だけではなかったことがわかる。　ウ．参加者がみな「反抗心(はんこうしん)を抱(いだ)いた」かどうかは描(えが)かれていない。サナエちゃんのとった行動に対してどう思うのかに関わらず、ここでは突然のことにおどろく気持ちの方が強かったと考えられる。　エ．その後、「話し合い」がはじまった様子はない。

5　──③の直後の「サナエちゃん」の言葉を受けて、「それは～うすうす感じていることだった～紗希が塾(じゅく)通いで忙(いそが)しくなってから、いっしょに帰ったり、遊んだりする機会はめっきり減っている」と思っている。「サナエちゃん」は、紗希が千春との付き合いを軽視していると思っているため、「あわれむような目で千春を見た」のだ。

6　「息巻く」とは、激しく言う、ひどくおこるなどの意味。──④が表す感情は、「サナエちゃん」が紗希の悪口をこそこそ言ったことに対するいかりである。

7　「以来、紗希とサナエちゃんはひとことも口をきいていない」「紗希の味方につく女子もいて」とあることから、──⑤は、紗希と「サナエちゃん」がまわりの女子も巻き込んで対立している様子を言い表していることがわかる。

8(1)　「カチカンノソーイ？」と、意味が分からずに聞いた千春に「おじさん」が「生きてくうえで大事にしたいものが、ちがうってこと」と説明している。　**(2)**　紗希は「いい学校を出て、いい会社に入って、いい人生を送りたいんだもん」と言っていることから、ウが適する。「サナエちゃん」は「ガリ勉ってやだよね。友だちより勉強のほうが大事って、どうなの？」と紗希を批判していることから、エが適する。

9　本文の15行目に「きみはどう思う、とおじさんは必ず問い返してくる」とあることから、この場面でも千春の質問に対して、おじさんは「きみはどう思う？」と問い返したと考えられる。

二

2　「ニコニコする」とは、うれしいということ。──⑤の２行後から始まる段落に「一万円を持つとうれしい」理由が書かれている。

3　直前に「私たちは紙を食べるヤギではないので」とあるように、モノとしての一万円札は、「紙」である。──①では、一万円札は「単なる紙切れである」と説明されている。よって、イが適する。　ア．一万円札は「遺伝的性質」を持たないので、適さない。　ウ．人々のきたいによって一万円の価値を持っていることは、「モノ」としての性質ではないので、適さない。　エ．ここでは装飾品としてのお金の話はしていないので、適さない。

5　２行後に「もっぱらおまじないとして使ったのではないかと思われます」とある。

6　前の段落に書かれている「和同開珎」という銅貨の特ちょうから、何が貴重だったのかを考える。

7　空らんの前に書かれている「日本の経済は発達して～活発に貿易をするようになる」という変化に続いて、「中国のおカネを使いだした」という変化が起きている。よって、続いて起こるできごとを表すときに用いる、アの「すると」が適する。

8　ぬけている一文に「滅びた王朝が発行したおカネですから」とあるので、この文章の前には、滅びた王朝の話がくる。〈 ★エ 〉の前に、「中国の王朝は唐、宋、明と変わりましたが～唐の時代に発行されたおカネが」と、滅びた王朝である唐の話が出てくる。

9　ここで話題になっている、当時の日本人が使っていたものをぬき出す。

10　前の段落の「皆がおカネだと思って使うから皆がおカネとして使う」や、――⑥の４～５行後の「『立入禁止』の意味を持つとみんなが思っているから、通用する」というのは、自己循環論である。最後の段落に「おカネもコトバも自己循環論法の産物です。誰もがそう思っているから価値や意味を持つという、不思議な存在」とまとめられている。

11　A．ここでの「コトバ」は、声を意味している。声は音であり、空気の振動である。　B．インクで書かれた文字は、インクのシミ、よごれだと言える。

12　この文章の前半では、なぜ単なる紙切れである一万円札を持っているとうれしいのかという疑問をもとに、この問題は物理法則などをあつかう自然科学ではなく、社会科学の問題であることを示している。後半では、おカネやコトバが「自己循環論法の産物」であり、これがおカネやコトバの本質であることを、具体例を用いて説明している。

《2019　算数　解説》

1　(1)　与式$=1.9\times5\times5-1.9\times3\times4-1.9\times3=1.9\times(25-12-3)=1.9\times10=19$

(2)　与式より，$\frac{11}{12}\div\frac{5}{2}\times(\square-\frac{3}{5})\div(\frac{52}{12}-\frac{19}{12})=\frac{1}{3}$　$\frac{11}{12}\times\frac{2}{5}\times(\square-\frac{3}{5})\div\frac{33}{12}=\frac{1}{3}$　$\frac{11}{12}\times\frac{2}{5}\times\frac{12}{33}\times(\square-\frac{3}{5})=\frac{1}{3}$
$\frac{2}{15}\times(\square-\frac{3}{5})=\frac{1}{3}$　$\square-\frac{3}{5}=\frac{1}{3}\div\frac{2}{15}$　$\square=\frac{5}{2}+\frac{3}{5}=\frac{25}{10}+\frac{6}{10}=\frac{31}{10}=3\frac{1}{10}$

2　(1)　Aからバスで学校に行くのにかかる時間と，Bからバスで学校に行くのにかかる時間の差は，かずやさんの家からAに行くのにかかる時間と，かずやさんの家からBに行くのにかかる時間の差に等しい。Aからバスで学校に行くのにかかる時間は，$10.8\div36=\frac{3}{10}$(時間)，Bからバスで学校に行くのにかかる時間は，$7.2\div36=\frac{1}{5}$(時間)だから，その差は，$\frac{3}{10}-\frac{1}{5}=\frac{1}{10}$(時間)である。AからBまで歩くと$(10.8-7.2)\div4=\frac{9}{10}$(時間)かかるから，かずやさんは，家からAまでを$(\frac{9}{10}-\frac{1}{10})\div2=\frac{2}{5}$(時間)で歩いたことになる。よって，かずやさんの家からAのバス停までは，$4\times\frac{2}{5}=1.6$(km)はなれている。

(2)　(1)の解説をふまえる。4分$=\frac{4}{60}$時間おくれて出発すると，いつものバスに乗るためには，$\frac{2}{5}-\frac{4}{60}=\frac{1}{3}$(時間)で1.6km進むことになるから，その速さは，時速$(1.6\div\frac{1}{3})$km＝時速4.8km

3 (1) 最初と最後はターンをしないのだから，休けいせずに1000m泳ぐとき，1000÷25－1＝39(回)ターンをするから，ターンをするのにかかる時間の合計は，1×39＝39(秒)である。したがって，平泳ぎで1000mを泳ぐのにかかる時間は，ターンする時間をのぞいて，24分39秒－39秒＝24分だから，25mを泳ぐのにかかる時間は，$24\times\frac{25}{1000}=\frac{3}{5}$(分)，つまり，($\frac{3}{5}\times60$)秒＝36秒である。

(2) 平泳ぎの速さとクロールの速さの比は，1：1.5＝2：3である。同じ長さを泳ぐときにかかる時間の比は，速さの比の逆比である3：2だから，クロールで25mを泳ぐのにかかる時間は，$36\times\frac{2}{3}=24$(秒)である。100m泳ぐと25mを100÷25＝4(回)泳ぎ，4－1＝3(回)ターンをするのだから，100m泳ぐのにかかる時間は，24×4＋1×3＝99(秒)である。1000m泳ぐのに，100mを1000÷100＝10(回)泳ぎ，10－1＝9(回)休けいするのだから，1000m泳ぐのにかかる時間は，1分＝60秒より，99×10＋60×9＝1530(秒)，1530÷60＝25余り30より，1530秒＝25分30秒である。

4 (1) 選ばない2つのおかしの組み合わせは，右図のようになり10通りあるから，3つのおかしの選び方は10通りある。

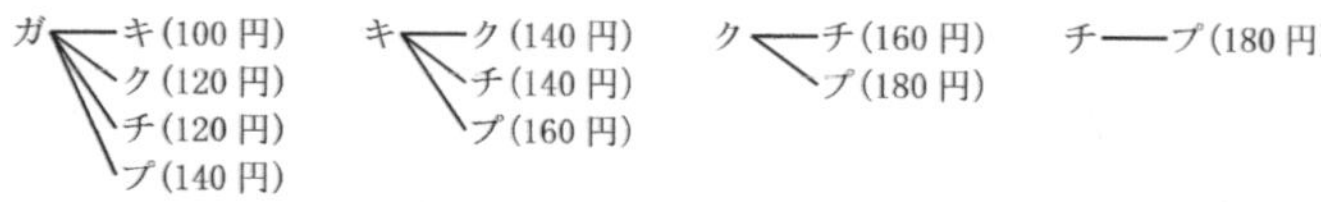

(※ガ：ガム，キ：キャラメル，ク：クッキー，チ：チョコレート，プ：プリン)

(2) 5つのおかしの合計の値段は，40＋60＋80＋80＋100＝360(円)だから，3つのおかしの合計の値段を220円以下にしたとき，選ばない2つのおかしの合計の値段は，360－220＝140(円)以上となる。選ばない2つのおかしの合計の値段を求めると，上図のようになるから，140円以上となる組み合わせは7通りある。よって，3つのおかしの合計の値段が220円以下となる選び方は7通りある。

5 (1) 右図のように，記号をおく。

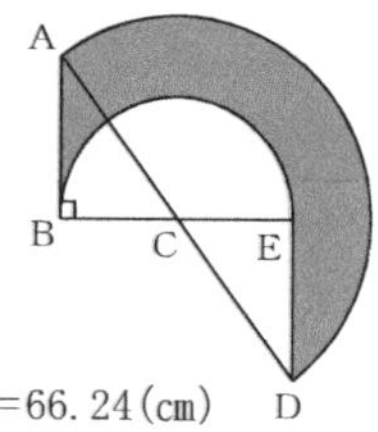

求める長さは，AB＋DE＋曲線AD＋曲線BEである。DE＝AB＝8cm，曲線ADは半径がAC＝10cmの半円の曲線部分だから，10×2×3.14÷2＝10×3.14(cm)，曲線BEは半径がBC＝6cmの半円の曲線部分だから，6×2×3.14÷2＝6×3.14(cm)である。

よって，求める長さは，8×2＋10×3.14＋6×3.14＝16＋(10＋6)×3.14＝16×(1＋3.14)＝66.24(cm)

(2) 求める面積は，三角形ABCの面積と半径がAC＝10cmの半円の面積から，三角形DECの面積と半径がBC＝6cmの半円の面積を引いたものである。三角形ABCと三角形DECは合同だから，求める面積は，半径がAC＝10cmの半円の面積から半径がBC＝6cmの半円の面積を引いた面積に等しい。

よって，10×10×3.14÷2－6×6×3.14÷2＝(50－18)×3.14＝100.48(cm²)

6 (1) 図2のとき，水が入っている部分は，右図の色付き部分を底面，高さが10cmの柱体となる(右図のOは半円の中心)。右図の色付き部分は，半径が4÷2＝2(cm)の円の$\frac{1}{4}$から，底辺と高さが2cmの直角二等辺三角形をのぞいた図形だから，その面積は，

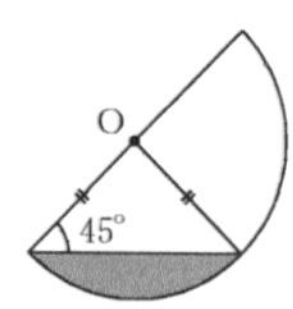

$2\times2\times3.14\times\frac{1}{4}-2\times2\div2=1.14$(cm²)である。よって，入っている水の量は，1.14×10＝11.4(cm³)である。

(2) 図3のように置いたときの底面積は，2×2×3.14÷2＝6.28(cm²)だから，求める水面の高さは，11.4÷6.28＝1.81…より，1.8(cm)である。

7 (1) 表2より，A組で借りた本の冊数が最も多い生徒の冊数は，40冊以上45冊未満，最も少ない生徒の冊数は，5冊以上10冊未満とわかる。借りた本の冊数が最も多い生徒と最も少ない生徒の冊数の差が，最小となるのは，最も多い生徒の冊数が40冊以上45冊未満の中で最も少ない40冊，最も少ない生徒の冊数が5冊以上10冊未満

の中で最も多い9冊のときだから，40－９＝31(冊)である。最大となるのは，最も多い生徒の冊数が40冊以上45冊未満の中で最も多い44冊，最も少ない生徒の冊数が５冊以上10冊未満の中で最も少ない５冊のときだから，44－５＝39(冊)である。よって，借りた本の冊数が最も多い生徒と最も少ない生徒の冊数の差は，31冊以上39冊以下と考えられる。

(2)　A組の合計人数は37人だから，ちょうど真ん中の位置にあたる生徒は，37÷２＝18余り１より，多い方(または少ない方)から19番目の生徒である。30冊以上の生徒が１＋３＋６＝10(人)，25冊以上の生徒が10＋９＝19(人)いるから，19番目の生徒は25冊以上30冊未満とわかる。A組の平均の冊数は24.1冊だから，ちょうど真ん中の位置にあたる生徒の冊数は，必ず平均の冊数より多い。

他の組についても同じように考える。B組のちょうど真ん中の位置にあたる生徒は，35÷２＝17余り１より，多い方から18番目の生徒で，この生徒は15冊以上20冊未満だから，平均の冊数の20.8冊より少ない。C組のちょうど真ん中の位置にあたる生徒は，多い方から19番目の生徒で，この生徒は20冊以上25冊未満だから，平均の冊数の22.5冊より多いか少ないか分からない。D組のちょうど真ん中の位置にあたる生徒は，多い方から18番目の生徒で，この生徒は25冊以上30冊未満だから，平均の冊数の23.7冊より必ず多い。

よって，A組とD組を選べばよい。

8　**(1)**　図１の長方形をたてにａ個，横にｂ個ならべたとすると，たての長さは22×ａ(cm)，横の長さは14×ｂ(cm)になる。この比は(22×ａ)：(14×ｂ)＝(11×ａ)：(７×ｂ)であり，これが３：７に等しいから，

(11×ａ)：(７×ｂ)＝３：７　　11×ａ×７＝７×ｂ×３　　11×ａ＝３×ｂ　　これを満たす最小のａとｂは，ａ＝３，ｂ＝11だから，長方形は，ａ×ｂ＝３×11＝33(個)必要である。

(2)　分けた正方形の合計の個数が最も少なくなるようにするのだから，まず１辺が14cmの正方形をかく。すると，残りの部分は，たてが22－14＝８(cm)，横が14cmの長方形(右図の色付き部分)となる。２種類目の正方形(１辺が８cm)をかくと，たてが８cm，横が14－８＝６(cm)の長方形が残るから，３種類目の正方形の１辺の長さは，８と６の最大公約数の２cmとなり，(８÷２)×(６÷２)＝12(個)できて，全部で１＋１＋12＝14(個)になる。２種類目の正方形の１辺の長さを８の約数の４cmにしてみると，１辺が４cmの正方形は，たてに８÷４＝２(個)，横に(14－２)÷４＝３(個)と２×３＝６(個)できて，たてが８cm，横が２cmの長方形が残る。３種類目の正方形(１辺が２cm)は８÷２＝４(個)になるから，このならべ方だと，３種類の正方形は１＋６＋４＝11(個)となって，さきほどより少ないことがわかる。

図ｉ

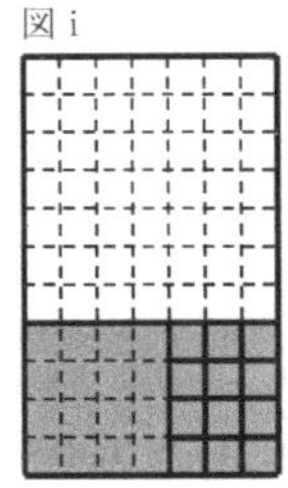

図ii

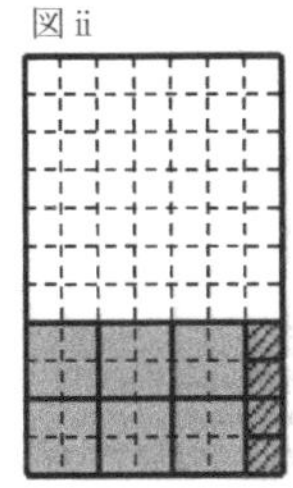

9　**(1)**　コーヒー牛乳Aを３，コーヒー牛乳Bを４混ぜてコーヒー牛乳Cを７つくったとすると，コーヒー牛乳Aにふくまれる牛乳の量は，$3\times\frac{5}{5+2}=\frac{15}{7}$，コーヒー牛乳Bにふくまれる牛乳の量は，$4\times\frac{4}{4+1}=\frac{16}{5}$になる。

同じようにして，コーヒー牛乳Aとコーヒー牛乳Bに含まれるコーヒーの量は，$3\times\frac{2}{5+2}=\frac{6}{7}$，$4\times\frac{1}{4+1}=\frac{4}{5}$になるから，コーヒー牛乳Cにふくまれる牛乳とコーヒーの量の比は，$(\frac{15}{7}+\frac{16}{5}):(\frac{6}{7}+\frac{4}{5})=\frac{75+112}{35}:\frac{30+28}{35}=$ 187：58になる。

(2)　(1)の解説をふまえる。牛乳とコーヒーを同じ量ずつ入れても，ふくまれる牛乳とコーヒーの量の差は変わらない。そこで右図のような線分図を考えると，比の差の187－58＝129が③にあたるから，右図の⑤＝$129\times\frac{5}{3}=215$になる。コーヒー牛乳Dは，(215－187)×２＝56加えたことになるから，コーヒー牛乳Cの量を１とすると，加えたコーヒー牛乳Dの量は，$56\div(58+187)=\frac{8}{35}$

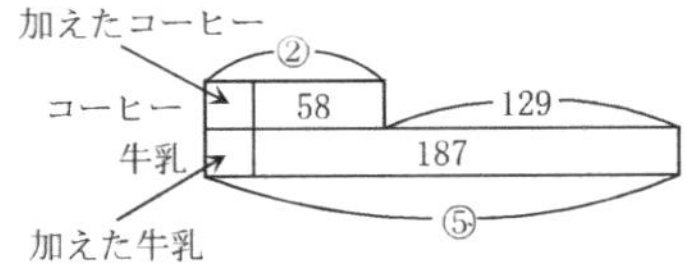

10 (1) 手前からくりぬく，底面積が５×５＝25(㎠)で高さが７㎝の直方体をA，左右からくりぬく，底面積が３×３＝９(㎠)で高さが８㎝の直方体をBとすると，

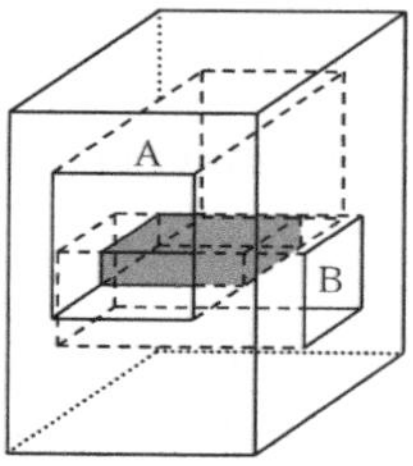

大きい直方体の体積から，直方体Aと直方体Bの体積を引き，２つの直方体AとBが重なる部分の体積を足して求める。

大きい直方体の体積は，７×８×12＝672(㎤)，直方体Aの体積は，25×７＝175(㎤)，直方体Bの体積は，９×８＝72(㎤)である。

右図の色付き部分は，２つの直方体AとBが重なる部分である。色付きの直方体のたての長さは直方体Bの底面の１辺の長さに等しく３㎝，横の長さは直方体Aの底面の１辺の長さに等しく５㎝である。大きい直方体の底面から色付きの直方体の上の面までの長さは12－６＝６(㎝)で，大きい直方体の底面から色付きの直方体の下の面までの長さは５㎝だから，色付きの直方体の高さは，６－５＝１(㎝)である。したがって，色付きの直方体の体積は，３×５×１＝15(㎤)である。よって，求める体積は，672－175－72＋15＝440(㎤)である。

(2) 上からくりぬく，底面積が４×４＝16(㎠)で高さが12㎝の直方体をCとすると，(1)で求めた体積から，直方体Cの体積の16×12＝192(㎤)を引き，直方体Cと直方体Aが重なる部分の体積と，直方体Cと直方体Bが重なる部分の体積を足し，３つの直方体A，B，Cが重なる部分の体積を引いて求める。

２つの直方体が交わる部分のたて，横，高さについては，(1)の解説と同じように求める。直方体Cと直方体Aが重なる部分は，たてが４㎝，横が(１＋５)－３＝３(㎝)，高さが５㎝だから，その体積は４×３×５＝60(㎤)，直方体Cと直方体Bが重なる部分は，たてが(７－２)－２＝３(㎝)，横が４㎝，高さが３㎝だから，その体積は，３×４×３＝36(㎤)，３つの直方体A，B，Cが重なる部分は，たてが３㎝，横が３㎝，高さが１㎝だから，その体積は，３×３×１＝９(㎤)である。よって，求める体積は，440－192＋60＋36－９＝335(㎤)である。

《2019　理科　解説》

1 (1)① ４回分の合計時間が 12.8＋13.3＋12.9＋13.0＝52.0(秒)で，これが 40 往復するのにかかる時間だから，52.0÷40＝1.3(秒)が正答となる。　② ふりこが１往復する時間はふりこの長さだけに影響(えいきょう)を受ける。ふりこが短いほど１往復にかかる時間は短くなる。おもりを上に動かすと，重心(おもりの重さがかかる点)が上がり，ふりこの長さが短くなる。

(2) 冬になって気温が下がると，金属でできているふりこの体積が小さくなり，ふりこの長さが短くなる。このため，１往復にかかる時間が１秒より短くなって，時計の針が速く進むようになる。

2 (1) ものが燃えるには酸素が必要である。酸素が使われて，酸素の割合が小さくなると，火が消える。

(2) 燃えた後のあたたかい空気は軽くなって上に移動する。このとき，下から酸素を多くふくんだ新しい空気が入ってくると，下から上に空気の流れができて，よりよくろうそくが燃えるようになる。

(4) ものが燃えて酸素が使われると二酸化炭素が増える。ちっ素の数が変わらず，酸素の数が減り，二酸化炭素の数が増えている図がかかれていればよい。

3 (1) メダカの受精卵の大きさは約１㎜だから，アがもっとも近い。

(4)～(6) ヒトの受精卵は約 0.1 ㎜である。ヒトよりも体が小さいメダカの方が受精卵が大きいのは，メダカの受精卵には，たまごからかえるまでとかえってから２～３日分の栄養がたくわえられているためである。ヒトの子ども

は，たいばんからへそのおを通して，成長に必要な養分をとり入れているので，受精卵を大きくする必要がない。

4 ⑴ こん虫の他に，エビやカニなどの甲殻類（こうかくるい），クモのなかまなども同様のからだのつくりをしている。これらの動物をまとめて節足動物という。

⑶ たまご→幼虫→さなぎ→成虫の順に育つことを完全変態，たまご→幼虫→成虫の順に育つことを不完全変態という。不完全変態のこん虫にはイとエのような特ちょうがある。

5 ⑴ 月は地球に対して常に同じ面を向けているので，地球から見える月の模様は常に同じである。

⑵ 南の空に図１のような左半分が光って見える月が見えるのは，南を向いたときの左手側，つまり，東側に太陽があるときである。太陽が東にあるのは明け方に地平線からのぼってくるころである。

⑶ 図２の月はすべて右半分に太陽の光が当たっている。これらの月を地球から見ると，アは右半分が光って見え，イは光っている面だけが見え，ウは左半分が光って見え，エは光っている面が全く見えない。したがって，ウが正答となる。なお，アが上弦（じょうげん）の月，イが満月，ウが下弦の月，エが新月である。

⑷ 北極上空から見たとき，月は自ら反時計回りに回転(自転)しながら，地球の周りを反時計回りに１回転(公転)している。１回公転する間に１回自転しているので，月は地球に対して常に同じ面を向けている。

⑸ 日本と同じ北半球にあるカナダから月を見ると，日本で見る月と同じ形に見える。

⑹ ⑶より，図１のように見える月は図２のウであり，ウから地球を見ると，太陽の光があたっている右半分が光って見えるので，ウが正答となる。

⑺ アとイの位置にそれぞれ山があるとすると，アの位置の山には太陽の光がほぼ真上からあたり，イの位置の山には太陽の光がほぼ真横からあたる。太陽の光が真上からあたるとかげはほとんどできず，真横からあたると長いかげができる。

《2019　社会　解説》

1　[問１](1)　エが誤り。兵庫県には神戸空港とコウノトリ但馬空港がある。　(2)　人口密度は，人口÷面積で求める。人口密度は大阪府が 8860000÷1905＝4650.9…(人／km²)，兵庫県が 5630000÷8401＝670.1…(人／km²)で，大阪府は兵庫県の 4650.9÷670.1＝6.93…(倍)，四捨五入すると 6.9 倍となる。

[問２]　みかんは，１年を通して温暖で，日あたりと水はけのよい山の斜面などで栽培が盛んである。

[問３]　ウを選ぶ。兵庫県の篠山市は2019年５月１日から市名が丹波篠山市に変更された。津市は三重県，岸和田市は大阪府，彦根市は滋賀県の都市である。

[問４]　豆腐は水煮大豆をしぼって固めてつくり，納豆は水煮大豆を発酵させてつくる。

[問５]　丹波篠山では，特産物である黒大豆などがイノシシやシカに食べられてしまうといった被害が深刻化したため，それらを捕獲し，伝統料理のぼたん鍋などに食品として利用する取り組みが実施されている。

[問６]　鮮魚店では魚を洗うときや氷をつくるときなどに大量の水を使う。生麩の「麩」の素は，小麦粉を練って水洗いする作業を繰り返してつくるので，大量の水を使う。

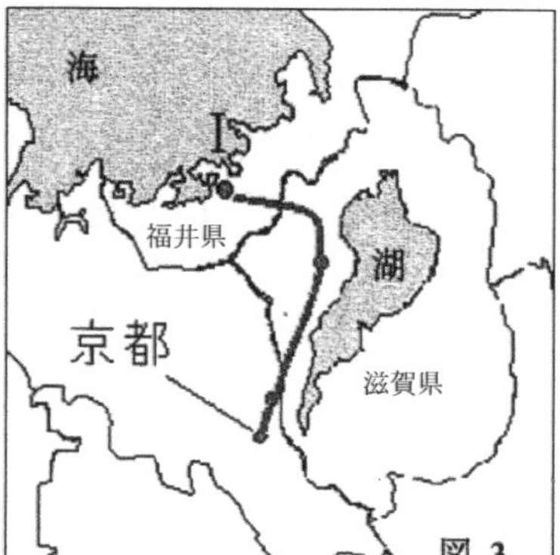

図 3

[問７](1)　福井県→滋賀県→京都府の順である(右図参照)。

(2)　綱でつながれた舟を引いている人(曳き子)に着目する。川の流れは，引いている方向と反対なのでイを選ぶ。　(3)　日本の旅客輸送部門の割合は自動車＞鉄道＞航空機＞旅客船となるので，Ｊはエ，Ｋはイ，Ｌはア，Ｍはウである。日本の輸送部門では小回りがきき便利である自動車の割合が最も高い。

[問８](1)　図６は洗濯板である。洗濯板のきざみ目に洗濯物をこすりつけて，汚れを手の力で落とす。　(2)　解答例のほか「汚れている部分を集中的に洗えるところ。」なども良い。

[問９]　イ→ア→ウの順である。調査するテーマが決定したら，そのテーマについての仮説を立ててから調査し，その結果を分かりやすくなるように工夫してまとめて発表しよう。

2　[問１]　説明の「室町時代」「演劇」「仮面」から能を導く。能を大成させた観阿弥・世阿弥親子は，室町幕府３代将軍足利義満に保護された。

[問２]　図７は，雪舟の水墨画として有名な「秋冬山水図」である。

[問３]　縄文時代の人々は，木の実ややまいもなどを採集し，ニホンジカやイノシシなどを狩り，貝・魚などをとって暮らしていたが，弥生時代に米づくりが広まると，安定して食料を得ることができるようになって人口が増加した。一方で，米づくりのための土地や用水をめぐって，むらとむらが争うようになった。

[問４](2)　足利義満は，倭寇の取りしまりを条件に明と貿易することを許された。このとき，倭寇と正式な貿易船を区別するために勘合という合い札が用いられたので，日明貿易は勘合貿易ともよばれる。

[問５](1)　長野県の野辺山原では，夏の涼しい気候を利用してレタスなどを栽培する(抑制栽培)高冷地農業が盛んである。　(2)　右図参照。

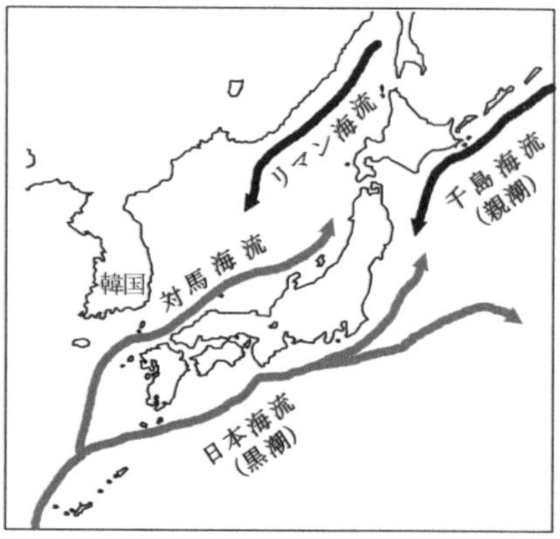

[問６](1)　ウ．日本国憲法の公布(1946 年)→エ．日米安全保障条約の締結(1951 年)→ア．日ソ共同宣言(1956 年)→イ．日中平和友好条約(1978 年)の順である。　(2)　朝鮮戦争の勃発を受け，連合国軍総司令部(ＧＨＱ)は，日本の警察力の増強という名目で警察予備隊の創設を命じた。

[問７]　日本と朝鮮との間の国交は，江戸幕府初代将軍の徳川家康のころに対馬藩の宗氏によって回復し，将軍の代がわりごとに朝鮮通信使が派遣されるようになった。

[問８]　イを選ぶ。韓国は，発展途上国の中で工業化を成功させたアジアＮＩＥＳの代表といわれる。最初は繊維や工芸品などの軽工業が中心であったが，やがて造船，鉄鋼，機械，自動車などの重工業へ内容が変わっていった。近年では半導体などを使用した製品を組み立てる産業が盛んなため，主な輸出品として半導体の先端技術を活かした機械類などが多い。

■ ご使用にあたってのお願い・ご注意

（1）問題文等の非掲載

著作権上の都合により，問題文や図表などの一部を掲載できない場合があります。

誠に申し訳ございませんが，ご了承くださいますようお願いいたします。

（2）過去問における時事性

過去問題集は，学習指導要領の改訂や社会状況の変化，新たな発見などにより，現在とは異なる表記や解説になっている場合があります。過去問の特性上，出題当時のままで出版していますので，あらかじめご了承ください。

（3）配点

学校等から配点が公表されている場合は，記載しています。公表されていない場合は，記載していません。

独自の予想配点は，出題者の意図と異なる場合があり，お客様が学習するうえで誤った判断をしてしまう恐れがあるため記載していません。

（4）無断複製等の禁止

購入された個人のお客様が，ご家庭でご自身またはご家族の学習のためにコピーをすることは可能ですが，それ以外の目的でコピー，スキャン，転載（ブログ，ＳＮＳなどでの公開を含みます）などをすることは法律により禁止されています。学校や学習塾などで，児童生徒のためにコピーをして使用することも法律により禁止されています。

ご不明な点や，違法な疑いのある行為を確認された場合は，弊社までご連絡ください。

（5）けがに注意

この問題集は針を外して使用します。針を外すときは，けがをしないように注意してください。また，表紙カバーや問題用紙の端で手指を傷つけないように十分注意してください。

（6）正誤

制作には万全を期しておりますが，万が一誤りなどがございましたら，弊社までご連絡ください。

なお，誤りが判明した場合は，弊社ウェブサイトの「ご購入者様のページ」に掲載しておりますので，そちらもご確認ください。

■ お問い合わせ

解答例，解説，印刷，製本など，問題集発行におけるすべての責任は弊社にあります。

ご不明な点がございましたら，弊社ウェブサイトの「お問い合わせ」フォームよりご連絡ください。迅速に対応いたしますが，営業日の都合で回答に数日を要する場合があります。

ご入力いただいたメールアドレス宛に自動返信メールをお送りしています。自動返信メールが届かない場合は，「よくある質問」の「メールの問い合わせに対し返信がありません。」の項目をご確認ください。

また弊社営業日（平日）は，午前９時から午後５時まで，電話でのお問い合わせも受け付けています。

2025 春

株式会社教英出版
〒422-8054　静岡県静岡市駿河区南安倍３丁目 12-28
TEL　054-288-2131　　FAX　054-288-2133
URL　https://kyoei-syuppan.net/
MAIL siteform@kyoei-syuppan.net

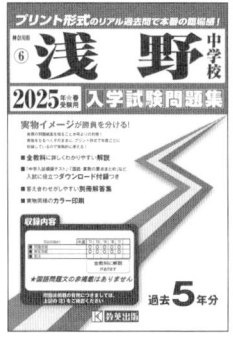

神奈川県
①[県立] 相模原中等教育学校 / 平塚中等教育学校
②[市立]南高等学校附属中学校
③[市立]横浜サイエンスフロンティア高等学校附属中学校
④[市立]川崎高等学校附属中学校
★⑤聖光学院中学校
★⑥浅野中学校
⑦洗足学園中学校
⑧法政大学第二中学校
⑨逗子開成中学校(1次)
⑩逗子開成中学校(2·3次)
⑪神奈川大学附属中学校(第1回)
⑫神奈川大学附属中学校(第2·3回)
⑬栄光学園中学校
⑭フェリス女学院中学校

新潟県
①[県立] 村上中等教育学校 / 柏崎翔洋中等教育学校 / 燕中等教育学校 / 津南中等教育学校 / 直江津中等教育学校 / 佐渡中等教育学校
②[市立]高志中等教育学校
③新潟第一中学校
④新潟明訓中学校

石川県
①[県立]金沢錦丘中学校
②星稜中学校

福井県
①[県立]高志中学校

山梨県
①山梨英和中学校
②山梨学院中学校
③駿台甲府中学校

長野県
①[県立] 屋代高等学校附属中学校 / 諏訪清陵高等学校附属中学校
②[市立]長野中学校

岐阜県
①岐阜東中学校
②鶯谷中学校
③岐阜聖徳学園大学附属中学校

静岡県
①[国立]静岡大学教育学部附属中学校(静岡·島田·浜松)
② [県立]清水南高等学校中等部 / [県立]浜松西高等学校中等部 / [市立]沼津高等学校中等部
③不二聖心女子学院中学校
④日本大学三島中学校
⑤加藤学園暁秀中学校
⑥星陵中学校
⑦東海大学付属静岡翔洋高等学校中等部
⑧静岡サレジオ中学校
⑨静岡英和女学院中学校
⑩静岡雙葉中学校
⑪静岡聖光学院中学校
⑫静岡学園中学校
⑬静岡大成中学校
⑭城南静岡中学校
⑮静岡北中学校
⑯ 常葉大学附属常葉中学校 / 常葉大学附属橘中学校 / 常葉大学附属菊川中学校
⑰藤枝明誠中学校
⑱浜松開誠館中学校
⑲静岡県西遠女子学園中学校
⑳浜松日体中学校
㉑浜松学芸中学校

愛知県
①[国立]愛知教育大学附属名古屋中学校
②愛知淑徳中学校
③ 名古屋経済大学市邨中学校 / 名古屋経済大学高蔵中学校
④金城学院中学校
⑤椙山女学園中学校
⑥東海中学校
⑦南山中学校男子部
⑧南山中学校女子部
⑨聖霊中学校
⑩滝中学校
⑪名古屋中学校
⑫大成中学校
⑬愛知中学校
⑭星城中学校
⑮名古屋葵大学中学校(名古屋女子大学中学校)
⑯愛知工業大学名電中学校
⑰海陽中等教育学校(特別給費生)
⑱海陽中等教育学校(I·II)
⑲中部大学春日丘中学校
新刊⑳名古屋国際中学校

三重県
①[国立]三重大学教育学部附属中学校
②暁中学校
③海星中学校
④四日市メリノール学院中学校
⑤高田中学校
⑥セントヨゼフ女子学園中学校
⑦三重中学校
⑧皇學館中学校
⑨鈴鹿中等教育学校
⑩津田学園中学校

滋賀県
①[国立]滋賀大学教育学部附属中学校
②[県立] 河瀬中学校 / 守山中学校 / 水口東中学校

京都府
①[国立]京都教育大学附属桃山中学校
②[府立]洛北高等学校附属中学校
③[府立]園部高等学校附属中学校
④[府立]福知山高等学校附属中学校
⑤[府立]南陽高等学校附属中学校
⑥[市立]西京高等学校附属中学校
⑦同志社中学校
⑧洛星中学校
⑨洛南高等学校附属中学校
⑩立命館中学校
⑪同志社国際中学校
⑫同志社女子中学校(前期日程)
⑬同志社女子中学校(後期日程)

大阪府
①[国立]大阪教育大学附属天王寺中学校
②[国立]大阪教育大学附属平野中学校
③[国立]大阪教育大学附属池田中学校

④[府立]富田林中学校
⑤[府立]咲くやこの花中学校
⑥[府立]水都国際中学校
⑦清風中学校
⑧高槻中学校（A日程）
⑨高槻中学校（B日程）
⑩明星中学校
⑪大阪女学院中学校
⑫大谷中学校
⑬四天王寺中学校
⑭帝塚山学院中学校
⑮大阪国際中学校
⑯大阪桐蔭中学校
⑰開明中学校
⑱関西大学第一中学校
⑲近畿大学附属中学校
⑳金蘭千里中学校
㉑金光八尾中学校
㉒清風南海中学校
㉓帝塚山学院泉ヶ丘中学校
㉔同志社香里中学校
㉕初芝立命館中学校
㉖関西大学中等部
㉗大阪星光学院中学校

兵庫県

①[国立]神戸大学附属中等教育学校
②[県立]兵庫県立大学附属中学校
③雲雀丘学園中学校
④関西学院中学部
⑤神戸女学院中学部
⑥甲陽学院中学校
⑦甲南中学校
⑧甲南女子中学校
⑨灘中学校
⑩親和中学校
⑪神戸海星女子学院中学校
⑫滝川中学校
⑬啓明学院中学校
⑭三田学園中学校
⑮淳心学院中学校
⑯仁川学院中学校
⑰六甲学院中学校
⑱須磨学園中学校(第1回入試)
⑲須磨学園中学校(第2回入試)
⑳須磨学園中学校(第3回入試)
㉑白陵中学校
㉒夙川中学校

奈良県

①[国立]奈良女子大学附属中等教育学校
②[国立]奈良教育大学附属中学校
③[県立]
- 国際中学校
- 青翔中学校

④[市立]一条高等学校附属中学校
⑤帝塚山中学校
⑥東大寺学園中学校
⑦奈良学園中学校
⑧西大和学園中学校

和歌山県

①[県立]
- 古佐田丘中学校
- 向陽中学校
- 桐蔭中学校
- 日高高等学校附属中学校
- 田辺中学校

②智辯学園和歌山中学校
③近畿大学附属和歌山中学校
④開智中学校

岡山県

①[県立]岡山操山中学校
②[県立]倉敷天城中学校
③[県立]岡山大安寺中等教育学校
④[県立]津山中学校
⑤岡山中学校
⑥清心中学校
⑦岡山白陵中学校
⑧金光学園中学校
⑨就実中学校
⑩岡山理科大学附属中学校
⑪山陽学園中学校

広島県

①[国立]広島大学附属中学校
②[国立]広島大学附属福山中学校
③[県立]広島中学校
④[県立]三次中学校
⑤[県立]広島叡智学園中学校
⑥[市立]広島中等教育学校
⑦[市立]福山中学校
⑧広島学院中学校
⑨広島女学院中学校
⑩修道中学校
⑪崇徳中学校
⑫比治山女子中学校
⑬福山暁の星女子中学校
⑭安田女子中学校
⑮広島なぎさ中学校
⑯広島城北中学校
⑰近畿大学附属広島中学校福山校
⑱盈進中学校
⑲如水館中学校
⑳ノートルダム清心中学校
㉑銀河学院中学校
㉒近畿大学附属広島中学校東広島校
㉓AICJ中学校
㉔広島国際学院中学校
㉕広島修道大学ひろしま協創中学校

山口県

①[県立]
- 下関中等教育学校
- 高森みどり中学校

②野田学園中学校

徳島県

①[県立]
- 富岡東中学校
- 川島中学校
- 城ノ内中等教育学校

②徳島文理中学校

香川県

①大手前丸亀中学校
②香川誠陵中学校

愛媛県

①[県立]
- 今治東中等教育学校
- 松山西中等教育学校

②愛光中学校
③済美平成中等教育学校
④新田青雲中等教育学校

高知県

①[県立]
- 安芸中学校
- 高知国際中学校
- 中村中学校

福岡県

①[国立]福岡教育大学附属中学校（福岡・小倉・久留米）
②[県立]育徳館中学校
門司学園中学校
宗像中学校
嘉穂高等学校附属中学校
輝翔館中等教育学校
③西南学院中学校
④上智福岡中学校
⑤福岡女学院中学校
⑥福岡雙葉中学校
⑦照曜館中学校
⑧筑紫女学園中学校
⑨敬愛中学校
⑩久留米大学附設中学校
⑪飯塚日新館中学校
⑫明治学園中学校
⑬小倉日新館中学校
⑭久留米信愛中学校
⑮中村学園女子中学校
⑯福岡大学附属大濠中学校
⑰筑陽学園中学校
⑱九州国際大学付属中学校
⑲博多女子中学校
⑳東福岡自彊館中学校
㉑八女学院中学校

佐賀県

①[県立]香楠中学校
致遠館中学校
唐津東中学校
武雄青陵中学校
②弘学館中学校
③東明館中学校
④佐賀清和中学校
⑤成穎中学校
⑥早稲田佐賀中学校

長崎県

①[県立]長崎東中学校
佐世保北中学校
諫早高等学校附属中学校
②青雲中学校
③長崎南山中学校
④長崎日本大学中学校
⑤海星中学校

熊本県

①[県立]玉名高等学校附属中学校
宇土中学校
八代中学校
②真和中学校
③九州学院中学校
④ルーテル学院中学校
⑤熊本信愛女学院中学校
⑥熊本マリスト学園中学校
⑦熊本学園大学付属中学校

大分県

①[県立]大分豊府中学校
②岩田中学校

宮崎県

①[県立]五ヶ瀬中等教育学校
②[県立]宮崎西高等学校附属中学校
都城泉ヶ丘高等学校附属中学校
③宮崎日本大学中学校
④日向学院中学校
⑤宮崎第一中学校

鹿児島県

①[県立]楠隼中学校
②[市立]鹿児島玉龍中学校
③鹿児島修学館中学校
④ラ・サール中学校
⑤志學館中等部

沖縄県

①[県立]与勝緑が丘中学校
開邦中学校
球陽中学校
名護高等学校附属桜中学校

もっと過去問シリーズ

北海道

北嶺中学校
7年分（算数・理科・社会）

静岡県

静岡大学教育学部附属中学校
（静岡・島田・浜松）
10年分（算数）

愛知県

愛知淑徳中学校
7年分（算数・理科・社会）
東海中学校
7年分（算数・理科・社会）
南山中学校男子部
7年分（算数・理科・社会）
南山中学校女子部
7年分（算数・理科・社会）
滝中学校
7年分（算数・理科・社会）
名古屋中学校
7年分（算数・理科・社会）

岡山県

岡山白陵中学校
7年分（算数・理科）

広島県

広島大学附属中学校
7年分（算数・理科・社会）
広島大学附属福山中学校
7年分（算数・理科・社会）
広島学院中学校
7年分（算数・理科・社会）
広島女学院中学校
7年分（算数・理科・社会）
修道中学校
7年分（算数・理科・社会）
ノートルダム清心中学校
7年分（算数・理科・社会）

愛媛県

愛光中学校
7年分（算数・理科・社会）

福岡県

福岡教育大学附属中学校
（福岡・小倉・久留米）
7年分（算数・理科・社会）
西南学院中学校
7年分（算数・理科・社会）
久留米大学附設中学校
7年分（算数・理科・社会）
福岡大学附属大濠中学校
7年分（算数・理科・社会）

佐賀県

早稲田佐賀中学校
7年分（算数・理科・社会）

長崎県

青雲中学校
7年分（算数・理科・社会）

鹿児島県

ラ・サール中学校
7年分（算数・理科・社会）

※もっと過去問シリーズは
国語の収録はありません。

教英出版
〒422-8054
静岡県静岡市駿河区南安倍3丁目12－28
TEL 054-288-2131
FAX 054-288-2133
詳しくは教英出版で検索
教英出版 検索
URL https://kyoei-syuppan.net/

令和六年度　入学者選考検査　大阪教育大学附属池田中学校
第一次選考　検査Ⅰ（国語）(50分)

（注）句読点（、や。）やかぎかっこ（「　」）などの記号はすべて一字として数えます。
また、「僕(ぼく)」のように読みがなをふってある漢字は、答える時にひらがなに書きかえても
かまいません。なお、文章中の一部の漢字をひらがなにしています。

一　次の文章を読んで、後の問いに答えなさい。

（　何をするにも自信がなく、話すのも苦手な小学五年生の唯人(ゆいと)は、クラスになじもうとしない転校生のアズを気にかけている。老人福祉施設(ふくししせつ)「あすなろ園(えん)」を訪問した帰りのバスの中でクラスメイトにからかわれていたアズを、唯人は勇気をふりしぼって助けたが、次の日からアズは学校を休み、そのまま冬休みに入った。冬休みも残り数日となったころ、唯人は町で偶然(ぐうぜん)アズと出会い、いっしょに親友に会いに行こうとさそわれた。　）

「来たよ！」静かな動物園にアズの声がひびいた。

何を見てるんや？　息をはずませて、唯人はアズのとなりにならんだ。

アズが見ていたのは一頭のオスのライオンだった。ライオンはねむりこけていた。横向きにねそべったお腹(なか)が、（　①　）大きく上がり下がりしている。

ああ、夜行性やからな。昼間はねとる(ねている)んや。

冷たい指先をこすりながら、しばらく見ていると、ライオンが（　②　）体を起こした。はく息が、（　③　）、白いけむりのように空に上っていく。

雪の日のライオン。それは、一枚の絵のように静かだった。

ぽつんとすわった一頭のライオン。[a]リッパなたてがみだけが王様だった過去の※名残(なごり)のようだ。それだって、どこか作り物のようにうそっぽく見える。ライオンは居心地(いごこち)が悪そうな顔をしていた。場ちがいなところに来ちまった。④雪なんか降ってどうするんだと【　　　　】いる。唯人にはそんなふうに見えた。

「⑤またやっちゃった」アズが口を開いた。

「バクハツか？」

「うん」

「アホやなあ」

ぱっと、アズが唯人の顔を見た。

あっ、しまった。ついアホなんて言うてしもた(言ってしまった)。バクハツもや。また言葉がきついなんて言われそうや。

「そうだよ。あたし、バクハツするの自分ではどうしようもないんだ」

へっ、おこらへんのか(おこらないのか)。拍子(ひょうし)ぬけや。というか、アズはみんながバクハツと言うてるのを知ってたんやな。

「今度はなんや？」

「ママとけんか、かな。あたし学校を休んだから、いろいろ言われちゃって……。一週間も部屋に閉じこもってたんだよ」

なんや、金沢(かなざわ)に帰ってたんとちゃうんか(ちがうのか)。

「なあんだ、そうかって。あたしだけじゃなかったんだって。すっごく安心したの。だから、彼(かれ)はあたしの親友になったんだ」

「⑧親友ってライオンのことやったんか（だったのか）」

「そうだよ。信じてくれる？」

「信じる」唯人ははっきりと言った。

「ありがとう」

自分だけ外国におるとか、帰る場所があらへん（ない）とか、⑨アズはそんなふうに思とったんや（思っていたんだな）な。おれの父さんかて（父さんだって）、この町に来てアズと同じような気持ちやったのかもしれん。

ふいに、ライオンは立ち上がった。

一歩ずつ近づいてくる。こわくなかった。それどころか、なんておだやかな、なんて温かい目を向けてくるんやろう。ほんまにアズのこと、見てるみたいや。

彼は首を少しかたむけて、今にも何か言い出しそうな顔をしていた。

「ん？　何？」アズが身を乗り出したそのとき、ライオンは、小さく一つクシャミをした。

フ、フォン。たてがみが、ばさっとゆれた。

「おれかて、ひとりぼっちやで」唯人がつぶやくと、アズはびくっと小さくふるえた。

⑩唯人を見る目になみだが盛り上がっていく。

なんちゅう（なんという）顔するんや。……アホやな。

アズはあわててコートのそでをのばすと、目元をおさえた。

唯人の口からふっとこぼれた言葉が、アズの胸の深いところにすとんと届いたようだ。アズは何度もうなずいていた。唯人のひとりぼっちと、アズのひとりぼっちが同じかどうかはわからない。でも、今、確かにそれは重なった。

「似合わないよね。雪の日のライオン」

「ほんま似合わへんな（似合わないな）」

⑪あとからあとから落ちてくる白い雪。それは、唯人もアズもライオンも、やさしくあわく包みこんで降り続いた。

（志津栄子『雪の日にライオンを見に行く』より）

※　名残…その事が終わったあとに、まだそれを思わせる物が残っていること。

※　単身赴任…家族とはなれて一人で勤務地に居住すること。　　※　バリア…防護壁(ぼうごへき)。

1　ⅲａ「リッパ」ｂ「悪気」のカタカナは漢字に、漢字はひらがなに直しなさい。

2　文中の（　①　）～（　③　）に当てはまる言葉を次のア～オからそれぞれ一つずつ選び、記号で答えなさい。ただし、それぞれの選択肢は一回ずつしか選べません。

ア、ゆっくりと　　イ、ほっこりと　　ウ、スースーと　　エ、キーキーと　　オ、のっそりと

3　―④「雪なんか降ってどうするんだと【　　　】いる。」の【　　　】には、どうしてよいかわからず、困り果てる」という意味の慣用句が入る。当てはまる言葉として最もふさわしいものを次のア～エから一つ選び、記号で答えなさい。

ア、輪をかけて　　イ、途方(とほう)に暮れて　　ウ、煙(けむ)にまいて　　エ、流れに竿(さお)をさして

4　―⑤「またやっちゃった」とありますが、具体的にアズは何をしたのですか。次の文の（　Ａ　）・（　Ｂ　）に当てはまる言葉を本文中からぬき出しなさい。

その二

その※理路整然とした真相の追い求め方に、知的※スリルまでも感じてしまいました。

検証の材料となる情報は、根気さえあればだれにでも集められるように思えますが、全258ページのうち約1割をしめる[b]カンマツの参考文献を見ると、英語に加えて中国語の文献も多くふくまれていました。著者の武田雅哉さんは北海道大学の[c]キョウジュで、中国文化・文学を研究しています。仮に私が、同じテーマについて全力で情報収集しても、そもそも中国語が読めず、中国という国の社会背景についての専門知識もないため、ここまで情報を集めるのは不可能だったでしょう。語学力や専門家としての知識が、深い※論考を可能にしたのです。

つまり、私たちは1冊の本を読むことで、自力では困難な情報の収集・調査と整理・検証の成果を知ることができるのです。（③）、テーマに精通した※プロフェッショナルを、数千円（図書館の本ならば無料）でやとったも同然なのです。さらに、著者はあくまでも※自発的な探究心を原動力としていどんでいるため、より検証の到達度が高まります。

あるテーマについての全体像を知るには、ネットの情報は不確かで、かつ断片的なので、自力で取捨選択して※体系化する必要がありますが、本ならばすでに著者が④その膨大な作業を済ませたうえで、新たな知見を加えています。

私たちは、現代の専門家から古代の哲学者に至る、あらゆる分野の達人たちの※英知を、本から借りることができるのです。そのような学び方は「巨人の肩の上に立つ」とたとえられます。

巨人は、「並外れて身体の大きな人」という意味と「品性・※才学の偉大な人」という意味があります。読者は、著者が考えぬいてきた成果を、本を通じて教えてもらうことで、⑤知の巨人の肩に乗り、はるか遠くまで見わたせるようになるのです。

正直に言いますと、私自身も「万里の長城は月から見える」という通説を、調べてみるまではすっかり信じこんでいました。何かの機会に疑問をいだいても、武田先生のご本のレベルまで明快に通説を※くつがえすことはできなかったでしょう。

本を読むことで、また、読み方を工夫することで、そこに書かれているテーマ以外にも、学べる要素はたくさんあります。たとえば、「自分がこのテーマで書くならば、どんな本にするか」という視点で読むとします。当然「⑥どんな材料を集め、どのように料理し、論理を展開するか」「どんな言葉を選んで、どの順番で伝えるか」「どんな例を使って、説明をわかりやすくするか」といったことを考えるようになるでしょう。すると、著者の視点や戦略を（⑦）ことができるようになります。

また、伝え方の工夫によって、わかりやすくもなれば、その逆もあることがわかります。（⑧）、読み方を意識すれば、単に知識の吸収を目的とした読書では得られなかった、ものの見方、とらえ方、考え方、伝え方など、いろいろな力をきたえることができるようになるのです。

読書の際には、「その本から何を学び取るか」、複数の目的や成果をいつも意識しましょう。

（梅澤貴典『ネット情報におぼれない学び方』岩波ジュニア新書より）

※　膨大…規模が大きい様子。　※　通説…世間で普通に認められている説。
※　理路整然…話、文章などの論理の構成が正しくととのったさま。
※　スリル…恐怖や期待などからくる緊張感。　※　論考…論じ、考察を加えた論文。

その三

令和６年度
入学者選考検査

第１次選考　検査Ⅱ（算数）　その１　（50分）

※80点満点
（配点非公表）

受験番号

※裏は計算用紙として使用してよい。
※解答はすべて □ の中にかきなさい。
※この検査において，円周率は3.14とする。

1　□にあてはまる数を求めなさい。

(1)　13×4.8＋1.6×18−1.8×19＝□

(2)　$\left(34-\frac{3}{4}\times\square\right)\div 4.375-3\frac{5}{7}=2$

2　下流のＡ地点から上流のＢ地点まで105kmある川を，船㋐と船㋑が進みます。２つの船の静水時（水の流れがないとき）における進む速さはそれぞれ一定です。このとき，次の問いに答えなさい。

(1)　船㋐がこの川を往復するのに，Ａ地点からＢ地点ま

4　右の正方形ABCDを，頂点Ａを中心に矢印の方向に回転させたとき，正方形の一部が動いたあとにできる図形の面積について考えます。このとき，次の問いに答えなさい。

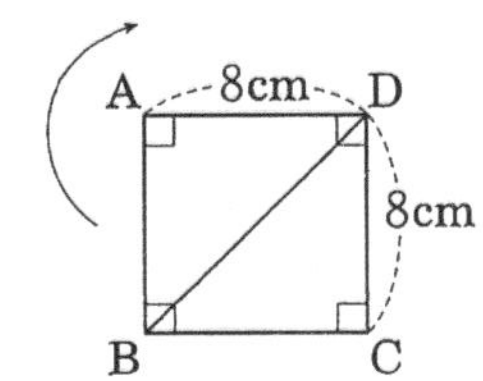

(1)　正方形を180度回転させたとき，辺CDが動いたあとにできる図形の面積は何cm^2ですか。

□ cm^2

(2)　正方形を270度回転させたとき，三角形BCDが動いたあとにできる図形の面積は何cm^2ですか。

□ cm^2

5　ある品物を90個仕入れ，原価の６割増しの定価をつ

令和６年度
入学者選考検査

第１次選考　検査Ⅱ（算数）　その２

受験番号

7　同じ大きさで長方形の形をした車㋐と車㋑があり，真上から見ると右の図のようになります。
２台の車が，右の図のような位置から同時に出発し，それぞれ矢印の方向に一定の速さでまっすぐに進みます。車は常に水平なところを進み，２台の車が１点で接した場合もぶつかったものと考えます。車㋑の速さを時速60kmとして，次の問いに答えなさい。

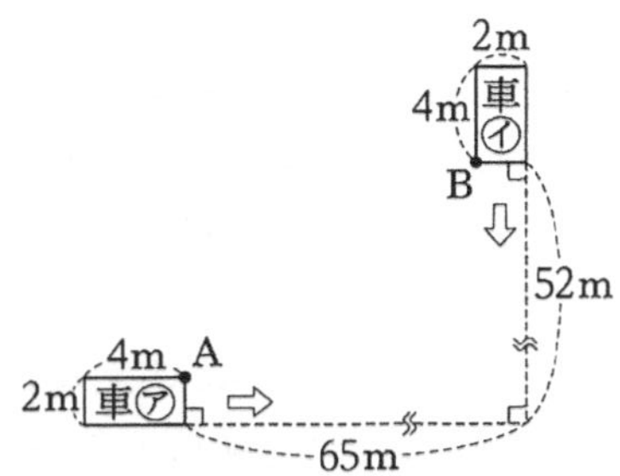

(1)　車㋐の点Ａと車㋑の点Ｂがちょうどぶつかるとき，車㋐の速さは時速何kmですか。

時速　　　　km

(2)　２台の車が，お互(たが)いぶつからずに通り過ぎるには，

9　２つの巻き尺Ａ，Ｂにはそれぞれ等しい間かくで300まで目盛りがついており，これらの目盛りの部分をぴったり合わせて平行にならべます。上の図は，ＡとＢをどちらも目盛り０でぴったり合わせて平行にならべた様子を表しています。１目盛りの長さはＢがＡの0.56倍であるとき，次の問いに答えなさい。

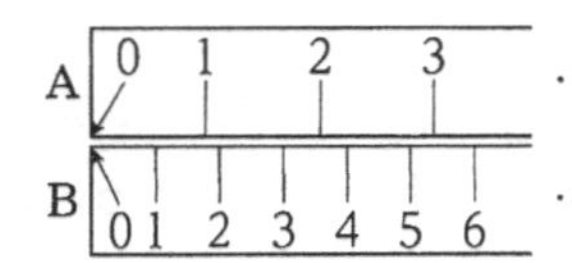

(1)　ＡとＢをどちらも目盛り20でぴったり合わせて平行にならべました。ここから右で，ＡとＢの目盛りの線が次にぴったり合うときのＡの目盛りはいくつですか。

(2)　Ａの目盛り95とＢの目盛り18をぴったり合わせて平行にならべました。ここから右で，ＡとＢの目盛りが

令和6年度

第2次選考　　検査Ⅲ（理科）（40分）

入学者選考検査　　　　（注意）解答はすべて解答用紙に記入しなさい。

1　空気にふくまれる気体や，ものを燃やす前後の気体について調べました。次の問いに答えなさい。

(1)　気体検知管を使って気体の割合を調べるとき，特に酸素用検知管を使うときに注意しなければいけないことを書きなさい。

(2)　表1は，空気にふくまれる気体について，割合が多い順に示したものです。気体Bの名前を答えなさい。

表1

順位	気体の種類	空気中の割合(%)
1	A	
2	B	
3	アルゴン	0.93%
4	Y	0.04%

(3)　図1のようにして，びんの中に火のついたろうそくを入れ，ガラス板でびんの口をふさぐと，ろうそくの火が消えました。また，図2のようにしてねん土に火のついたろうそくを立て，3通りの方法で底のないびんをかぶせたところ，ろうそくの燃え方にちがいが見られました。

①　図1のろうそくの火が消えたあと，びんの中に（　X　）を加えてよくふると白くにごることから，（　Y　）がふえたことがわかります。（　X　），（　Y　）にあてはまることばを答えなさい。ただしYは，表1のYと同じ気体です。

②　図2で，ろうそくがよく燃える順に左から㋐～㋒の記号を並べて答えなさい。

③　②でいちばんよく燃えるものについて，空気はどのように動きますか。解答用紙の図㋐～㋒のうちから1つ選び，新しい空気の動きを実線の矢印（──→）で，燃えたあとの空気の動きを点線の矢印（--->）で，簡単にかき入れなさい。

図1

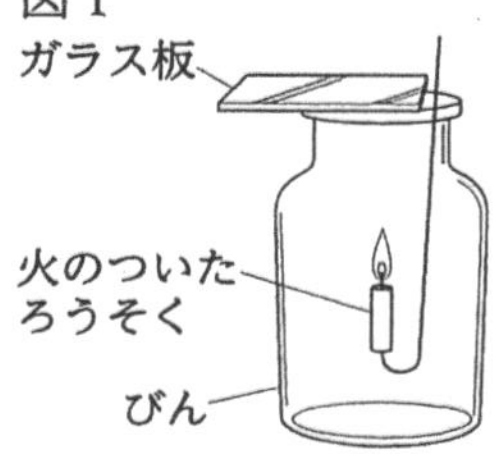

図2

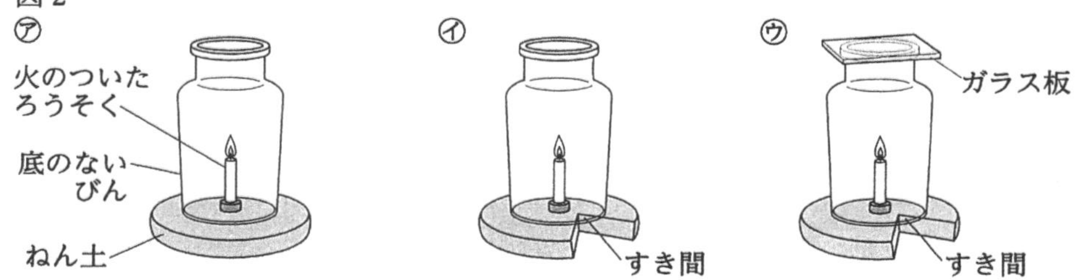

2　てこやてんびんのはたらきや使い方について，次の問いに答えなさい。

第２次選考　　検査Ⅲ（理科）

3　やよいさんは，天気の変化について関心をもち，調べてみることにしました。次の問いに答えなさい。

(1)　気象庁のホームページで「アメダス」の観測データを調べることができることを知り，６月のある日（2022年６月２日）の大阪の気温の変化を調べてみると，表１のようでした。気温の変化から考えて，この日の天気は１日中（　　　）であったと考えられます。（　　　）にあてはまる最も適当な天気を，「晴れ」「くもり」「雨」から選んで答えなさい。また，そのように考えた理由を簡単に説明しなさい。

(2)　空全体の広さを10としたとき，天気が「くもり」となる雲の広がりはいくつですか。解答用紙に示した数字からすべて選んで○で囲みなさい。

(3)　大雨などの自然災害による被害が予想される場所を示した地図が，地域ごとにつくられています。この地図の名前をカタカナ７文字で答えなさい。

(4)　８月に「線状降水帯」とよばれる大雨を降らせる雲が発生したとニュースで知り，「線状降水帯」について調べました。すると，図１のように（　X　）を大量にふくむ空気が流れこんで，同じ地点で雲が次々と発生して発達し，雷（かみなり）をともなう激しい雨を短時間降らせる（　Y　）が次々に通過することで，長時間大雨が続くことがわかりました。

①　大雨の原因となる（　X　）にあてはまるものの名前を，漢字３文字で答えなさい。

②　（　Y　）にあてはまる雲の名前を，漢字３文字で答えなさい。

(5)　９月に台風が日本に接近することをニュースで知ったとき，図２のような台風の予報図を見ました。図２に・で示されている地点のうち，暴風（秒速25m以上の風速）になる可能性が高いと予報されている地点はどれですか。解答用紙に示した地名で，あてはまる地名をすべて○で囲みなさい。

図１

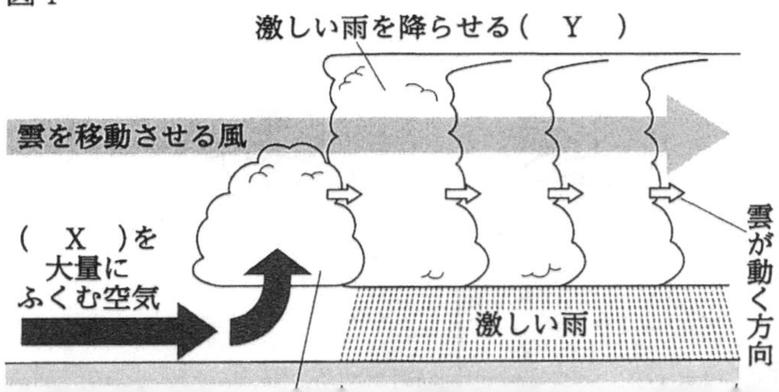

図２

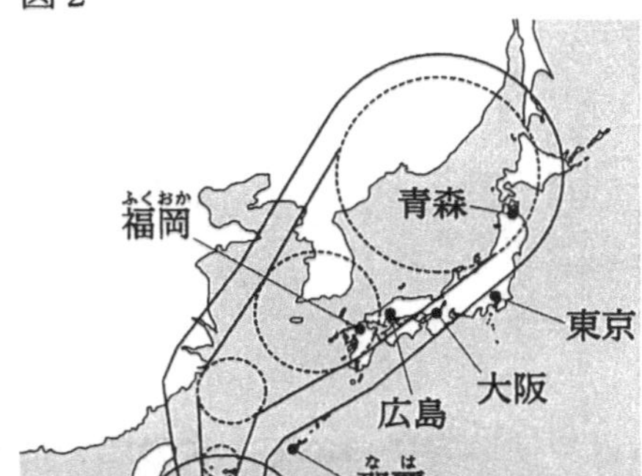

表１
大阪　2022年６月２日

時刻	気温(℃)
午前６時	18.6
午前７時	19.7
午前８時	21.6
午前９時	23.2
午前10時	25.7
午前11時	25.7
正午	27.4
午後１時	28.1
午後２時	28.7
午後３時	28.2
午後４時	27.7

令和６年度

第２次選考　　検査Ⅲ（社会）（40分）

入学者選考検査　　　　　（注意）解答はすべて解答用紙に記入しなさい。

1　あるクラスで班に分かれ，日本各地の港湾（こうわん）都市について調べて発表しました。次の発表文を読んで，以下の問いに答えなさい。

［銚子（ちょうし）市］千葉県の北東部に位置し，太平洋に注ぐ①利根川の河口に大きな漁港があります。沖合は②２つの海流がぶつかるところにあたるため，魚の種類・量とも豊富で，③銚子港は日本最大の水揚（あ）げ量（2021年）をほこっています。また，醤油（しょうゆ）の醸造（じょうぞう）業や水産加工業もさかんです。市の南部の海岸には，④屏風ヶ浦（びょうぶがうら）とよばれる断崖（だんがい）が続いています。	［神戸市］兵庫県の南東部に位置し，県庁所在地になっています。平安時代の終わりに⑤平清盛（たいらのきよもり）が大輪田泊（おおわだのとまり）（兵庫の港）を整備したことで発展しました。⑥1858年に結ばれた条約によって開港が決定し，現在の神戸港の場所に港が開かれ，外国人の居留地もつくられました。明治時代以降，横浜港とならぶ国際貿易港として発展しました。	［長崎市］長崎県の南西部に位置し，県庁所在地になっています。江戸時代には，⑦幕府の奉行所が置かれ，オランダ・中国との貿易港として栄えました。明治時代から大正時代にかけては，造船業が発達しました。2015年には，市内の８つの資産が⑧世界文化遺産「明治日本の産業革命遺産」に登録されました。

［問１］下線部①について，利根川は関東平野を流れ，下流では千葉県と茨城県の県境になって太平洋に注いでいます。茨城県の県庁所在地を答えなさい。

［問２］下線部②について，このようなところを何というか，答えなさい。

［問３］下線部③について，右の表１は，水揚げ量の上位５港（2021年）を示したものです。表１から読み取れることについて説明した文として正しいものをア～オから２つ選び，記号で答えなさい。

ア．上位５港の水揚げ量は，全国合計の約４割を占（し）めている。

イ．上位１・２位の水揚げ量の合計は，３～５位の合計より多い。

ウ．上位５港には，太平洋に面している港が多い。

エ．上位５港には，日本海に面している港が多い。

オ．上位５港には，瀬戸内海に面している港が多い。

表１

1	銚子港	280
2	釧路港	205
3	焼津港	148
4	石巻港	96
5	境　港	91
全国合計		3236

数字は千ｔ

出典（日本国勢図会 2023/24より）

［問４］下線部④について，右の写真１・２を見て，以下の問いに

第２次選考　　検査Ⅲ（社会）

［問７］下線部⑦について，右の絵は，幕府の役人の前でキリストやマリアの像をふませているようすで，長崎では正月の行事として江戸時代末までおこなわれました。以下の問いに答えなさい。

(1)　〰〰線部のことを何というか，答えなさい。

(2)　江戸幕府が，前問(1)をおこなった目的を説明しなさい。

［問８］下線部⑧について，「明治日本の産業革命遺産」の構成資産は８県11市に分散しています。以下の問いに答えなさい。

(1)　右の写真３は，構成資産の１つで，建設中の1900年に撮影されたものです。日清戦争の賠償金の一部を使って建設されたこの工場で生産していたものをア～エから１つ選び，記号で答えなさい。

ア．生糸　　イ．綿糸　　ウ．鉄鋼　　エ．船舶

写真３

(2)　構成資産の１つである松下村塾は，吉田松陰が幕末に開いた私塾で，伊藤博文など，のちに日本の近代化を進めた多くの偉人を輩出しました。松下村塾があった藩をア～エから１つ選び，記号で答えなさい。

ア．長州藩　　イ．土佐藩　　ウ．肥前藩　　エ．薩摩藩

2　最近ニュースでよく耳にするグローバルサウスについて，アキさんは先生に尋ねました。次の２人の会話の様子を読んで，以下の問いに答えなさい。

アキさん：ニュースで，「今後の世界の安定は，グローバルサウスがカギをにぎっている」といっていました。グローバルサウスは，①国際連合や②EU（ヨーロッパ連合），ASEAN（東南アジア諸国連合）などと同じく，組織の名前なのですか？

先　　生：いや，組織ではないし，特定の地域を指しているわけでもない。国際社会で発言力を強めている発展途上国や新興国をまとめて表した言葉だよ。

アキさん：具体的には，どの国のことを指しているのですか？

先　　生：明確な定義はないけど，インドやブラジル，インドネシア，トルコ，南アフリカ共和国などを指すことが多い。民族や文化もさまざまだ。宗教を見ても，インドはヒンドゥー教徒が多く，インドネシアとトルコはイスラム教徒が大半だ。③日本と歴史的なつながりが深い国も多いよ。

第２次選考　　検査Ⅲ（社会）

［問２］下線部②について，EU（ヨーロッパ連合）の共通通貨を何というか，答えなさい。

［問３］下線部③について，以下の問いに答えなさい。

(1)　ブラジルには，明治時代後半以降，日本から多くの人々が移住し，おもにコーヒー豆などの農作物の栽培（さいばい）に従事しました。現在，ブラジルの主要な輸出品になっている農作物をア～エから１つ選び，記号で答えなさい。

ア．オリーブ　　イ．大豆　　ウ．てんさい　　エ．カカオ豆

(2)　インドネシアはバタビア（ジャワ島）などを拠点（きょてん）に，16世紀から17世紀初めにかけて，日本とさかんに貿易をおこないました。このとき，海外渡航（とこう）を認めた日本の正式な貿易船には，印判を押した書状が発行されました。この書状を何というか，答えなさい。

(3)　トルコは，1890年に軍艦（ぐんかん）エルトゥールル号が和歌山県沖で遭難（そうなん）したときに救助されたことで，日本との関係を深めました。同年，日本では第１回衆議院議員総選挙がおこなわれました。この選挙の有権者資格をア～エから１つ選び，記号で答えなさい。

ア．満20才以上の男女　　イ．国税15円以上を納める満20才以上の男子

ウ．満25才以上の男女　　エ．国税15円以上を納める満25才以上の男子

［問４］下線部④について，右の表１は，日本と各国の首都の標準時子午線を示したものです。日本と南アフリカ共和国との時差は７時間です。インドネシアとブラジルとの時差は何時間か，ア～エから１つ選び，記号で答えなさい。なお，どの国も夏時間（サマータイム）は採用していません。

ア．３時間　　イ．７時間　　ウ．10時間　　エ．15時間

表１

日　　本	東経135度
インドネシア	東経105度
南アフリカ共和国	東経 30度
ブラジル	西経 45度

［問５］下線部⑤について，今後のインドは中国をしのぐ「世界の工場」「世界の消費市場」になると期待されています。その大きな理由を，各国の国内総生産成長率（％）の推移を示した次の表２と右の人口ピラミッドを参考に，中国や日本との違いに着目して説明しなさい。

表２

	2012年	2019年	2021年
インド	4.0	4.2	8.9
中　国	7.8	6.1	8.1

インド(2021年)

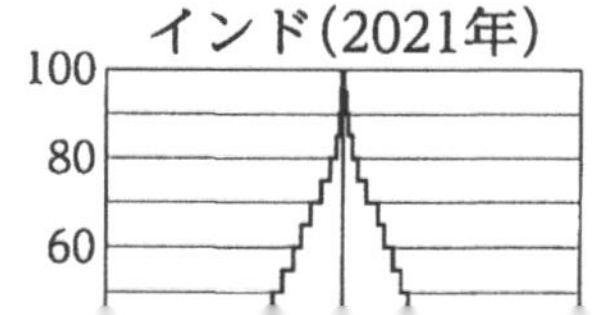

中国(2021年)

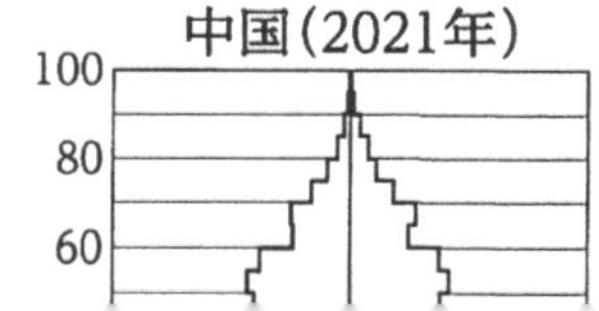

日本(2020年)

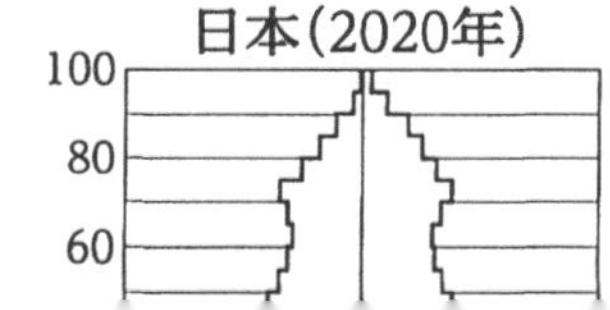

第２次選考の検査Ⅳで「家庭」を受験するみなさんへ（令和６年度）

（注）このプリントの内容に関しては質問を受けつけませんので、よく読んで内容を理解してください。

◆検査内容

小学校で学習した「日常の食事と調理の基礎（きそ）」「快適な衣服と住まい」「身近な消費生活と環境（かんきょう）」に関する知識と技能を身につけ、工夫ができているかを検査します。

1. あたえられた課題について、質問に答えてもらいます。
2. あたえられた課題について、実技をしてもらいます。

◆採点は次の点に注目しておこないます。

・「日常の食事と調理の基礎（きそ）」「快適な衣服と住まい」「身近な消費生活と環境（かんきょう）」について、適した知識と技能を身につけ、工夫ができているか。
・用具を安全面、衛生面に気をつけ、適切に使うことができているか。
・準備物の忘れ物がないか。

◆準備物

・筆記用具
・エプロン
・三角きん（バンダナでもよい）
・手をふくタオル

※その他必要なものは学校（本校）で用意します。

第２次選考の検査Ⅳで「図画工作」を受験するみなさんへ（令和６年度）

（注）このプリントの内容に関しては質問を受けつけませんので、よく読んで内容を理解してください。

◆検査内容

1. あるものをみて、絵をかいてもらいます。

・用具はＢまたは２Ｂまたは４Ｂのえんぴつ（シャープペンシルは不可）、消しゴムです。

・みるものは検査時に発表します。

2. 自分の作品についての説明を、配布した用紙に書いてもらいます。

時間は両方で２５分です。

◆採点は次の点に注目しておこないます。

・ものをよくみてかいているか。

・解答用紙の大きさに注意して、ものの調和や配置をよく考えて、かいているか。

・線の強弱や太い線、細い線など、えんぴつの使い方をくふうして、かいているか。

・ものの調和や配置を考えてくふうしたことを、ことばで説明することができるか。

・準備物の忘れ物がないか。

◆準備物

・こさがＢまたは２Ｂまたは４Ｂのえんぴつ（シャープペンシルは不可）

・消しゴム（ねりけしは使えません）

（それぞれの予備は自分で考えて用意してください）

受験番号

令和六年度
入学者選考検査　第一次選考　検査Ⅰ（国語）解答用紙

答えを書くときに注意すること
●句読点（、や。）やかぎかっこ（「　」）などの記号はすべて一字として数えます。字数が決まっている問題に答えるときには注意してください。

※80点満点
（配点非公表）

一

1 a　b

2 ①　②　③

3

4 A　B

5

6

7

8

9

10

二

1 a　b　c

令和６年度

入学者選考検査

第２次選考　　検査Ⅲ（理科）

受験番号

※50点満点
（配点非公表）

1

(1)		
(2)		
(3)	①	X
		Y
	②	→ →
	③	㋐ ㋑ ㋒ 

2

3

(1)	天気									
	理由									
(2)	1	2	3	4	5	6	7	8	9	10
(3)										
(4) ①										
(4) ②										
(5)	青森	東京	大阪							
	広島	福岡	那覇							

4

令和６年度

入学者選考検査

第２次選考　　検査Ⅲ（社会）

※50点満点
（配点非公表）

受験番号

1

［問１］ 市

［問２］

［問３］

［問４］
(1)
(2)

2

［問１］
(1)
(2)
(3)
(4)（カタカナ）
(5) な社会（な開発目標）

［問２］

［問３］

(1)	
(2)	→ → →

[問6]

(1)	
(2)	

[問7]

(1)	
(2)	

[問8]

(1)	
(2)	

(2)	
(3)	

[問4]

[問5]

[問6]

[問7]

／50

	(b)	支点　　作用点
(2)		
(3)	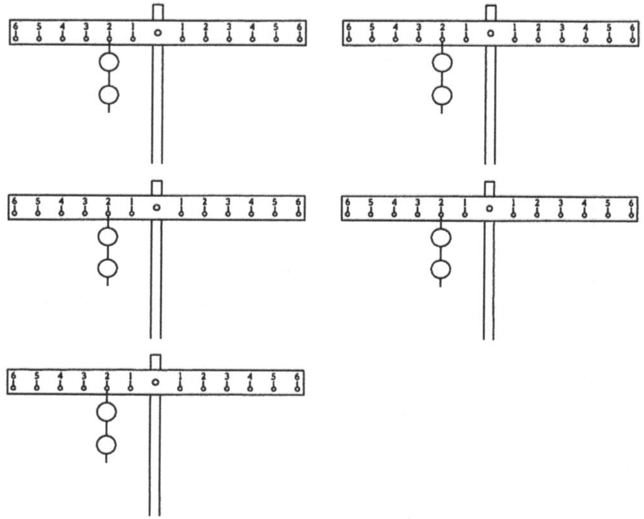	
(4)	記号	
	理由	

(2)	①	
	②	
(3)	あしの位置と数 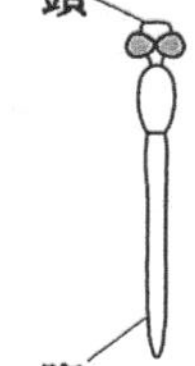	はねの位置と数 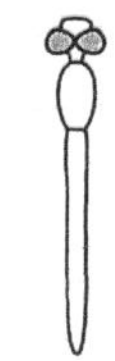
(4)		

／50

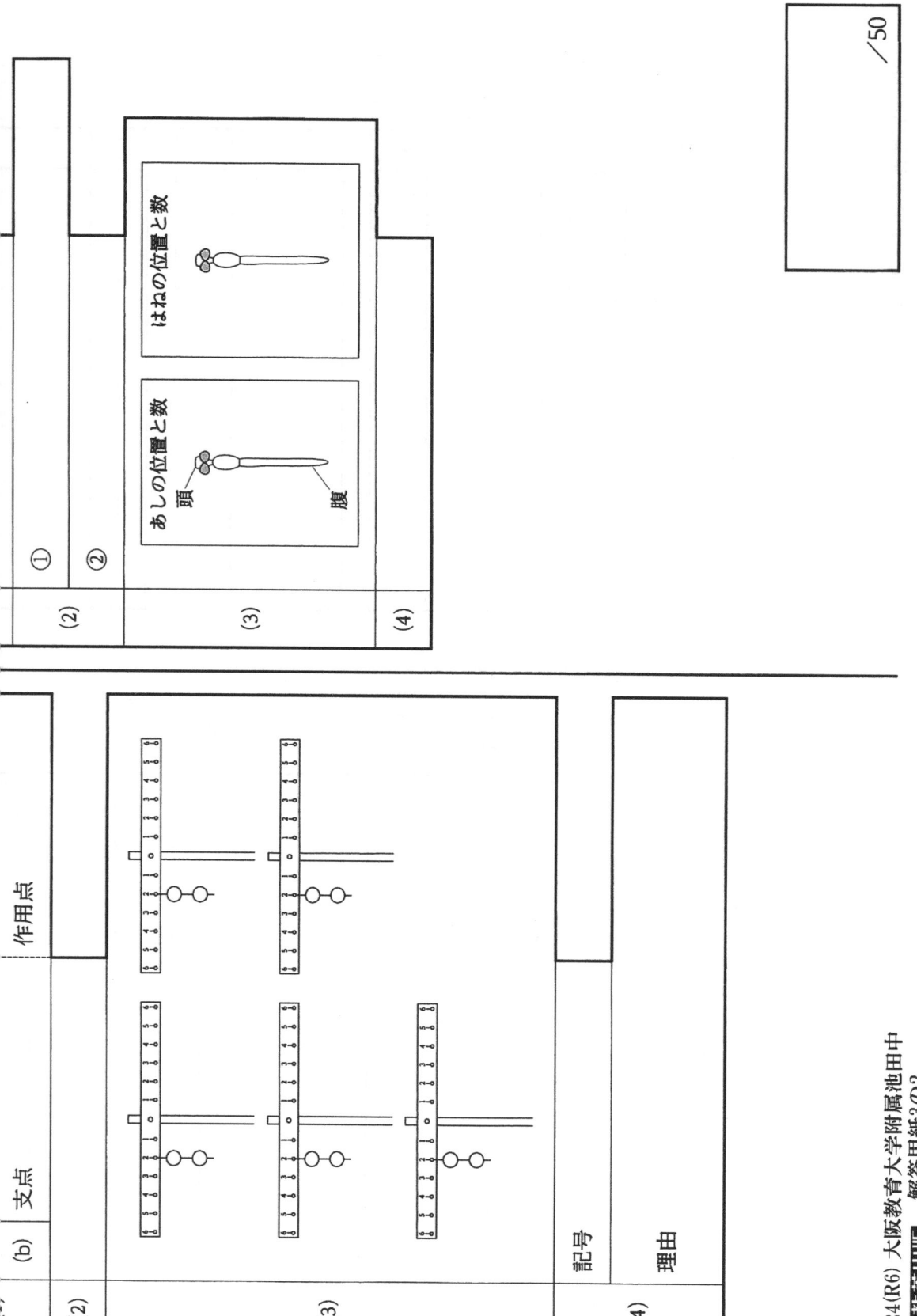

三

3

4 ③ ⑧

5

6

7 A B

8

9

150

200

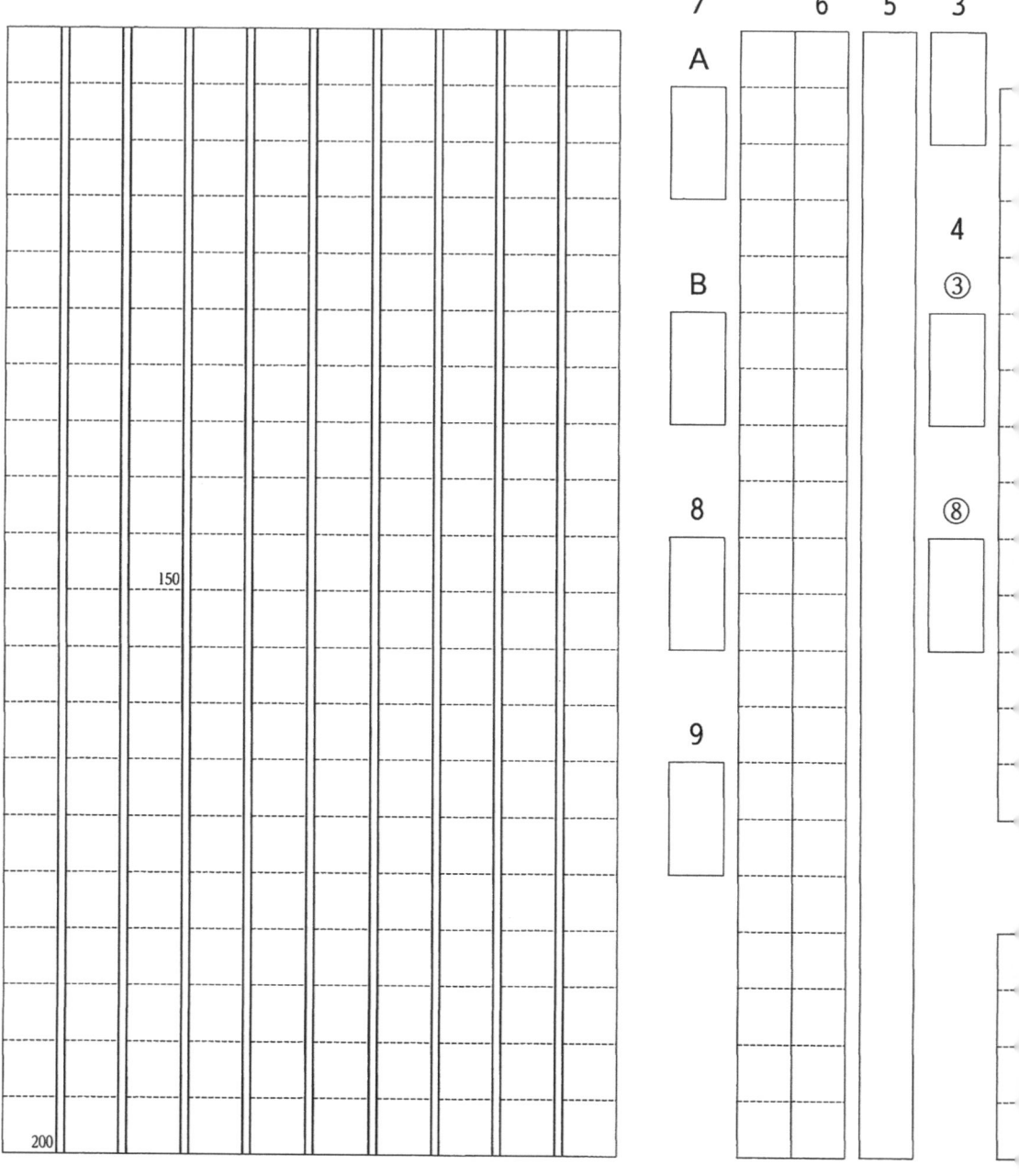

第２次選考の検査Ⅳで「音楽」を受験するみなさんへ（令和６年度）

(注) このプリントの内容に関しては質問を受けつけませんので、よく読んで内容を理解してください。

◆検査内容

1. ある歌の楽ふを見てもらい、歌詞を声に出して読んでもらいます。
2. 歌詞について思いうかべたことと、表現をどのようにくふうして歌いたいかについて答えてもらいます。
3. 表現をくふうしながら歌ってもらいます。
4. 歌った後、曲に合うようにさらに表現をくふうしたいところがあれば答えてもらいます。

※検査室は十分に換気(かんき)をし、人との距離(きょり)をとっておこないます。
※検査の内容を録音します。ただし、この音源はこの選考のみに使用します。

◆採点は次の点に注目しておこないます。

・歌詞の内容を理解しているか。
・歌詞について思いうかんだイメージや歌い方のくふうについて、自分の考えが伝わるように答えているか。
・せん律の音の高さやリズムを正確に歌っているか。
・呼吸や発音の仕方に注意して、自然でひびきのある発声で歌っているか。
・曲や歌詞を表現するために、歌い方をくふうしているか。

◆準備物

特にありません。

第２次選考の検査Ⅳで「体育」を受験するみなさんへ（令和６年度）

(注) このプリントの内容に関しては質問を受けつけませんので、よく読んで内容を理解してください。

◆検査内容

1. 筆記による検査をおこないます。
2. ある種目の運動をおこないます。

※種目、内容については検査時にお知らせします。

◆採点は次の点に注目しておこないます。

・体育に関する基礎(きそ)的・基本的な知識および技能が身についているか。

◆準備物

・筆記用具
・運動に適した服装
・体育館シューズ
・ウィンドブレーカーやコートなどの防寒着

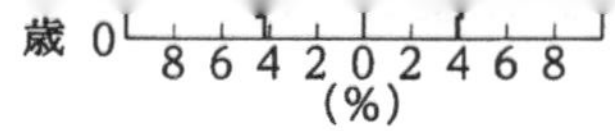

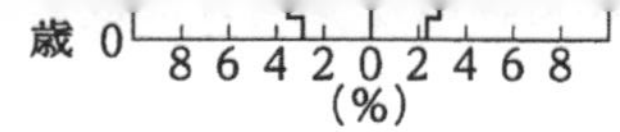

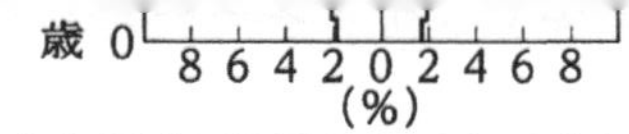

出典（日本国勢図会 2023/24より）

［問６］下線部⑥について，インターネットで検索したときの記事・資料の適切な使い方を説明したＡ～Ｃの文の正誤の組み合わせとして正しいものをあとのア～エから１つ選び，記号で答えなさい。

Ａ　アクセス数が多く，検索の上位に出てきた記事・資料だけを参考にする。

Ｂ　情報の出典や作成時期，作成者を確かめてから，記事・資料を作成する。

Ｃ　自分のまとめに合うように，記事・資料中のデータは変更（へんこう）してから使う。

ア．Ａ－正，Ｂ－正，Ｃ－誤　　イ．Ａ－正，Ｂ－誤，Ｃ－正

ウ．Ａ－誤，Ｂ－正，Ｃ－誤　　エ．Ａ－誤，Ｂ－誤，Ｃ－正

［問７］下線部⑦について，Ｇ７の首脳は会議の期間中，広島平和記念資料館を訪問しました。ここでは，第二次世界大戦末期に広島に投下された原子爆弾（げんしばくだん）による惨状（さんじょう）について展示しています。広島に原子爆弾が投下されたのは，1945年の何月何日か，ア～エから１つ選び，記号で答えなさい。

ア．８月６日　　イ．８月９日　　ウ．８月14日　　エ．８月15日

先　　生：そうだね。グローバルサウスという名称もそのことに由来しているよ。また，発展途上国の間の経済格差から生じる問題は南南問題というんだ。⑤人口が世界一になったインドをはじめ，グローバルサウスの中には，21世紀に入ってから急速に経済を発展させている国もあるよ。そうした国々は，国民1人あたりの所得はまだ少ないけど，国の経済的な力は確実に大きくなっているんだ。

アキさん：発展途上国とグローバルサウスは，その点が違うのですね。経済発展の著しい国について，⑥インターネットの検索で調べてみようと思います。

先　　生：昨年（2023年）に⑦広島で開かれたＧ７サミット（主要国首脳会議）には，インド，ブラジル，インドネシアの首脳が招待され，グローバルサウスとの連携についても話し合われた。グローバルサウスは経済・政治の両面で世界への影響力を強めているんだよ。

［問１］下線部①について，以下の問いに答えなさい。

(1)　国際連合の本部が置かれている都市をア～エから１つ選び，記号で答えなさい。

ア．ロンドン　　イ．パリ　　ウ．ペキン　　エ．ニューヨーク

(2)　日本は1956年12月に国際連合に加盟しました。第二次世界大戦の終戦から日本の国際連合加盟までの間に起こった出来事をア～エから１つ選び，記号で答えなさい。

ア．石油危機　　イ．東西ドイツの統一　　ウ．ヤルタ会談　　エ．日米安全保障条約の調印

(3)　日本が国際連合への加盟を認められたのは，国連憲章が定める「平和愛好国」であることが認められたからでした。次は，平和主義を定めた日本国憲法第９条の条文です。（　X　）にあてはまる言葉をあとのア～エから１つ選び，記号で答えなさい。

> ①　日本国民は，正義と秩序を基調とする国際平和を誠実に希求し，国権の発動たる戦争と，武力による威嚇又は武力の行使は，（　　X　　）。
> ②　前項の目的を達するため，陸海空軍その他の戦力は，これを保持しない。国の交戦権は，これを認めない。

ア．国際紛争を解決する手段としては，永久にこれを放棄する　　イ．領土が侵されない限り，実行に移さない

ウ．他国を侵略するための手段としては，永久にこれを放棄する　　エ．集団的自衛権を発動しない限り，実行に移さない

(4)　国際連合の機関のうち，おもに発展途上国の子どもの支援を目的に活動している機関を何というか，カタカナで答えなさい。

(5)　2015年，国際連合で，現在だけでなく将来の世代の環境もそこなわない（　　　）な社会を実現するための行動計画が立てられ，その中心として，（　　　）な開発目標（SDGs）が示されました。（　　　）に共通してあてはまる語を答えなさい。

野の台地に広がる赤褐色の土の層が見られます。この土の層は，何が積もってできたものか，答えなさい。

(2) 写真２は，屏風ヶ浦の沖合につくられた施設です。次の文章と右の表２を参考にして，この施設が陸上ではなく海上につくられたのは，周辺住民に対してどのような配慮をするためか，説明しなさい。

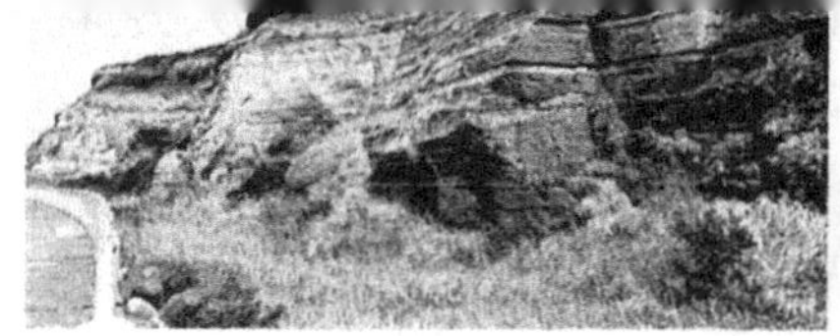

「写真２中の右の施設は，再生可能エネルギーを増やすための切り札として期待されているものの１つで，2019年に商用運転を開始した。写真２中の左の施設はその観測塔である。これまで陸上には多く建設されてきたが，周辺住民への配慮が必要だった。今後，31基が近くの海域に設置される予定で，秋田県や長崎県の海上でも，同様の計画が進められている。」

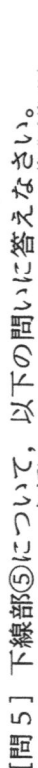

表２

施設からの距離（m）	音の強さ（デシベル）
0	105
100	50
400	40

出典（関西電力の資料より）

（参考）音の強さの具体例
・100デシベル：電車が通るときのガード下
・60デシベル：普通の会話
・40デシベル：図書館内

［問５］下線部⑤について，以下の問いに答えなさい。

(1) 平清盛は，朝廷の信頼を得て1167年に太政大臣になり，さらに権力を強めました。右の系図を参考に，清盛はどのようにして権力を強めたか，説明しなさい。

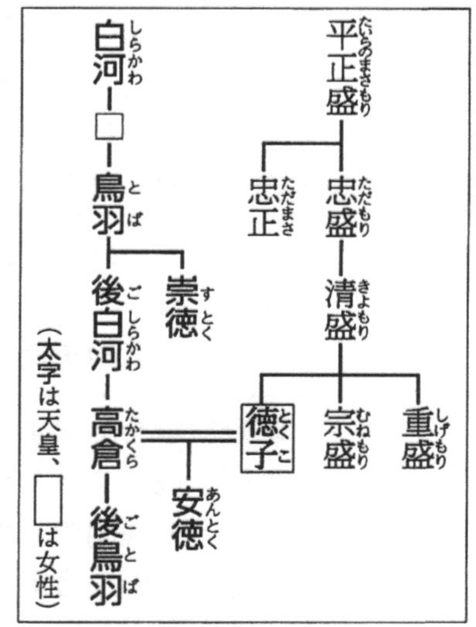

(2) 次のア～エの出来事は，清盛が亡くなったあとに起こったことです。年代の古い順に並べ，記号で答えなさい。

ア．政治や裁判の基準になる御成敗式目（貞永式目）が定められた。
イ．御家人の生活を救うため，永仁の徳政令が出された。
ウ．後鳥羽上皇が朝廷の勢力を回復しようとして，兵を挙げた。
エ．モンゴル軍が高麗軍を従え，九州北部の博多湾岸に上陸した。

［問６］下線部⑥について，以下の問いに答えなさい。

(1) 1858年に日本がアメリカと結んだ条約によって，いくつかの港が開かれました。このとき開かれた港として正しいものをア～エから１つ選び，記号で答えなさい。

ア．仙台港　　イ．新潟港　　ウ．名古屋港　　エ．博多港

(2) この条約は，２つの点で，日本にとって不平等なものでした。アメリカに領事裁判権（治外法権）を認めたという点と，あと１つは何か，説明しなさい。

4 しょうへいさんは，季節ごとに変わる生き物のようすに関心があるため，日ごろから観察したり，資料で調べたりしています。次の問いに答えなさい。

(1) モンシロチョウの成虫が飛び回るすがたが見られ始めたころに花をさかせている植物を，次のア～エから１つ選び，記号で答えなさい。

ア．アジサイ　イ．ヘチマ　ウ．アサガオ　エ．ホトケノザ

(2) 図１のア～クは，観察したモンシロチョウ，アブラゼミ，こん虫Xのいずれかのようすを記録したカードです。ただし，それぞれのカードには，３つのこん虫のうち１つのこん虫にしかあてはまらないことが書いてあります。

① モンシロチョウについて説明したカードをア～クからすべて選び，記号で答えなさい。

② こん虫Xとして正しいものを次のア～エから１つ選び，記号で答えなさい。

ア．カブトムシ　イ．オオカマキリ　ウ．アキアカネ　エ．ナナホシテントウ

図１

ア．さなぎになっているすがたが見られた。	イ．池の水の中によう虫がいるのを見つけた。	ウ．土の中によう虫がいるのを見つけた。	エ．キャベツの葉によう虫がいるのを見つけた。	オ．よう虫が虫をつかまえて食べていた。	カ．木のしるをすっている成虫を見つけた。	キ．花のみつを集めている成虫を見つけた。	ク．虫をつかまえて食べている成虫を見つけた。

(3) こん虫の体のつくりには共通点があることを知り，トンボのなかまの体のつくりを調べました。

トンボのなかまの体に「あし」と「はね」はどのようについていますか。解答用紙に示した体の図に，ついている位置（体の３つの部分のどこについているか）や数がわかるようにかき入れなさい。ただし，それぞれのあしは１本の線でかき，はねは横に広げた状態でかくものとします。

(4) 冬の生き物のようすについて調べ，わかったことや考えたことを書きました。冬の生き物のようすを正しく説明した文として，最も適当なものを次のア～エから１つ選び，記号で答えなさい。

ア．タンポポは，背の低いすがたでかれずに生きていた。

イ．サクラは枝に何もついていなくて，生きているのかどうかわからなかった。

ウ．ナナホシテントウは，よう虫が土の中で生きていた。

エ．トノサマガエルは，卵を残してすべて死んでしまっているようだった。

Cの各点は図１と同じ点を表しています。図２の(a)と(b)について，支点と作用点をそれぞれ１つずつ選び，Ａ～Ｃの記号で答えなさい。

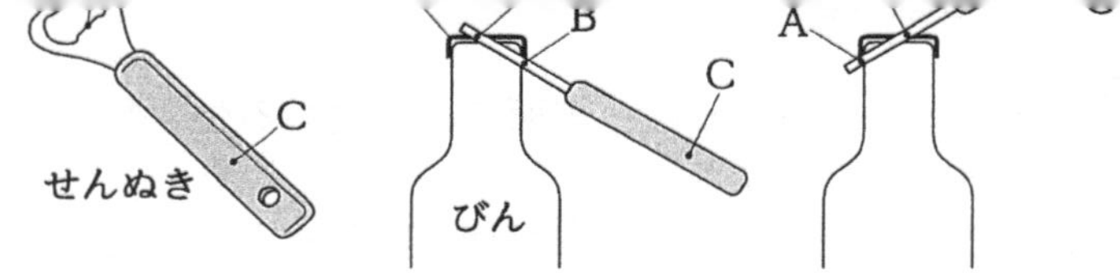

(2)　図２の(a)と(b)では，Ｃの点に力を加えたとき，どちらがより小さい力でせんを開けることができますか。(a)か(b)の記号で答えなさい。

(3)　図３のように，てこ実験器の左のうでの支点からのきょり２の位置に10ｇのおもりが２個つるされています。右のうでに10ｇのおもりを１個以上つるしてつり合わせる方法は５通りあります。解答用紙の５つの図にそれぞれおもりをかき加えて，５通りのおもりのつるし方をすべて示しなさい。

図３

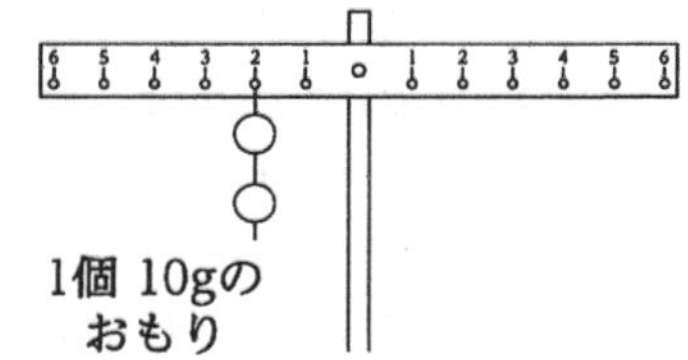

(4)　ものが水にとけたときの重さを調べるため，上皿てんびんを使った次の手順の実験を計画しました。ただし，ここに示した方法は正しいとは限りません。

1．図４の(a)のようにして，薬包紙にのせた食塩の重さをはかると１ｇだった。
2．(b)のようにして，容器に水を入れて全体の重さをはかると100ｇだった。
3．(a)の食塩を(b)の容器にすべて入れて混ぜ，食塩が見えなくなったあと，(c)のようにして容器ごと重さをはかった。

図４

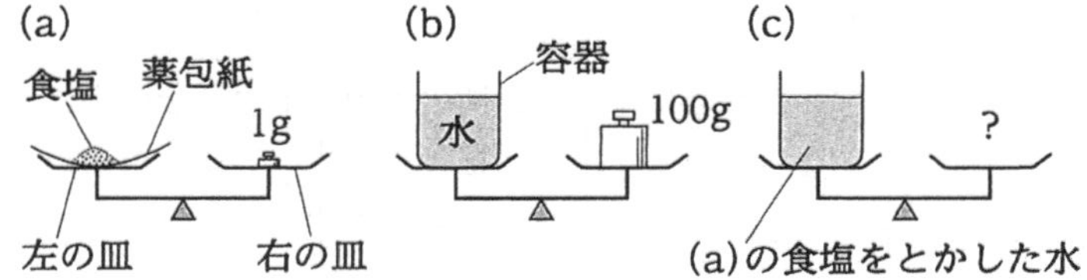

上記の手順３で，容器ごとはかった重さは何ｇを示しますか。次のア～ウから１つ選び，記号で答えなさい。また，そのように答えた理由を簡単に説明しなさい。

ア．101ｇより少し軽い
イ．ちょうど101ｇ
ウ．101ｇより少し重い

時速　　　　km

8　I小学校の6年1組には，5年生のときに，学校の図書室で本を1冊以上借りた人が12人いました。この12人が借りた本の冊数を調べ，2つの表にまとめました。

㋐～㋓にあてはまる整数では，㋐<㋑<㋒<㋓の関係が成り立ち，㋑を一の位で四捨五入すると20になります。

また，借りた本の冊数の平均値，中央値はどちらも30.5冊で，本を60冊以上借りた人はいなかったものとするとき，次の問いに答えなさい。

【表1】12人が借りた本(冊)

29	55	37	8
51	11	44	21
㋐	㋑	㋒	㋓

【表2】本の冊数の度数分布表

借りた本(冊)	人数(人)
1以上～15未満	3
15以上～30未満	3
30以上～45未満	3
45以上～60未満	3
合計	12

(1)　㋒にあてはまる整数を答えなさい。

(2)　㋓が㋐の6倍であるとき，㋑にあてはまる整数のうち，一番大きいものを答えなさい。

10　図1のような，1辺の長さが10cmの立方体ABCD-EFGHから，1辺の長さが4cmの正方形を底面とする直方体をくりぬきます。直方体は立方体の向かい合う面に垂直にくりぬくことにします。このとき，次の問いに答えなさい。

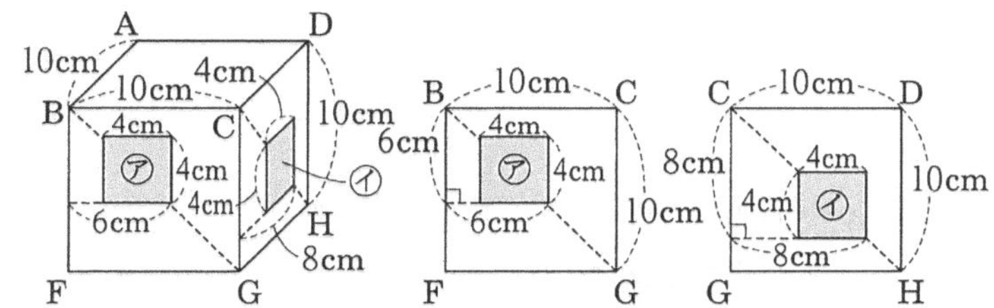

図1　図2　図3

(1)　立方体に図2の方向から正方形㋐を底面とする直方体を反対側までくりぬいたとき，残った立体の表面全体の面積は何cm^2ですか。

cm^2

(2)　(1)の状態からさらに，図3の方向から正方形㋑を底面とする直方体を反対側までくりぬいたとき，残った立体の表面全体の面積は何cm^2ですか。

cm^2

時速　　　　km

(2) 船㋐がA地点からB地点へ，船㋑がB地点からA地点へ向けて同時に出発したとき，２つの船が出会う地点はA地点から何kmのところですか。ただし，船㋑の静水時の速さは時速６kmであるとします。

km

3　４枚のカード 0 ， 1 ， 2 ， 5 があり，これらの一部か全部に小数点を加えて小数をつくります。例えば，2.1 や 5.012 のような数を考え，1.50 のように一番右のけたが０になる数は考えないものとして，次の問いに答えなさい。

(1) １より小さい小数を，これ以上約分できない分数になおしたとき，分子が１となるものは何個ありますか。

個

(2) ６より小さい小数を，これ以上約分できない真分数か帯分数になおしたとき，分子が１となるものは何個ありますか。

個

問いに答えなさい。

(1) 品物を定価の２割引きにして全部売ったとき，全体で何％の利益を得ることができますか。

％

(2) はじめ品物を定価の２割５分引きにして売っていましたが，途中(とちゅう)から，さらに２割５分引きにして残りを全部売り，全体で12％の利益を得ることができました。定価の２割５分引きにして売った品物は何個でしたか。

個

6　じろうさんには，３歳年上の兄と３歳年下の弟がいます。このとき，次の問いに答えなさい。

(1) ４年後には，じろうさんの兄と弟の年齢(れい)の比が７：５になります。現在，じろうさんは何歳ですか。

歳

(2) (1)よりさらに２年後には，３人の両親の年齢の和が，兄弟３人の年齢の和の1.8倍になります。また，父は母より４歳年上です。現在，母は何歳ですか。

歳

プロフェッショナル…専門家。　※　自発的…自ら進んでするさま。
体系化…わかりやすく全体をまとめること。　※　英知…すぐれた知恵。
才学…才能と学識。　※　くつがえす…今までのことを否定して、根本から変える。

~a「誤」b「カンマツ」c「キョウジュ」のカタカナは漢字に、漢字はひらがなに直しなさい。

—①「『万里の長城は月から見えるの?』という本」の内容について説明した次の文の（Ａ）・（Ｂ）に当てはまる言葉を本文中からぬき出しなさい。

著者の（Ａ　十三字）を生かして真相を追求し、「万里の長城は月から（Ｂ　四字）」という結論を示している。

—②「丹念」と同じような意味の言葉を次のア〜エから一つ選び、記号で答えなさい。

ア、批判　イ、丁寧　ウ、慎重　エ、協力

文中の（③）・（⑧）に当てはまる言葉を次のア〜オからそれぞれ一つずつ選び、記号で答えなさい。

ア、このように　イ、なぜなら　ウ、しかも　エ、あるいは　オ、いわば

—④「その膨大な作業」とは、どのような作業ですか。本文中の言葉を使って説明しなさい。

—⑤「知の巨人の肩に乗り、はるか遠くまで見わたせるようになるのです」とありますが、この表現はどのようなことをたとえていますか。「達人たち」「テーマ」という言葉を必ず使って、三十〜四十字で答えなさい。

—⑥「どんな材料を集め、どのように料理し、論理を展開するか」とありますが、ここでのＡ「材料」、Ｂ「料理」とは、何をたとえたものですか。ふさわしいものを次のア〜オからそれぞれ一つずつ選び、記号で答えなさい。

ア、議論　イ、情報　ウ、選択　エ、検証　オ、著者

文中の（⑦）に当てはまる言葉を次のア〜エから選び、記号で答えなさい。

ア、客観的に読み取る　イ、主観的に評価する
ウ、具体的に説明する　エ、批判的にとらえる

この文章の内容として当てはまらないものを次のア〜エから一つ選び、記号で答えなさい。

ア、本を読めば、自力で調べるよりも効率よく精度の高い知識を習得することができる。
イ、本の読み方を工夫することにより、観察力や思考力、伝達力をみがくことができる。
ウ、疑問を解明する際は、本に書かれた内容やネットの情報をうのみにしてはいけない。
エ、世間に広く通用し、多くの人々が信じている話でも、必ずしも正しいとは限らない。

あなたが、過去の自分に対してメッセージを伝えられるとしたら、どのようなメッセージを伝えますか。次の条件1〜4にしたがって、百五十字〜二百字であなたの考えを書きなさい。

1　三段落構成とし、一段落目に二行以内で、伝えるメッセージを書くこと。
2　二段落目には、過去のどのような状況の自分に伝えるメッセージかを書くこと。
3　三段落目には、なぜそのメッセージを送ろうと思ったのか、理由を書くこと。
4　正しい原稿用紙の使い方にもとづいて書くこと。

アズは、（ A 六字 ）ことについて、（ B 六字 ）した。

⑥「こんなんじゃダメ……、だよね？」とありますが、アズは自分のどのような状態を「ダメ」だと思っているのですか。本文中の言葉を使って、二十～三十字で答えなさい。

⑦「アズとおると、おれは言葉がすらすら出てくる」とありますが、ここから読み取れる唯人の感情として、最もふさわしいものを次のア～エから一つ選び、記号で答えなさい。

ア、同情心　イ、親近感　ウ、使命感　エ、好奇心

⑧「親友ってライオンのことやったんか」とありますが、アズにとってライオンはどのような存在ですか。「自分」「安心感」という言葉を必ず使って、二十～三十字で答えなさい。

⑨「アズはそんなふうに思ったんやな」とありますが、唯人がアズの気持ちを理解できたのはなぜですか。次の文の（　）に当てはまる言葉を――⑨より前の本文中からぬき出しなさい。

いつもとはちがう、（ 八字 ）の話を聞くことができたから。

⑩「唯人を見る目になみだが盛り上がっていく」とありますが、アズがこのような表情になったのはなぜですか。最もふさわしいものを次のア～エから一つ選び、記号で答えなさい。

ア、唯人もかつては自分と同じ立場だったことを知って、かわいそうに思ったから。
イ、ライオンが親友だという自分の言葉を唯人が信じてくれたことに感激したから。
ウ、自分をかばったために唯人まで周囲と対立してしまい、申し訳なく感じたから。
エ、孤独を感じているのは唯人も同じなのだとわかって、心をゆり動かされたから。

⑪「あとからあとから落ちてくる白い雪。それは、唯人もアズもライオンも、やさしくあわく包みこんで降り続いた。」とありますが、この情景描写の効果について説明した次の文の（　）に当てはまる言葉を本文中からぬき出しなさい。

降り続く雪が唯人とアズとライオンをやさしく包みこむ情景を描くことによって、アズが心のバリアをなくして、唯人と（ 六字 ）ことを表現している。

次の文章を読んで、後の問いに答えなさい。

「人類が作った建造物で唯一、万里の長城だけは月（あるいは宇宙）から見える」という話を聞いたことはありますか？　ユネスコの世界遺産（文化遺産）でもある万里の長城は、全長2万1000キロメートルにもわたる建造物、と中国・国家文物局は発表しています。これは、地球のほぼ半周分の長さです。とてつもない大きさなので、見えると言われれば信じてしまいそうですが、はたして本当でしょうか？　私もだんだん疑わしく感じられてきたので、本腰を入れて調べてみようと思ったのですが、調査開始早々、図書館の蔵書検索システムに「万里の長城」と「月」という2つのキーワードを入れただけで、①『万里の長城は月から見えるの？』という本を見つけてしまいました。

この本の中で、著者は「見えない」という結論を冒頭で示します。そして、※膨大な資料から、いかにしてこの※通説が生まれて、やがて伝え広まり、中国の教科書にのるまでに浸透し、その後ａ誤りだと判明していったのかを論理立てて整理し、時代背景や国際社会の情

めのね、あたしね、ママと二人でこの町に来たんだ。ママったらね、突然、パパと離婚し
いのに理由が見つからないって言い出すんだよ。それで※単身赴任することになって、あ
しはそのおまけ。パパと金沢に残りたかったのに、ダメだって。ママには逆らえなくって
り回されてばっかりなの」

ノズはくやしそうに、スニーカーのつま先でライオンのサクをつんとけった。
しんどい話やな。アズはだれに向かっておこったらええのかわからへんのや。そやから、
っちでこつん、こっちでこつん。ぶつかってばっかりなんや。（中略）

ノズは唯人のほうに向き直った。
おかしいの。あたし、唯人くんにアホって言われてもちっともいやじゃないよ」
あっ、すまん」b悪気はないのに、つい言うてまうわ。
いいよ、おこってないよ。あのね。ちゃんとお礼言ってなかった。この間、バスの中でか
ってくれてありがとう」
うん」
すっごくうれしかった」
ほんまか。なら、おれもよかったわ」
なのにあたし、学校に行けなくなっちゃって、なんかはずかしい」

風がふいて、足元にうっすらとたまっていた雪がさらさらと飛ばされていく。粉雪は積も
ない。どこにもとどまることなく、かわいた風に運ばれて動物園の空を通り過ぎていった。
大阪の町って、ごちゃごちゃして落ち着かない。あたしは八つ当たりばかりしてるから、
達もいないし。だけど、イラついてどうしようもなくて、町も学校も、ちっとも好きにな
なくて。なんか、あたしだけひとりぼっちで外国にいるみたい」

ノズってこんなふうに話すんやな。学校とは大ちがいや。「あすなろ園」のときも思った
ど、こっちのアズのほうがええな。※バリアを張ってない素のまんまのアズ。
もうすぐ三学期やし、なんとかならんのかな。
なあ、まちがっとったらごめんやけど、ほんまはみんなと仲ようしたいんとちゃうか？」
えっ、うん。仲よくとまでは思ってないけど……」

ノズは少しの間、ライオンに目を向けた。
「こんなんじゃダメ……、だよね？」
そうやな。どないしたらええんやろ」
わかんないよ」
おれもわからんけど」
考えてくれる？」
もう」

ノズとおると、おれは言葉がすらすら出てくる。不思議や。
どうしてこんなこと話したくなるんだろ。笑わないで聞いてくれる？」
ええよ。言うてみ」
大阪に来たばかりのころ、あたしは町をさまよってふらりとここに着いたの。じっと見
たらライオンが起き上がってね、目が合ったんだよ。それだけじゃなくて、声も聞こえた
帰る場所がないのはおまえだけじゃないぞって。本当だよ。本当に声が聞こえてきたの」
うん」

令和五年度　入学者選考検査　大阪教育大学附属池田中学校

第一次選考　検査Ⅰ（国語）（50分）

（注）句読点（、や。）やかぎかっこ（「　」）などの記号はすべて一字として数えます。
また、「僕（ぼく）」のように読みがなをふってある漢字は、答える時にひらがなに書きかえてもかまいません。なお、文章中の一部の漢字をひらがなにしています。

一　次の文章を読んで、後の問いに答えなさい。

（小学六年生の唯奈（ゆいな）は、中学受験に向けて、学校で塾（じゅく）の宿題をしていると、苦手なクラスメイトの遠藤にばかにされ、けんかになった。）

①校門を出たところで、唯奈は天を仰（あお）いだ。はあ、疲（つか）れた。曇（くも）っているような、晴れているような、はっきりとしない空の頭上には、厚い雲がたれこめていた。でも、向こうのほうに、うね雲が浮かんでいて、晴れ間からみかん色の太陽の光が差し込んで、地上を照らしている。風は乾燥（かんそう）していて冷たい。雪が降（ふ）りそうな匂（にお）いがして、もう冬なんだ、と思っていたら、洟（はな）を啜（すす）る音が聞こえた。隣（となり）を見ると、②お父さんが顔をくちゃくちゃにして泣いていた。

「どうしたの？」

「違（ちが）うんだよ、ほんと、違うんだ」

お父さんは立ち止まり、手のひらで目を拭（ぬぐ）った。いったい何が違うのかがわからなくて、唯奈は焦（あせ）る。

「ごめん、唯奈のせい……」

「だから、そうじゃないんだって、違うんだって」

もう③話し合いが終わって許されたような気分になっていたので、余計に困惑（こんわく）した。今度は何をしてしまったのだろう。何を理解できていないんだろう。いったい、どうしたらいいんだろう。途方（とほう）に暮れていると、

「唯奈！」

と、声がした。前を向くと、お母さんが片手を振（ふ）りながらこちらにやって来るのが見えた。すがりつきたい気持ちで、唯奈も振り返す。

「ちょっと、圭吾（けいご）？　泣いてんの？」

近くに来てこの状況（じょうきょう）に気づいたお母さんは、驚（おどろ）いたように訊（き）いた。

「由利ちゃん……ごめん」

「どうしたのよ、相手の親に何か言われたの？」

お母さんは、唯奈とお父さんを交互（こうご）に見た。

「いや……ってことじゃ……」

「じゃあ、担任にきつく注意された？」

「金子先生、ベテランのしっかりした先生だった……だから、そうじゃなくて」

目を拭いながら、お父さんは一つ長く息を吐（は）いた。落ち着こうとしているのだろう。そんなお父さんを、お母さんは困ったような目で眺（なが）めていた。

お母さんが、こんな時間に帰ってくるなんて珍（めずら）しい。そうか……、そういうことか。こんなa大事になってしまったことに、いまになって心から申し訳なくなった。遠藤に怪我（けが）させたことよりも、お父さんとお母さんを困らせてしまったことのほうが、唯奈にはつらかった。

「あたしのせい……」

「違うんだってば、唯奈……お父さん、昔のことを思い出して」

本当は……全部、覚えていた。
忘れたいほどのことだから、忘れたと思い込もうとしていた。
⑥この本心を、きちんと説明しなくちゃいけないのだろう。でも、うまく言葉にできる自信がないなと思いながら、唯奈はお父さんとお母さんの顔をただ見つめ返した。
その時、二人の顔に光が差し、あたりが明るくなる。なんだろう、と唯奈は斜め上に視線を移した。
空に縞々模様ができていた。
「あっ……うね雲」
【 あ 】
さっき遠くの空にあったうね雲が、いつのまにか空全体に広がっていた。
「へえ、あの波みたいな雲って、うね雲っていうんだね」
「たしかに、畑の※畝そっくりだな」
お父さんとお母さんも唯奈の視線を辿り、感心したように呟くので、唯奈はいろいろと教えたくなった。
「あのね、気象的にはね、層積雲っていう雲の一種なの。高度が低くて、地上の風の影響を受けやすくて、ころころと形を変えるから、すぐに消えちゃうこともあるの。こんなにはっきり見えるのは珍しいよ」
【 い 】
きれい。空に※うまい棒がたくさん並んでいるみたい。
見上げていた唯奈の胸から、⑦蝶のようなものが飛び出す。
それはぐんぐんと昇って、うね雲の隙間も通り抜け、うまい棒の上に乗っかった。
そこから見下ろしてみる。空を見上げている自分が見えるかな。その隣にいるお父さんとお母さんも見えるかな。三人とも、ごま粒ほどに小さいかな。
そんなことを想像していると、曇り空のように灰色だった自分の心の中も（ ⑧ ）形を変えて、うね雲みたいになり、その隙間から晴れ間が見えてくるように思えた。
【 う 】
いまはまだ、自分の中のもやもやした気持ちや、ざらざらした思いを、うまく言葉に当てはめることができない。だけど、少なくとも自分にたいしては、ごまかすのはやめよう。笑いたくない時に、笑うふりをするのはやめよう。自分が、自分の一番の味方になろう。
唯奈は心の中で誰かに誓うような気持ちで、移りゆく空を見ていた。
風が吹いている。うね雲は列を守るように行儀良く、少しずつ流れていく。太陽が覗いた。
⑨熟れたみかん色の光の帯が、静かに唯奈の顔を照らしはじめる。
【 え 】

（尾崎英子『きみの鐘が鳴る』より）

※　過呼吸…ストレスや不安、緊張などで息を激しく吸ったり吐いたりしている状態。
※　畝…作物を植えるために、一定の間隔をあけて畑の土を細長く盛り上げたもの。
※　うまい棒…棒状の駄菓子。

1　〜a「大事」b「ヨ」c「コウケイ」のカタカナは漢字に、漢字はひらがなに直しなさい。

2　—①「校門を出た」とありますが、なぜ唯奈とお父さんは学校にいたのですか。三十〜四十字以内で答えなさい。

3　—②「お父さんが顔をくちゃくちゃにして泣いていた」とありますが、なぜお父さんは泣いていたのですか。その理由が語られている部分を二十字でぬき出し、最初と最後の三字を答えなさい。

その二

人里はなれた未開の地でのカエルの大量死に、リップスをはじめ両生類の研究者たちはとまどいました。そこでリップスのたどり着いた仮説は、「（　①　）によるカエルの大量死」でした。リップスは、死んだばかりのカエルの死体を集めて米国の野生動物病理学者に送って調べてもらったところ、②大量死の原因がツボカビと呼ばれる病原菌である可能性が③示唆されたのです。

両生類は皮膚を通して酸素、水分、ミネラルを吸収して生きています。ツボカビは水を媒体として新たな宿主となる両生類にたどり着き、皮膚に侵入し機能を破壊することにより（ツボカビ症といいます）、両生類を死にいたらせます。驚く（　④　）ことに、このツボカビ（　⑤　）が、中央アメリカから遠くはなれたオーストラリアやアフリカも含め、世界各地のカエルの大量死を招いてきたことがわかったのです。

こういった世界規模の野生動物の伝染病のことを、パンズーオティック（人間でいうパンデミック）と呼びます。「パンデミック」というと⑥新型コロナウイルスのことを思い浮かべると思いますが、ツボカビのおそろしいところは、1種類のカエルだけでなく、約8000種知られている両生類の半分ほどに感染※リスクがあり、死亡リスクも高いという点です。

新型コロナもネコやトラなど他の哺乳類に感染することがわかっていますが、いまのところ、それによって人間以外の動物たちが次々に死んだり、人間から動物へ、そして再び動物から人間へと逆感染して大きな問題になる事態は報告されていません。ですがツボカビは、こういったことが普通に起こるおそろしい病原菌だ、ということなのです。

ツボカビによる両生類の大量絶滅は、科学が知る限り最悪のパンズーオティックです。ツボカビ症により少なくとも501種類の両生類（おもにカエル）の減少が確認され、そのうち90種類は絶滅したと考えられています（2019年5月時点）。

ここで、2つの疑問がわきます。1つ目は、なぜ同じ病原菌が世界各地でカエルの大量死を招く結果となったのか？（　⑦　）2つ目が、病原菌によるカエルの大量死は、人間由来の6度目の大絶滅と関係しているのか？という疑問です。

パンズーオティックを引き起こしているツボカビは、じつはアジア由来だということがわかっています。日本でも2006～2010年にかけてカエルツボカビが話題になりましたが、日本でツボカビ症による⑧両生類の大量死が確認されたことはありません。それは、日本を含めアジアの両生類はツボカビと共存してきた歴史があり、進化を通して免疫を獲得してきたからだと考えられています。

一方でアジア以外の地域の両生類は、アジア由来のツボカビと共に過ごした歴史（このように生物が相互に影響を与え合って進化することを、共進化といいます）がないために、免疫を持たない種が多いのです。そういった地域にアジアからツボカビが持ちこまれることによって、世界各地で両生類の大量死が起きたというわけです。ではなぜ、アジア以外の地域に、アジア由来のツボカビが持ちこまれたと思いますか？

そう、ペット取引です。ペットとして輸出されたアジアの両生類がツボカビに感染していて、何らかの形でそれが野生の両生類に感染してしまった。（　⑨　）、ツボカビによる世界規模の両生類の絶滅も、私たち人間が引き起こした悲劇だったのです。ペットを野外に放すことは、そのペットが野生化して侵入生物となってしまうおそれと同時に、病原菌までも野外に放してしまう危険性があるのです。

これが、2つの疑問に対する答えです。研究は進み⑩大量死の原因解明には至りましたが、その悲劇を止める方法はいまだ見つかっていません。

（高橋瑞樹『大絶滅は、また起きるのか？』岩波ジュニア新書より）

※　リスク…危険性。

1　～a「イア」b「街」のカタカナは漢字に、漢字はひらがなに直しなさい。

その三

令和５年度
入学者選考検査

第１次選考　検査Ⅱ(算数)　その1　(50分)

※80点満点
(配点非公表)

受験番号

※裏は計算用紙として使用してよい。
※解答はすべて □ の中にかきなさい。
※この検査において、円周率は 3.14 とする。

1　□にあてはまる数を求めなさい。

(1)　$(65-48)\times(25-4\times2)\div\left(\frac{1}{2}-\frac{5}{14}\right)=\boxed{(1)}$

(2)　$\left\{1\frac{4}{5}\times3\frac{1}{2}-\left(1\frac{1}{6}+\boxed{(2)}\right)\times0.9\right\}\div0.78=5$

2　1 から 2023 までの整数について次の問いに答えなさい。

(1)　5 の倍数はいくつありますか。

4　たろうさんは、公園にあるいろいろな種類の花を集めました。それぞれの花１本に付いている花びらの枚数と、その花の本数を柱状グラフに表すと右のようになりました。次の問いに答えなさい。

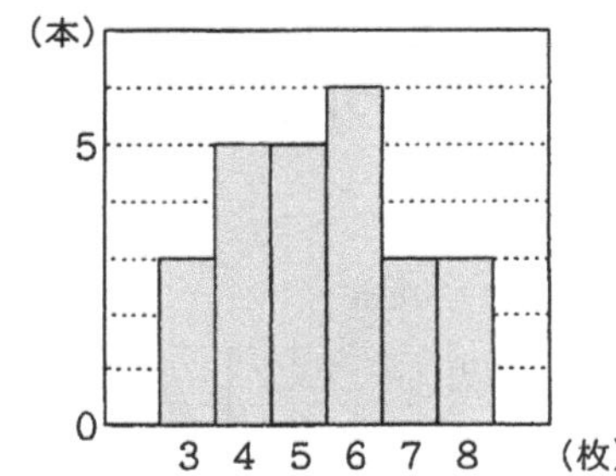

(1)　花びらの枚数が８枚の花の本数は、集めた花の本数の何%ですか。

%

(2)　集めた花の花びらの枚数は、平均すると花１本あたり何枚ですか。

枚

令和５年度
入学者選考検査

第１次選考　検査Ⅱ（算数）　その２

受験番号

7　縦と横の長さが 1cm のマス目があり、図１と図２のように色をつけました。色のついた部分の面積は何 cm² ですか。

（1）

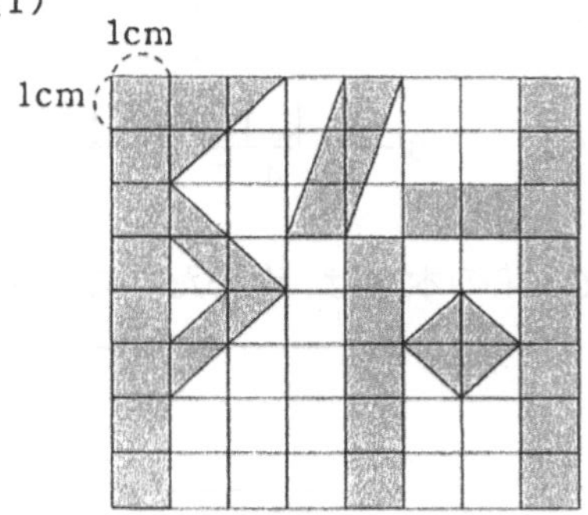

図１

cm²

（2）

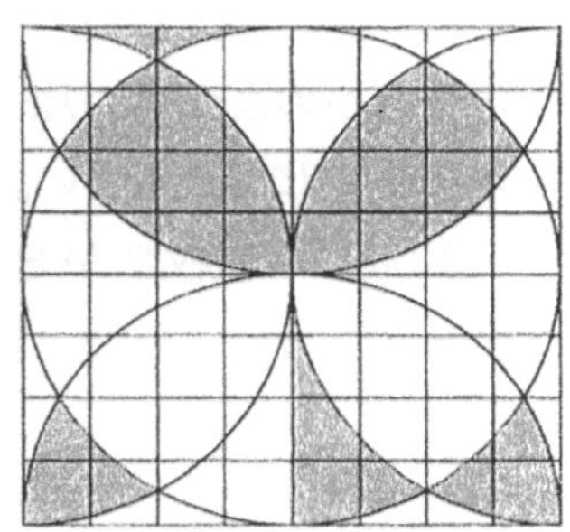

図２

cm²

9　大きな直方体から立方体を１か所、直方体を２か所くりぬいた形の容器があります。右の図のように、この容器を水平な台の上に３点 DEF が下になるように置いたとき、底から６cmの高さまで水が入っています。水はどこからもこぼれることなく、容器の厚さは考えないとして次の問いに答えなさい。

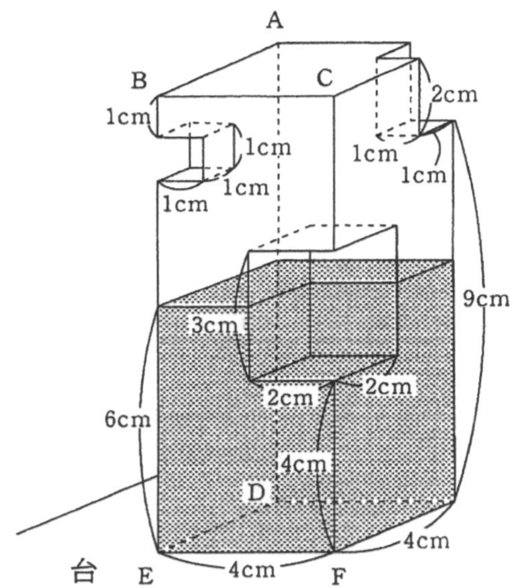

（1）容器に入っている水の体積は何 cm³ですか。

cm³

令和５年度

入学者選考検査

第２次選考　検査Ⅲ（理科）（40分）

解答はすべて解答用紙に記入してください.

1 たろうさんは、毎日使っている水に興味をもち、実験をしてその性質を調べてみることにしました。あとの問いに答えなさい。

【実験１】

試験管に示温インクをまぜた水を入れました。その試験管に（ Ａ ）を入れてから、図１のように実験用ガスコンロで液体の真ん中あたりを熱しました。示温インクは温度によって色が変化する液体で、加熱前の水では青色を示しますが、温度が高くなるとピンク色に変化します。

図１

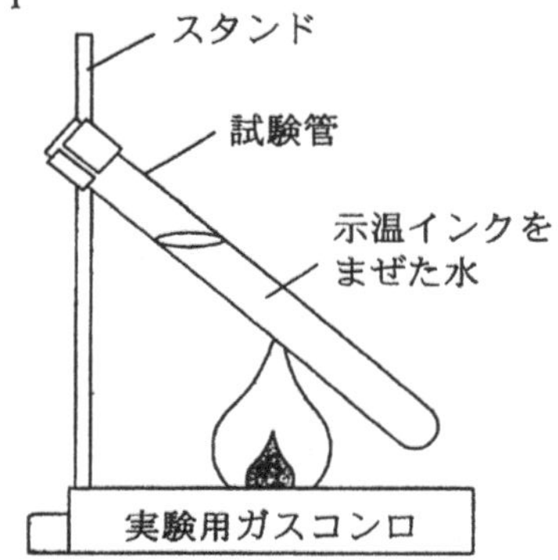

(1) 文中の（ Ａ ）は、急に湯がわき立つのを防ぐために入れます。（ Ａ ）にあてはまる語を答えなさい。

(2) 示温インクの色の変化を表す説明として、もっとも適当なものを次のア～オから１つ選び、記号で答えなさい。

ア．上の方からピンク色になり、すぐに下の方まで広がり全体がピンク色になる。

イ．液体の真ん中あたりからピンク色になり、すぐに上下に同じように色が広がり全体がピンク色になる。

ウ．下の方からピンク色になり、すぐに上の方まで広がり全体がピンク色になる。

エ．上の方からピンク色になり、すぐに液体の真ん中あたりまでピンク色になるが、そこより下はなかなか色が変化しない。

オ．試験管にふれている部分からピンク色になり、すぐに中心の方へと広がり全体がピンク色になる。

【実験２】

図２のように、水を入れたビーカーに実験１の（ Ａ ）を入れ、アルミニウムはくでふたをし、その中央に穴をあけて温度計をつり下げ、実験用ガスコンロで10分間熱し、１分ごとに水の温度とそのようすを調べました。熱し始めてから４分後に水から小さなあわが出はじめ、６分後にはさかんにあわが出るようになりました。

図２

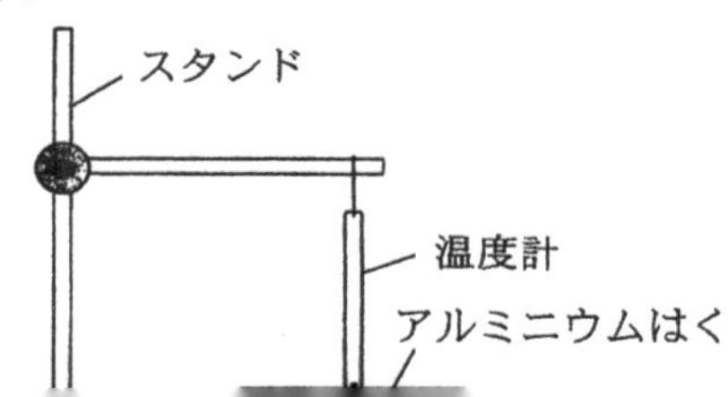

(3) 棒温度計の管の中には、色をつけた灯油などの液が入っています。灯油などの液のかわりに、色をつけた水を入れても同じしくみの棒温度計をつくることができます。棒温度計は、温度が上がると温度計内の液面の位置が高くなりますが、それはなぜですか。簡単に説明しなさい。

第２次選考　　検査Ⅲ（理科）

解答はすべて解答用紙に記入してください.

3　まいさんは、池田市のある地点で、かげのでき方と太陽の位置の関係について調べました。

図１は午前７時、午前10時、正午、午後２時、午後５時の太陽の位置を図に表したもので、図３は図２のように X の位置に棒を立て、午前10時と午後２時にできた棒のかげのようすを表したものです。これについて、あとの問いに答えなさい。

図１

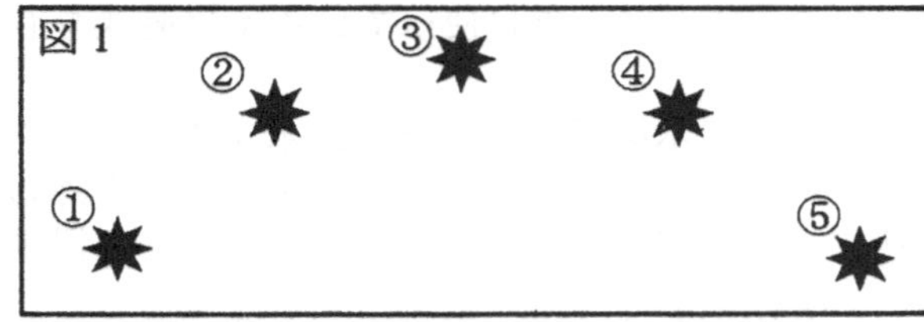

(1) 図３の A～D にあてはまる方位を、東・西・南・北で答えなさい。

(2) 図３のあ・いの記録をとったときの太陽の位置を、図１の①～⑤からそれぞれ１つずつ選び、記号で答えなさい（同じ記号は選べません）。

(3) 図３のいの記録をとる人の立つ位置としてもっとも適当なものを、図４のア～エから１つ選び、記号で答えなさい。

(4) 図３の記録をとった日、太陽は真東よりも少し南寄りの地平線から出てきました。このときにできる X の位置に立てた棒のかげのようすを、解答用紙の図に書き入れなさい。

図２

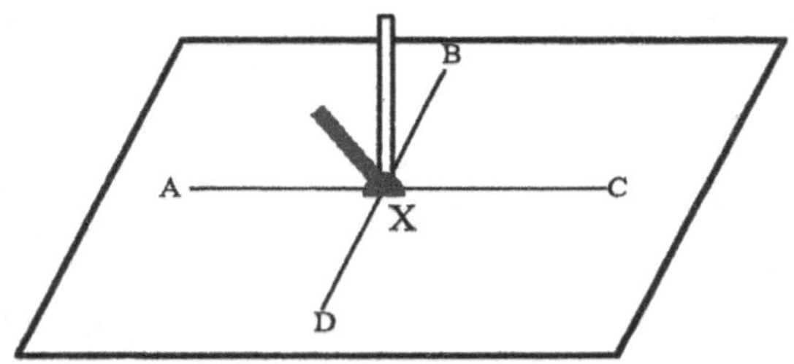

図３

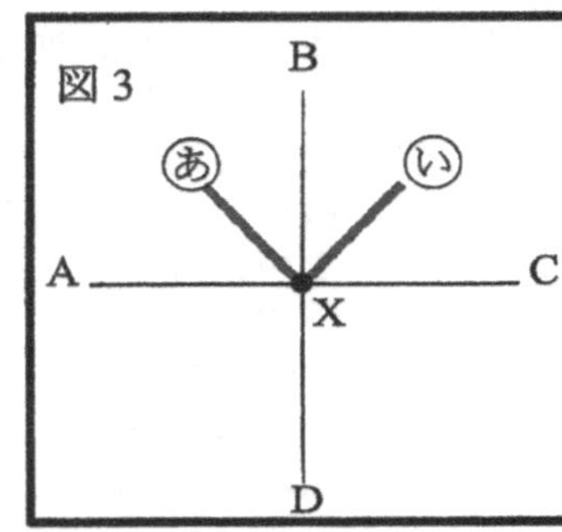

図４

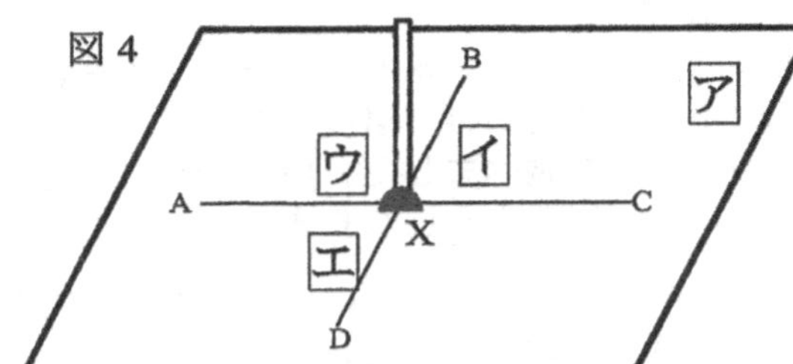

令和５年度

入学者選考検査　　第２次選考　　検査Ⅲ（社会）　（40分）

（注意）解答はすべて解答用紙に記入しなさい。

１ 次の文章を読んで、以下の問いに答えなさい。

Ａさんは、神奈川県川崎市に住んでいる中学１年生です。Ａさんは、社会科の授業で、沖縄について調べることにしました。2022年は沖縄復帰から50年の節目の年でもあります。また、３月の春休みに、親せきが住んでいる沖縄を訪れたことも調べるきっかけになりました。次のカードは、Ａさんが沖縄について調べる過程におけるメモです。

カード１　沖縄料理 沖縄の郷土料理に「クーブイリチー」がある。昆布(こんぶ)やぶた肉、こんにゃく、あげ豆腐(ふ)などをいためた後、砂糖やしょう油でにこむ料理。お店の人の話を聞いていると、どうやら昆布は沖縄でとれるものではないらしい。	カード２　沖縄復帰と憲法 1945年から沖縄は、アメリカのせん領下に置かれ、アメリカによる統治が続いた。1972年になり、沖縄は日本に復帰することになった。沖縄は、本土より25年おくれて、日本国憲法が採用されることになった。
カード３　沖縄戦 アメリカ軍は沖縄本島にしんこうし、沖縄戦が始まった。このとき多くの市民がぎせい者となった。今でも沖縄には、たくさんの戦せきが残っているのだなあ。	カード４　沖縄戦体験談 日本で地上戦が行われた沖縄戦ってどんな戦争だったのだろう。祖父の友だちに沖縄戦体験者がいるみたいだから、話を聞いてみよう。
カード５　沖縄の海 やっぱり沖縄の海はきれいだなあ。たくさんの魚が泳いでいて、ダイビングは楽しかったなあ。ガイドさんが言っていたけれど、最近サンゴ礁(しょう)が白くなる現象が問題になっているみたい。	カード６　沖縄の住宅 沖縄の伝統的な住宅の入り口には、シーサーをよく見かける。また、家の周りは石がきで囲われており、赤がわらで屋根はおおわれている。都市に見られる家の屋根には、タンクがのっているのをよく見るなあ。あのタンクで、雨水を貯水しているようだ。

［問１］神奈川県と沖縄県の県庁所在地をそれぞれ答えなさい。

［問２］カード１について、右の資料１を参考にして、以下の問いに答えなさい。

（１）沖縄の料理には、琉球王国時代の影響(えいきょう)を受けているものがあります。江戸時代、琉球王国は、ある藩(はん)と交易を盛んにおこなっていました。ある藩の

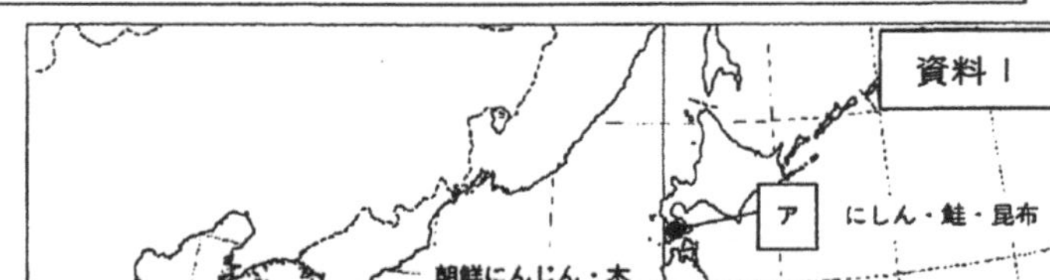

［問６］カード５について、サンゴ礁が白くなっている原因として考えられることを、ア～エから１つ選び、記号で答えなさい。

ア．マイクロプラスチックによって、サンゴが呼吸できなくなっている。　イ．地球温暖化によって海水温が上昇している。

ウ．観光客がサンゴ礁を採っている。　エ．大量のサメが発生し、サンゴ礁を食べている。

［問７］カード６について、以下の問いに答えなさい。

（１）次の文章は、シーサーの伝来について説明したものです。シーサーが伝来するルートの中で、通っていない国はどこか、あとのア～エから１つ選び、記号で答えなさい。

> シーサーは、沖縄を代表する守神で、獅子を沖縄の言葉で発音したものです。歴史的には、海の道やシルクロードなどを通って伝わってきていると考えられています。シンガポールのマーライオン、インドのアショーカの獅子柱頭、エジプトのスフィンクスなど、獅子（またはライオン）をモデルとしたものが世界中に存在し、それらに影響されているとされています。

ア．モンゴル　イ．中国　ウ．サウジアラビア　エ．ブラジル

（２）神奈川県の年間降水量約1,689ミリメートルに比べて、沖縄県の年間降水量は、約2,037ミリメートルと多くなっています。しかし、貯水タンクを設置しないと、水不足になることがあります。年間降水量が多いにもかかわらず、水不足になる原因について、右の資料２～４から読み取り、説明しなさい。

	河川名	河川の長さ（m）	流域面積（㎢）
神奈川県	多摩川	28,360	68.22
	鶴見川	31,970	184.4
	相模川	55,600	672.97
沖縄県	比謝川	15,932	49.66
	源河川	13,500	19.96
	大保川	13,250	23.64

資料２「河川の長さと流域面積」

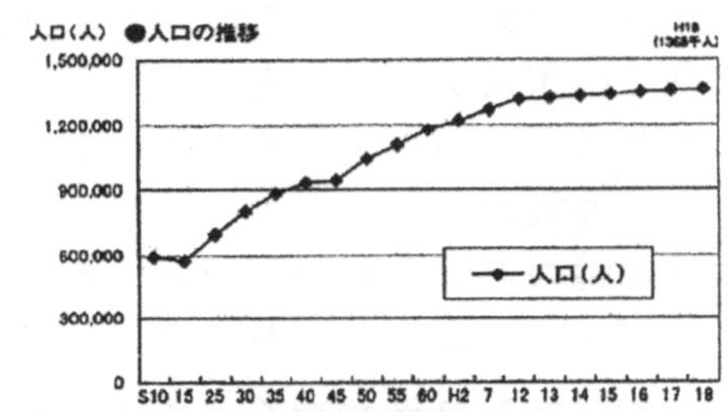

資料３「沖縄県の人口の推移」

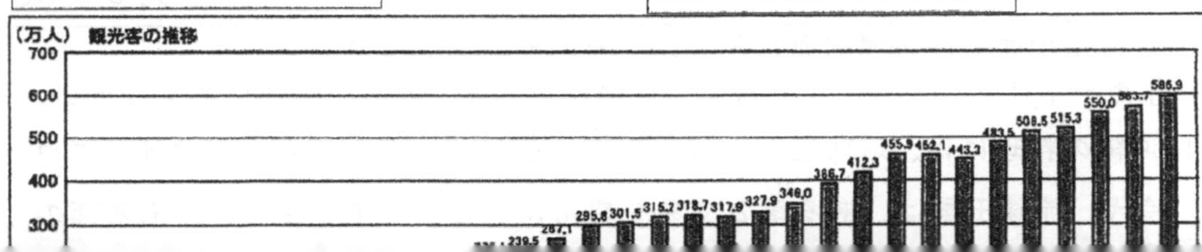

［問８］Ａさんが沖縄から飛行機で、成田空港に戻った時、貨物専用の航空機から、「太陽の花」と書かれた荷物が降ろされている光景を見ました。調べると、「太陽の花」とは菊の花のこ

［問１］下線部①について、右の資料５は東京とカタールの首都ドーハの平均気温（2020年）を比べたものです。このグラフを見て、なぜ開催時期が11月となったか説明しなさい。

［問２］下線部②について、カタールの首都ドーハは北緯25度付近にあります。北緯25度にない国を、次のア～エから１つ選び、記号で答えなさい。

ア．エジプト　イ．インド　ウ．スペイン　エ．メキシコ

［問３］下線部③について、カタールの人口密度は234人/km²であった。秋田県の面積はおよそどれくらいですか。次のア～エから１つ選び、記号で答えなさい。

ア．11,640 km²　イ．1,164 km²　ウ．11,100 km²　エ．1,110 km²

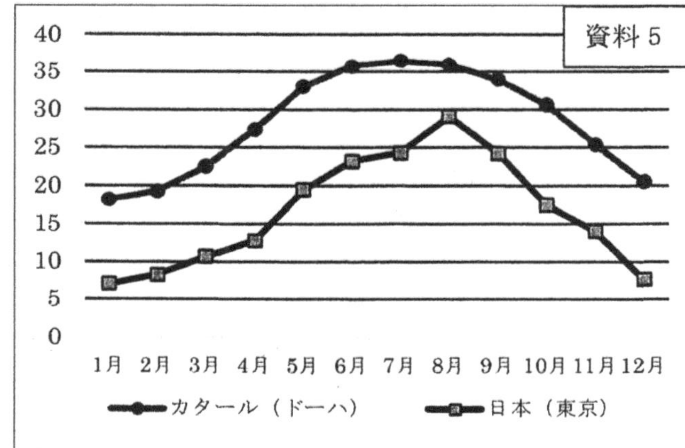

気象庁HPより作成

［問４］下線部④について、1973年にはサウジアラビアなどの産油国が原油価格を大はばに引き上げたことで世界経済が混乱しました。この出来事を何というか答えなさい。

［問５］（　Ｘ　）にあてはまる数字を、以下の文章を参考にして答えなさい。ただしドイツは東経15度、日本は東経135度として考えるものとします。

Ｂさんは参考として同じアジア地域の代表であるサウジアラビア（東経45度）と日本（東経135度）の時差を調べると６時間あることがわかった。

［問６］下線部⑤について、国際平和の実現にユニセフは大きな支えんを行っています。日本も第二次世界大戦後にユニセフの支えんを受けました。このとき子どもに対して行われた支えんにはどのようなものがあったか具体的に説明しなさい。

［問７］下線部⑥について、次の文章に示される国がブラジルの公用語にあたる国です。どこの国をさしているか答えなさい。

1543年に種子島にこの国の人を乗せた船が漂着し、鉄砲の技術が伝わりました。その６年後にこの国の国王の命で、フランシスコ＝ザビエルがキリスト教を布教しました。やがて南蛮貿易で日本とこの国は関わりを深めることになりました。

第２次選考の検査Ⅳで「家庭」を受験するみなさんへ（令和５年度）

（注）このプリントの内容に関しては質問を受けつけませんので、よく読んで内容を理解してください。

◆検査内容

小学校で学習した「日常の食事と調理の基礎（きそ）」「快適な衣服と住まい」「身近な消費生活と環境（かんきょう）」に関する知識と技能を身につけ、工夫ができているかを検査します。

1. あたえられた課題について、質問に答えてもらいます。
2. あたえられた課題について、実技をしてもらいます。

◆採点は次の点に注目しておこないます。

・「日常の食事と調理の基礎（きそ）」「快適な衣服と住まい」「身近な消費生活と環境（かんきょう）」について、適した知識と技能を身につけ、工夫ができているか。
・用具を安全面、衛生面に気をつけ、適切に使うことができているか。
・準備物の忘れ物がないか。

◆準備物

・筆記用具
・エプロン
・三角きん（バンダナでもよい）
・手をふくタオル

※その他必要なものは学校（本校）で用意します。

第２次選考の検査Ⅳで「音楽」を受験するみなさんへ（令和５年度）

（注）このプリントの内容に関しては質問を受けつけませんので、よく読んで内容を理解してください。

◆検査内容

1. ある歌の楽ふを見てもらい、歌詞を声に出して読んでもらいます。
2. 歌詞について思いうかべたことと、表現をどのようにくふうして歌いたいかについて答えてもらいます。
3. 表現をくふうしながら歌ってもらいます。
4. 歌った後、曲に合うようにさらに表現をくふうしたいところがあれば答えてもらいます。

※検査室は十分に換気(かんき)をし、人との距離(きょり)をとっておこないます。
※検査の内容を録音します。ただし、この音源はこの選考のみに使用します。

◆採点は次の点に注目しておこないます。

・歌詞の内容を理解しているか。
・歌詞について思いうかんだイメージや歌い方のくふうについて、自分の考えが伝わるように答えているか。
・せん律の音の高さやリズムを正確に歌っているか。
・呼吸や発音の仕方に注意して、自然でひびきのある発声で歌っているか。
・曲や歌詞を表現するために、歌い方をくふうしているか。

◆準備物

特にありません。

令和五年度

入学者選考検査　第一次選考　検査Ⅰ（国語）解答用紙

受験番号

答えを書くときに注意すること
●句読点（、や。）やかぎかっこ（「」）などの記号はすべて一字として数えます。字数が決まっている問題に答えるときには注意してください。

※80点満点
（配点非公表）

一

1 a　b　c

2

3 〜

4

5

6

7

8

9

10

11

二

1 a　b

2

3 A　B　C

4

令和５年度
入学者選考検査

第２次選考　検査Ⅲ（理科）　解答用紙

受験番号

※50点満点
（配点非公表）

1

(1)	
(2)	
(3)	
(4)	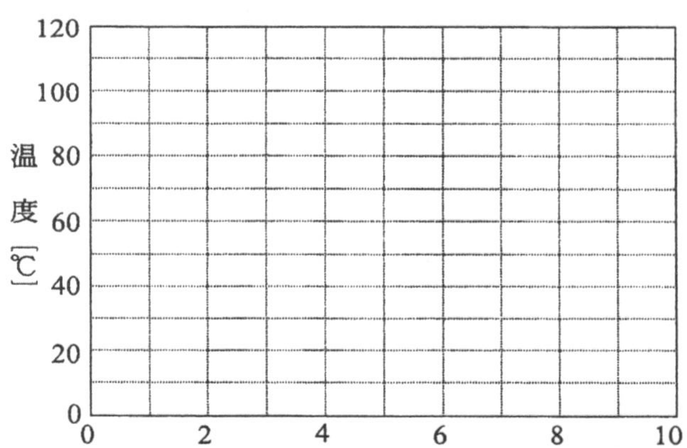

3

(1)	A　B　C　D	
(2)	㋐	㋑
(3)		
(4)	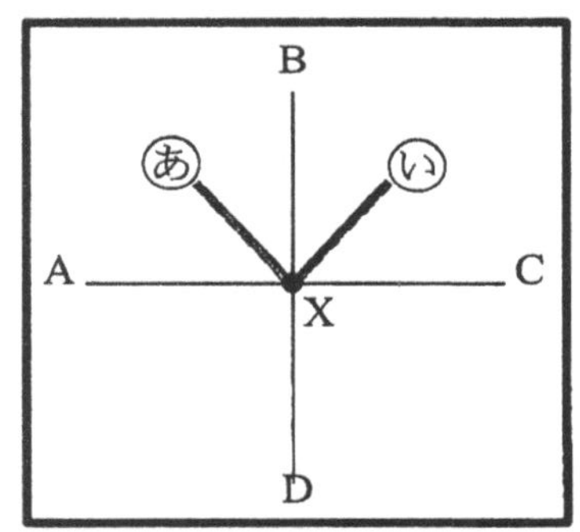	

4

令和5年度

入学者選考検査

第2次選考　検査Ⅲ（社会）

受験番号

※50点満点
（配点非公表）

1

［問1］

神奈川県		市
沖縄県		市

［問2］

(1)	
(2)	

［問3］

(1)	

2

［問1］

［問2］

［問3］

［問4］

［問5］　時間

［問4］

(1)	→ → →
(2)	

［問5］

(1)	
(2)	

［問6］

［問7］

(1)	
(2)	

［問8］

［問7］

［問8］

［問9］

［問10］

ア	
イ	
ウ	

(5)	白いもの	記号
(6)		

2

(1)	①	
	②	
(2)	①	
	②	
(3)		

(1)	記号	
	色から	色に変化する
(2)	①	
	②試験管Yに入れるもの	
	②実験の内容	
	③	
	④吸収する	たくわえる

6

7

⑦

⑨

8

9

10

三

150

200

第２次選考の検査Ⅳで「図画工作」を受験するみなさんへ（令和５年度）

(注) このプリントの内容に関しては質問を受けつけませんので、よく読んで内容を理解してください。

◆検査内容

1. あるものをみて、絵をかいてもらいます。

・用具はＢまたは２Ｂまたは４Ｂのえんぴつ（シャープペンシルは不可）、消しゴムです。

・みるものは検査時に発表します。

2. 自分の作品についての説明を、配布した用紙に書いてもらいます。

時間は両方で２５分です。

◆採点は次の点に注目しておこないます。

・ものをよくみてかいているか。

・解答用紙の大きさに注意して、ものの調和や配置をよく考えて、かいているか。

・線の強弱や太い線、細い線など、えんぴつの使い方をくふうして、かいているか。

・ものの調和や配置を考えてくふうしたことを、ことばで説明することができるか。

・準備物の忘れ物がないか。

◆準備物

・こさがＢまたは２Ｂまたは４Ｂのえんぴつ（シャープペンシルは不可）

・消しゴム（ねりけしは使えません）

(それぞれの予備は自分で考えて用意してください)

第２次選考の検査Ⅳで「体育」を受験するみなさんへ（令和５年度）

（注）このプリントの内容に関しては質問を受けつけませんので、よく読んで内容を理解してください。

◆検査内容

・筆記による検査をおこないます。

・ある種目の運動をおこないます。

※種目、内容については検査時にお知らせします。

◆採点は次の点に注目しておこないます。

・体育に関する基礎(きそ)的・基本的な知識および技能が身についているか。

◆準備物

・筆記用具

・運動に適した服装

・体育館シューズ

・ウィンドブレーカーやコートなどの防寒着

※説明時や待機時にはマスクを着用してもらいます。

実技を行う際には、着けたままおこなっても外しておこなっても、どちらでも構いません。ただし、外す場合は、自分でマスクを管理してください。(ポケットに入れたり、ビニル袋を用意したりするなど)

イ．明治天皇の名で、大日本帝国憲法が発布された。この憲法では国民が主権を持つことや天皇が軍隊を率いることなどが定められた。

ウ．日本で行われた第１回の衆議院議員選挙では、投票することが認められた有権者は、一定の金額をおさめた25歳(さい)以上の男女だったので、当時の人口の約1.1%にすぎなかった。

エ．板垣退助が中心となっておこなった自由民権運動は、国会の開設を求める運動を引き起こし、その後政府に国会開設を約束させた。

［問９］下線部⑧について、出島では多くの輸入品が取りあつかわれていました。資料６の右側には輸入品が置かれています。資料６は輸入品の取引の際に、どのように使用されていたか答えなさい。

資料６

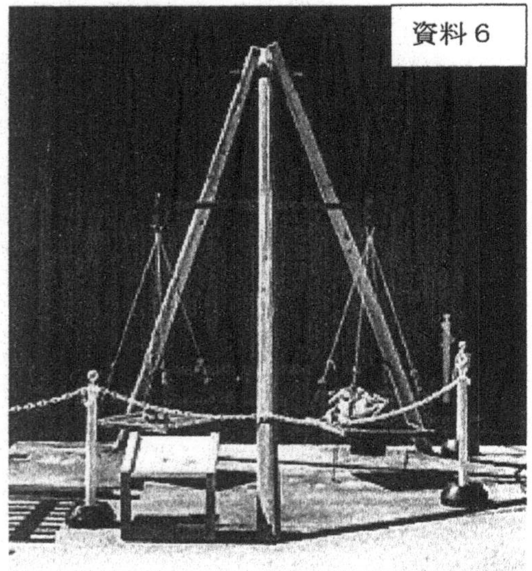

https://nagasakidejima.jp/guide-to-dejima/「出島HP」

［問10］下線部⑩について、日本と中国の貿易の関わりについて説明した文章を読んで、ア～ウの人物名をそれぞれ答えなさい。

ア．武士としてはじめて太政大臣となったこの人物は、宋との貿易をするために兵庫の港を整えるなどの政治を行いました。

イ．幕府の役所を京都に置いたこの人物は室町幕府を開き、明との貿易によって大きな利益を得ました。

ウ．この人物は、朝鮮とねばり強く話し合い、豊臣秀吉が兵を送って以来とだえていた国交を回復させました。また明にかわる貿易相手を求め、大名や商人に許可状をあたえ、東南アジアとの貿易にも力を入れました。

10月に出荷しているが、沖縄県は他の産地の出荷数が減少する11月～5月に出荷しています。どのような栽培の工夫をして菊の出荷を行なっているのか説明しなさい。

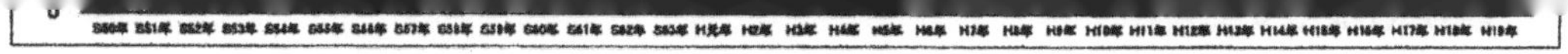

資料4「沖縄県の観光客の推移」

資料：沖縄県観光企画課ホームページ
平成19年入域観光客統計概況

資料2：沖縄県　土木建築部河川課「沖縄の河川の特徴」『沖縄県』https://www.pref.okinawa.jp/site/doboku/kasen/kikaku/okinawanokasennotokutyo.html
資料3、4：内閣府沖縄総合事務局　北部ダム統合管理事務所「知る・学ぶ」『やんばるのダム』http://www.dc.ogb.go.jp/toukan/learn/taisetsunamizu.html

2　サッカー好きのＡさんとＢさんと先生との会話の様子を読んで、以下の問いに答えなさい。

Ａ　：昨日のワールドカップの決勝戦見た？
Ｂ　：見たよ！朝早かったけれど興奮したね！日本もいつかは決勝戦に出られるかな？
Ａ　：そのときを楽しみに待ちたいね。それにしても①毎年6月～7月開催(さい)のワールドカップだけれど、今年は11月開催(さい)だったね。なんでなんだろう？
Ｂ　：気候が関係しているのかな？そもそも②カタールってどんな国なのかな？先生は知っていますか？
先生：はい。③カタールという国は秋田県よりも少し小さい面積で、人口は268万人という規模の国です。またカタールは④石油の輸出も多い国ですね。
Ａ　：あまり大きな国ではないけれど裕(ゆう)福なイメージがあるな。他の出場国も気になってきたね。
Ｂ　：初戦で日本と戦ったドイツは、日本と（　　Ｘ　　）時間ほどの時差がある国だよ。2戦目で戦ったコスタリカは『兵士よりも教育を』という考えをもとに軍隊を放きしている国でもあるよ。
先生：よく知っていますね。日本も同じように軍隊を持たない国です。また日本では⑤国際平和を目指すという考え方をもっていることが憲法にも書かれていますね。
Ａ　：コスタリカから南に行くと優勝候補だったブラジルがあるね。ブラジルには日本からの移民も多く、深いつながりがある国だよ。そういえば⑥ブラジルの公用語はブラジル語ではなかったよね？
先生：そうですね。これは植民地支配の影響だと言われていますね。また日本からの移民は⑦1900年ごろから始まったといわれています。明治時代の後期にあたりますね。
Ａ　：鎖(さ)国が終わり、他の国との交流が盛んになってきたころですね。⑧鎖(さ)国が行われていたときは出島でオランダとの貿易が認められていました。そういえばオランダもワールドカップに出ていたね。
Ｂ　：なんだか日本と関わりがある国が多いね。ワールドカップにでられなかった⑨中国も日本と関わりが深い国でもあるね。

説明しなさい。

[問3] カード2について、以下の問いに答えなさい。

(1)沖縄が復帰するにあたって、非核三原則が国会で定められた。次の文章の空らんに当てはまる言葉を答えなさい。

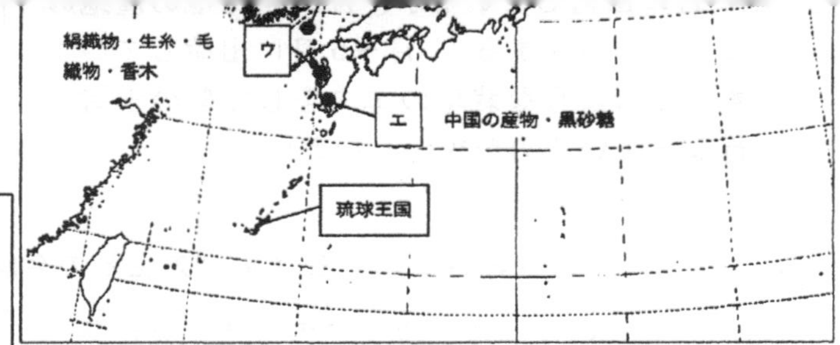

政府は、核兵器を（　　　）、つくらず、もちこませずの非核三原則をじゅん守するとともに、沖縄返還時に適切なる手段を持って、核が沖縄に存在しないこと、ならびに返還後も核をもちこませないことを明らかにするそちを取るべきである。（1971年11月24日衆議院決議）

(2)沖縄復帰後も、在日米軍基地は沖縄に存在し続けました。在日米軍基地を日本に置くことを定めた条約を何というか、答えなさい。

[問4] カード3について、以下の問いに答えなさい。

(1)次のア～エの出来事は、沖縄戦の前後に起こったものです。年代の古い順に並べ、記号で答えなさい。

ア.アメリカが沖縄本土にしんこうし、多くの市民がぎせいとなった。　イ.日本は、ハワイの真珠湾を攻撃した。

ウ.サイパン島の戦いに敗れたことで、日本への空襲が激しくなった。　エ.広島、長崎に、原子爆弾が投下された。

(2)沖縄戦のとき、病院で看護活動を行うために召集された女子学生の組織を何というか、答えなさい。

[問5] カード4について、以下の問いに答えなさい。

(1)Aさんは電話で取材をお願いすることにした。この時の内容として適切でないものをア～エから1つ選び、記号で答えなさい。

ア.電話代を節約するために、なるべく短時間で済ませる。　イ.自分の名前を伝え、相手の名前を確認する。

ウ.相手の都合を聞いて、聞き取り調査の日程を決める。　エ.電話をした目的や内容を話す。

(2)Aさんは体験談を聞く準備をしている。この時の注意点として適切でないものをア～エから1つ選び、記号で答えなさい。

ア.質問をしたい内容を整理して、事前に相手に知らせる。

イ.聞き取った内容を聞きもらさないように、すべてメモに書きとっておく。

ウ.聞き取った内容で、確かめたいことなどは、本などでさらに調べる。

エ.直接体験したことか、伝え聞いたことかを区別する。

(1) デンプンがあることを確かめる薬品として、もっとも適当なものを次のア～エから 1 つ選び、記号で答えなさい。また、その薬品はデンプンがあると何色から何色に変化するか答えなさい。
ア．石灰水　　イ．ヨウ素液　　ウ．アルコール　　エ．うすい塩酸

図

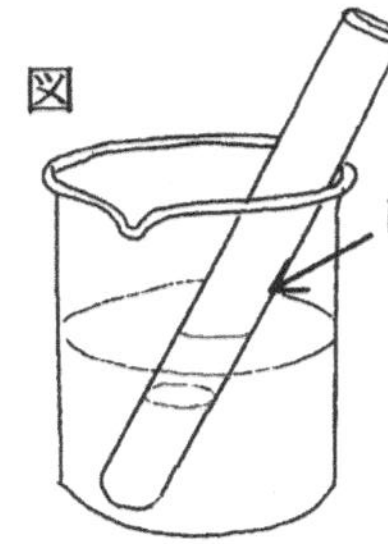

(2) ヒトのだ液がデンプンをちがうものに変化させることを確かめるために、右の図のようにヒトのだ液とうすいデンプンの液が入った試験管 X を 40℃くらいのお湯に入れて 10 分ほど温めました。

① 試験管 X を 40℃くらいのお湯で温めるのはなぜですか。簡単に説明しなさい。

② あたためた試験管 X に (1) の薬品を入れると、薬品の色は変化しませんでした。しかし、試験管 X の結果だけでは「だ液によってデンプンがちがうものに変化した」とは言えません。「だ液によってデンプンがちがうものに変化した」と言えるようにするには、もう 1 つの試験管 Y に「何を入れて」「どのような実験」をすればよいか説明しなさい。

③ だ液には、デンプンを体に吸収されやすいものに変化させるはたらきがあります。下線部のはたらきにかかわる、だ液のような液体を何といいますか。漢字で答えなさい。

④ 体に吸収されやすいものに変わったデンプンは最終的に養分へと変化します。次のカ～シのうち、食べ物にふくまれていた養分を吸収する臓器と、吸収された養分をたくわえる臓器をそれぞれ 1 つずつ選び、記号で答えなさい。（同じ記号は選べません）。
カ．肺　　キ．食道　　ク．胃　　ケ．小腸　　コ．大腸　　サ．かん臓　　シ．じん臓

た。この白いものは何ですか。漢字で答えなさい。またそのすがたは次のア～ウのどれですか。記号で答えなさい。

ア．気体　　イ．液体　　ウ．固体

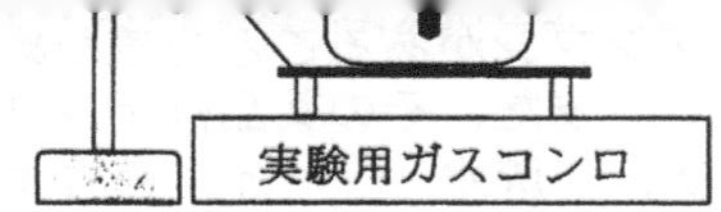

(6) (5)の白いものの多くは、出てきたあとどうなりますか。熱している間の変化について、もっとも適当なものを次のア～エから１つ選び、記号で答えなさい。

ア．見えなくなって空気と混ざる。　　イ．集まって下に落ちる。

ウ．消えてなくなる。　　エ．ビーカーのまわりにつく。

2 たろうさんは、火力発電所などで水が使われていることを知り、発電について調べてみました。あとの問いに答えなさい。

火力発電では、石油や石炭、天然ガスなどの化石燃料を燃やして水を熱することで、タービン(羽根車)を回す力を発生させ、発電機を回して電気がつくられています。これと同じしくみが手回し発電機に使われていることがわかりました。そこで、たろうさんは手回し発電機で電気をつくり、つくった電気をコンデンサーにためることにしました。

(1) 手回し発電機で同じ量の電気をためた２つのコンデンサーに、豆電球と発光ダイオードをそれぞれつなぎ、明かりのついている時間を比べてみることにしました。

① 明かりのついている時間が短かったのはどちらですか。次のア、イから選び、記号で答えなさい。

ア．豆電球　　イ．発光ダイオード

② 明かりのついている時間がちがう理由を考えるために、たろうさんは明かりをつけてしばらくたった後の豆電球と発光ダイオードそれぞれにふれてみました。すると、豆電球は少しあたたかく感じましたが、発光ダイオードではあたたかく感じませんでした。このことから、①の方が明かりのついている時間が短かった理由を、簡単に説明しなさい。

たろうさんは外出先で、止まっていたエスカレーターに人が近づくとエスカレーターが自動で動きだすようすを見て、そのしくみが気になり調べてみました。

(2) 次の文は、自動で動きだすエスカレーターのしくみをまとめたものです。文中の①、②にあてはまることばを、それぞれ答えなさい。

> 人が近くにいることを（ ① ）が感知すると、あらかじめ入力された指示に従ってコンピュータが判断し、自動的にエスカレーターを動かすという動作をさせます。コンピュータへの指示をつくることを（ ② ）といいます。

(3) 自動で動きだすエスカレーターのしくみは、どのようなことに役立っていますか。簡単に答えなさい。

画用紙12枚を縦に3枚ずつ、横に4枚ずつ並べてけい示すると図2のようになります。けい示するときは、画用紙の縦と横を重ねるようにし、図 2 のように画びょうでとめます。

図1

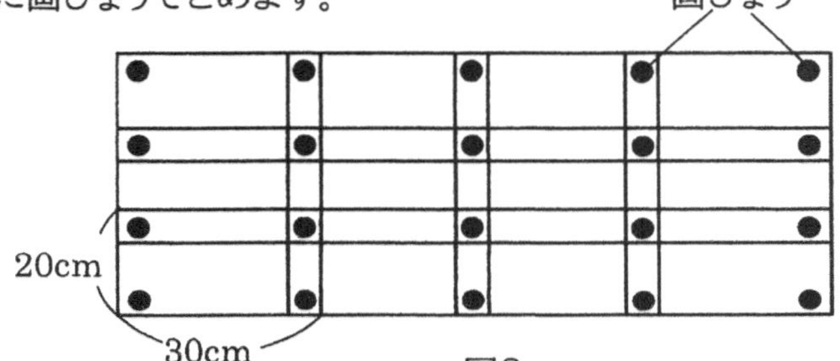

図2

(1) 画用紙40枚を縦に4枚ずつ、横に10枚ずつ並べてけい示するとき、必要な画びょうの個数を求めなさい。

個

(2) 画用紙36枚を、図2のように画用紙全体が長方形となるようにけい示するとき、けい示された画用紙全体の面積が最小になるときの面積を答えなさい。ただし、重ねる部分の幅は縦、横ともに1cmとします。

cm^2

水の高さは底から何cmですか。

cm

10 図1のように、1から4の数字がかかれた4枚の正三角形からできた展開図があります。この展開図を組み立てた立体を、図2のように4の面を下にして正三角形のマス目上に置きました。現在の位置をスタート地点、色がついている位置をゴール地点とし、矢印に沿って㋐と㋑の2通りのコースでゴールまですべることなく転がします。地面とふれた数字をたしていくとき、スタート地点とゴール地点をふくめて合計はそれぞれいくつになりますか。

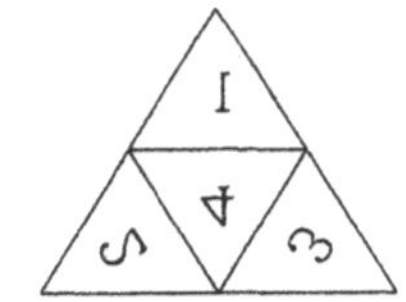

図1

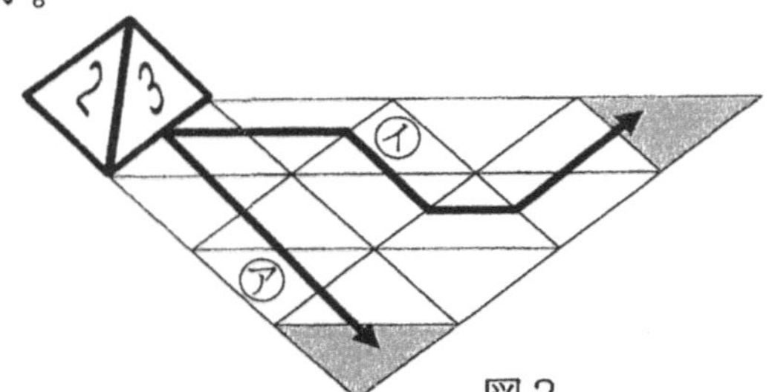

図2

㋐のコースの合計

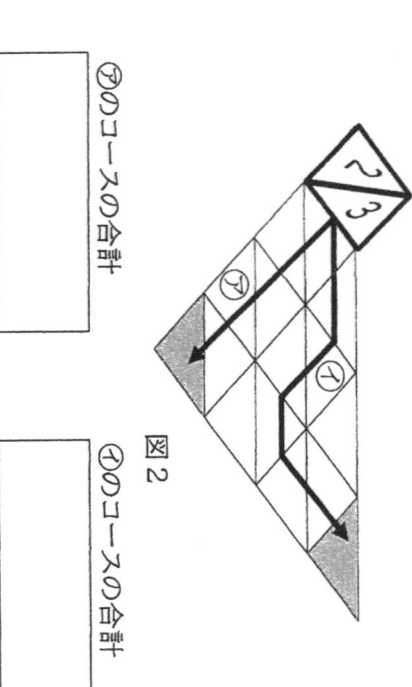

㋑のコースの合計

個

3 次の問いに答えなさい。

(1) たろうさんは、持っていたあめを５人の友達に配りました。Aさんには、はじめに持っていたあめの $\frac{1}{3}$ をあげました。Bさんには、あめを４個あげました。Cさんには、はじめに持っていたあめの $\frac{1}{6}$ をあげました。Dさんには、はじめに持っていたあめの $\frac{1}{8}$ をあげました。Eさんには、Cさんよりもあめを１個多くあげました。たろうさんがはじめに持っていたあめの個数は何個ですか。

個

(2) じろうさんは３種類のあめを合計で 81 個持っています。イチゴ味のあめの個数はメロン味のあめの個数の２倍で、ブドウ味のあめの個数はイチゴ味のあめの個数の 1.2 倍です。ブドウ味のあめの個数は何個ですか。

個

す。次の問いに答えなさい。

(1) 姉と妹の貯金額が等しくなるのは何か月後ですか。

か月後

(2) 姉と妹の貯金額の比が４：５になるのは何か月後ですか。

か月後

6 はなこさんは毎日、A地点からB地点まで車で移動しています。いつもは時速 80km で車を運転し、到着するまでに１時間 42 分かかります。次の問いに答えなさい。

(1) 昨日は、雪が降っていたため、いつもの 68%の速度でA地点からB地点に向かいました。このとき、到着するまでにかかった時間は何時間何分ですか。

時間　　分

(2) 今日は、いつもの速度でA地点からB地点に向かいましたが、工事をしている区間があり、その区間は時速 15km で走ったため、到着するまでに２時間８分かかりました。工事をしていた区間の道のりは何kmですか。

km

文中の（ ① ）に当てはまる言葉を次のア～エから選び、記号で答えなさい。
ア、ツボカビの絶滅　　　イ、ペット取引
ウ、新型コロナウイルスの逆感染　　　エ、なんらかの伝染病

②「大量死の原因」について説明した次の文の（ A ）（ B ）に当てはまる言葉を本文からぬき出しなさい。また、（ C ）には当てはまる言葉を自分で考えて答えなさい。

（ A 三字 ）は（ B 四字 ）が皮膚に付着すると（ C 二字 ）ができなくなってしまうこと。

③「示唆」と同じような意味の言葉を次のア～エから選び、記号で答えなさい。
ア、暗示　イ、告示　ウ、指示　エ、開示

文中の（ ④ ）（ ⑤ ）に当てはまる言葉をそれぞれひらがな二字で考えて答えなさい。

⑥「新型コロナウイルス」は、ツボカビとどのように違いますか。本文中の言葉を使って説明しなさい。

文中の（ ⑦ ）・（ ⑨ ）に当てはまる言葉を次のア～オからそれぞれ一つずつ選び、記号で答えなさい。
ア、したがって　イ、または　ウ、そして　エ、ところが　オ、つまり

⑧「両生類の大量死が確認されたことはありません」とありますが、それはなぜですか。三十～四十字で答えなさい。

⑩「大量死」とありますが、これを筆者はどのようなものととらえていますか。本文中から漢二字でぬき出しなさい。

筆者の用いている説明・説得の筋道について、ふさわしいものを次のア～エから選び、記号で答えなさい。
ア、先に結論を述べて、その後、その結論に至った過程を説明している。
イ、ある事柄を取り上げ、そこから問題提起を行い、答えを示している。
ウ、研究者の言葉を引用しながら、臨場感を大切に、論を展開している。
エ、対立する二つの考えを示し、それぞれを検証し、答えを導き出している。

ロシアのウクライナ侵攻が始まり、もうすぐ一年になります。ウクライナのゼレンスキー大統領は「無関心でいるのは共犯になることです」と発言しました。この言葉についてあなたの考えを述べなさい。ただし、次の条件をすべて満たすように書くこと。

・二段落構成とし、一段落目に、なぜゼレンスキー大統領はそのような発言をしたのか、考えて書きなさい。
・二段落目に、この発言について、あなたは納得するかしないか、立場を明確にし、その理由を書きなさい。
・百五十～二百字で書くこと。
・正しい原稿用紙の使い方にしたがって書くこと。

③「話し合い」とありますが、話し合いの内容として考えられるものを次のア～オから二つび、記号で答えなさい。
、唯奈は、遠藤を噛んだことをよく覚えていないと言った。
、遠藤の保護者は「子の悪いところは直さないと本人がかわいそうだ」と言った。
、由利は、唯奈のことを信じ、唯奈は嘘をついていないと言った。
、金子先生は経験が浅く、この問題を解決することができなかった。
、圭吾は、唯奈の行いを知り、ショックを受け、思わず泣いてしまった。

中の（　④　）に当てはまる言葉を次のア～エから選び、記号で答えなさい。
、朗らかに　　イ、ぎこちなく　　ウ、目尻を下げて　　エ、さみしそうに

⑤「あたしは、あたしの一番の味方になれている？」とありますが、このように自分で自分にいかけ、答えることを何と言いますか。四字熟語で答えなさい。

⑥「この本心」とは、どのようなものですか。連続する二つの段落をぬき出し、一段落目の最の三字を答えなさい。

⑦「蝶々のようなもの」とありますが、これは何をたとえた表現ですか。次のア～エから当てまらないものを一つ選び、記号で答えなさい。
、自分の好きなことについて話せて、うきうきしている気持ち。
、自分の気持ちをごまかさなくていいことに気付き、解放された気持ち。
、新しい考え方を由利から教えられ、前向きになっている気持ち。
、自分の気持ちに正直になり、嫌なことから逃げ出したいと思っている気持ち。

⑧　）に当てはまる言葉を本文中から五字でぬき出しなさい。

⑨「熟れたみかん色の光の帯が、静かに唯奈の顔を照らしはじめる」とありますが、この描写どのようなことを表していますか。「味方」「希望」という言葉を必ず使って、三十～四十字でえなさい。

の文章は、【あ】～【え】のいずれかの部分に入ります。入る部分を選び、記号で答えなさい。

さっきまで喉が締まったみたいに声が出てこなかったのに、天気のことならすらすらと口ら溢れ出す。好きなことなら、たくさん披露したいし、聞いてくれた人に、へえ、と言っもらいたい。

の文章を読んで、後の問いに答えなさい。

1990年代後半、カエルの大量死の波が中央アメリカのコスタリカを襲ったまさにその時、の場に[a]イアわせた両生類の研究者がいます。当時大学院生だったアメリカ人のカレン・リッスです。コスタリカの熱帯雨林での最初の調査を終えた彼女が数か月後に調査地へ戻ってみるあんなにたくさんいたカエルたちが見つかりません。調査地は[b]街から遠くはなれた山中で、息地の破壊や農薬など人間の影響でいなくなったようには思えませんでした。大学の先生になたリップスは、その後もコスタリカや隣のパナマで調査を続けましたが、コスタリカ北部でまったカエル大量消滅は、やがてコスタリカ南部を通過してパナマにおよび、たった15年ほの間に両国のカエルたちの多くがいなくなってしまったのです。

チャリンとベルが鳴らされて、三人で端にbヨった。自転車のおばさんは通り過ぎる時に、審そうな目をこちらに向ける。そりゃそうだ。親子三人の中で、お父さんだけが泣いているウケイは珍しいに違いない。とりあえずそばにあった、砂利の駐車場に入った。お母さんがバッグからハンカチを取り出して差し出す。お父さんはそれで顔を拭くと、ようや泣き止んだ。

ごめんな、びっくりさせて」

いったいどうしたのよ?」

お母さんに顔を覗き込まれると、お父さんは照れくさくなったのか、（　④　）笑った。

昔のことって……?」

唯奈が遠慮がちにたずねると、ああうん、とお父さんは頷いた。

お父さん、中学校に一年の途中から通えなくなって、家にいたんだけど、その頃のことだ。学から離れたらほっとして涙が出てきた……自分でもびっくりしたよ」

中学に、どうして行けなくなったの?」

唯奈は訊いた。

いじめられていたわけじゃないんだ。ただ、自分一人だけ浮いているようで、そこにいる意味わからなかった。それで、いつのまにか行けなくなってた」

学校に行ったら、それを思い出したってことか」

お母さんの相槌に、お父さんは首を横に振った。

家にいた時に親に言われたことを思い出したんだよ。学校に通えない子だ、かわいそうだって、く言われたんだ。さっき、遠藤くんのお母さんと話していたら、その時の親の姿が蘇って」

いつも楽しそうなお父さんにそんなことがあったなんて。唯奈は信じられない気持ちになっ。

圭吾のご両親は、まじめだからね」

お母さんはすべて知っていたような落ち着いた顔で呟いた。

知ってたの?」

唯奈の言葉に、お父さんが頷いた。

お母さんにはなんでも話しているから。前に唯奈に話したことがあったよな、お父さんが大学時に、※嫌なやつからは逃げろって言われたって。そう言ったのは、由利ちゃん……お母さんなだよ。過呼吸になってうずくまっていたお父さんを、助けてくれたことがあってな」

そうそう、とお母さんも笑った。

人のよさにつけ込まれて、いいように使われていたもんね。授業のノートを代わりに書いたり、ンを買いに行かされたり」

そう言ってから、お母さんは唯奈のほうを見た。

唯奈にも言っておくね。自分は、自分の一番の味方でいなくちゃいけないんだよ」

自分は……自分の一番の味方?」

そうよ。お父さんは、そうしていなかった。自分は嫌なのに、そう言えないでいた。心はごませても、体に出ちゃうんだよね。それで、過呼吸になっていたんだと思う」

あたしは、あたしの一番の味方になれている?

唯奈は心の中で問いかけた。

なれていないかもしれない。

嫌なのをごまかすように、笑いたくもないのに、笑おうとしてきた。自分の本当の気持ちを、丈夫！　って捻じ曲げて、気づかないようにしてきた。

どう考えたって、遠藤のことが嫌いだ。遠藤に大事な過去問のコピーを取られた時、身体がカと熱くなった感覚が蘇る。唾をかけられてぐしゃぐしゃにされて、その熱は頭のてっぺんにま達した。そう、たまらなく頭に来た。同時に、自分がそうされたようで、ものすごく傷ついた。同じくらい傷つけてやりたいって思った。それくらい腹が立って、だから噛み付いた。

令和四年度　入学者選考検査

第一次選考　検査Ⅰ（国語）（50分）

大阪教育大学附属池田中学校

(注) 句読点（、や。）やかぎかっこ（「　」）などの記号はすべて一字としてかぞえます。また、「僕(ぼく)」のように読みがなをふってある漢字は、答える時にひらがなに書きかえてもかまいません。なお、文章中の一部の漢字をひらがなにしています。

一　次の文章を読んで、後の問いに答えなさい。

〔父のすすめで父の母校である有名私立中学校に通う中学一年生の皓(こう)は、塾(じゅく)を経営する両親の帰宅が遅(おそ)いこともあり、自宅の屋根に寝転(ね)がって一人の時間を過ごすのが好きだった。
夏のある日、いつも使っている「祖父手作りのはしご」を祖父の大工仲間だった村田さんが修理してくれることになった。〕

お詫び
著作権上の都合により、文章は掲載しておりません。
ご不便をおかけし、誠に申し訳ございません。
教英出版

（かみやとしこ『屋根に上る』より）

※　高藤さん…皓の祖父。
※　ルービックキューブ…小さいマスを回転させて立方体の面の色をそろえるおもちゃ。

1　～a「刻」b「ホシュウ」c「フクザツ」のカタカナは漢字に、漢字はひらがなに直しなさい

2　～d「出来合い」の意味を答えなさい。

3　―①「なんだか新鮮でうれしかった」とありますが、なぜですか。最もふさわしいものを次の～エから一つ選び、記号で答えなさい。

ア、子どもの都合や意志を優先してくれたから。
イ、全く新しい挑戦をもちかけられたから。
ウ、手伝うことを断られたから。
エ、おじいさんの仕事をほめられたから。

4　文中の（　A　）に当てはまる性格を表す言葉を次のア～エから一つ選び、記号で答えなさい

ア、向こう見ずな　イ、品がいい　ウ、人見知りする　エ、型破りな

5　―②「ぼくはめずらしく自分から質問をしていた」とあります。この部分の次に、皓が木組み興味を示し始めたことが分かるところを一文でぬき出し、その最初の五文字を書きなさい。

6　―③「それはそれで意味のあることなんだろうけど、時間がかかりすぎる。ぼくはいろんな角からカメラで撮ったらどうかと提案してみた」という皓の行動を表す四字熟語として、最もふわしいものを次から一つ選び、漢字に直して書きなさい。

【　てきざいてきしょ　・　しんきいってん　・　りんきおうへん　・　しょうまっせつ　】

その二

ステリー小説やファンタジーアニメのなかに、わたしたちの心を浮きたたせてくれるものという「意味」を見ているのです。

わたしたちは、ただ単に物にｂ囲まれて生きているのではなく、「（　Ａ　）の世界」のなかに、そして「意味の世界」のなかに住んでいると言うことができます。わたしたちはたとえば人をいとおしいとか、恋しいと思うというような経験をします。そういうとき、「これって、いったい何なのだろう」と思ったことはありませんか。みなさんもそのいとおしさや恋しさの正体を明らかにしたいと思ったことはありませんか。

そういうときに、わたしたちの脳のなかで起こっていることを明らかにすれば、その正体に迫ることができると考える人がいるかもしれません。そういうとき、専門家の②知見を借りれば、脳内にはおそらくドーパミンやフェニルエチルアミンなどの神経伝達物質がさかんに放出されているのでしょう。しかし③そのことがわかったからといって、それでわたしたちの「いとおしい」という気持ちは明らかになるでしょうか。少しも（　Ｂ　）ように思われます。この「いとおしい」という思いは、物ではなく、それに上書きされている「意味」の部分に関わる事柄だからです。

二重の世界に生きる

わたしたちは物にも取り囲まれていますが、ただそれだけではなく、「意味の世界」にも住んでいます。つまり二重の世界に住んでいるのです。少し変わったひょうげんですが、わたしたちは「④二重世界内存在」であると言ってもよいかもしれません。そしてこのわたしたちを取りまいている二つの世界のうち、わたしたちが生きていく上でより重要なのは「意味の世界」なのです。そこでわたしたちは人をいとおしく思い、人を愛するのです。あるいは、そこで生きがいを感じたり、人生の無常を感じたりするのです。（藤田正勝『はじめての哲学』岩波ジュニア新書より）

1　～ａ「アラワ」ｂ「囲」のカタカナは漢字に、漢字はひらがなに直しなさい。

2　文中の□(1)・(2)に入る言葉として、最もふさわしいものをを次のア～オからそれぞれ選び、記号で答えなさい。

ア、それとも　イ、しかし　ウ、すると　エ、そして　オ、つまり

3　―①「そういう表情」の具体的な内容を、四十～四十五字でぬき出し、その最初と最後の三文字を答えなさい。

4　文中の（　Ａ　）に当てはまる言葉を、これより前から二字熟語で抜き出しなさい。

5　―②「知見を借りれば」を「知見」「借りる」の語を使わずに、説明しなさい。

6　―③「そのことがわかった」とありますが、何がわかったのですか。文中の言葉を使って三十～四十字で説明しなさい。

7　文中の（　Ｂ　）に当てはまる言葉を十字以内で答えなさい。

その三

令和４年度
入学者選考検査

第１次選考　検査Ⅱ（算数）(50分)その１

※80点満点
（配点非公表）

受験番号

※裏は計算用紙として使用してよい。

※解答はすべて ☐ の中にかきなさい。

※この検査において，円周率は 3.14 とする。

1　☐にあてはまる数を求めなさい。

(1)　$(1.22 + 1.24 + 1.25 - 1.27 - 1.29) \times 2.8 =$ (1)

(2)　$\left(3\frac{1}{4} - \boxed{(2)}\right) \div 4\frac{2}{5} + 3.75 \times \left(\frac{1}{2} - \frac{2}{5}\right) = 1$

2　ある列車が長さ 658m のトンネルに入り始めてから完全に通過するまでに 35 秒かかりました。また，同じ列車が 284m の鉄橋をわたり始めてからわたり終わるまでに 18 秒かかりました。列車の速さは一定であるとき，次の問いに答えなさい。

(1) この列車の長さは何 m ですか。

4　一辺が 1cm の正三角形をすき間なくしきつめて大きな正三角形をつくります。右は，大きな正三角形の一辺の長さが 6cm の場合の図です。このとき，次の問いに答えなさい。

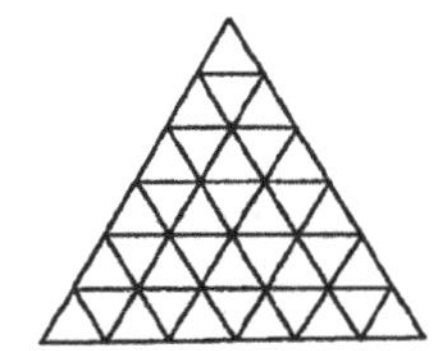

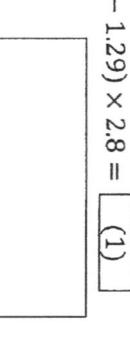

(1)　大きな正三角形の一辺の長さが 6cm の場合の図の中には，正三角形を組み合わせてできるいろいろな大きさの正六角形があります。全部で何個ありますか。

個

(2)　大きな正三角形の一辺の長さが 10cm の場合の図の中には，正三角形を組み合わせてできるいろいろな大きさの正六角形があります。全部で何個ありますか。

個

5　A，B，C の３人は，それぞれ所持金が 500 円

令和４年度
入学者選考検査

第１次選考　検査Ⅱ（算数）　その２

受験番号

7　⓪，①，②，③ と番号付けられた４つの石が，それぞれ数直線上の 0，1，2，3 の上に置かれています。これらの石を次のルールにしたがって，数直線上で動かします。

(a)　一番左にある石を右に 4 動かします
(b)　一番左にある石を右に 5 動かします
(c)　一番左にある石を右に 3 動かします

(a) → (b) → (c) → (a) → (b) → (c) → ・・・ というように (a)，(b)，(c) の操作をくり返し続けるとき，次の問に答えなさい。

(1)　数直線上の 11 に置かれる石の番号を答えなさい。

(2)　②の石が，最初に 1000 をこえて置かれる数直線の

9　A 地点と B 地点との間の長さは 14cm です。点 Q は B 地点を出発し，秒速 1cm で A 地点まで進み，A 地点で止まります。一方，点 P は点 Q の出発と同時に A 地点から出発し，A 地点と点 Q の間を秒速 6cm で往復し続けます。次の問に答えなさい。

(1)　点 P が出発してから最初に A 地点にもどってくるのは出発してから何秒後ですか。

秒後

(2)　点 P が出発してから 7 秒後の点 P の位置は，A 地点から何 cm の地点ですか。

cm

10　かずやさんは健康のために食品の脂質(ししつ)をしらべ，朝食に活かそうと考えました。表１は 10 月～3 月のブリ

令和４年度

入学者選考検査

第２次選考　　検査Ⅲ（理科）（40分）

解答はすべて解答用紙に記入（きにゅう）してください．

1　0℃，20℃，40℃，60℃の水 100mL にとける食塩とミョウバンの量を調べる実験をしました。上皿てんびんで 2gずつはかりとった食塩を，それぞれの温度の水が入ったビーカーに入れてかき混ぜ，最大何gとけたかを記録しました。ミョウバンについても同じようにして調べました。表は，その結果をまとめたものです。次の問いに答えなさい。

表

温度［℃］	0	20	40	60
食塩のとけた量［g］	36	36	38	38
ミョウバンのとけた量［g］	6	12	24	58

(1) 水 50mL を正確にはかり取るために用いる，実験器具の名前を答えなさい。

(2) 右ききの人が，上皿てんびんで 2gの食塩をはかり取りました。

① このとき，左の皿にのせるものとして適当なものはどれですか。次のア～エからすべて選び，記号で答えなさい。
ア．ろ紙　　イ．食塩　　ウ．2gの分銅　　エ．薬包紙

② 食塩を少しずつのせていき，2gはかり取れたといえるのは，上皿てんびんの針がどうなったときですか。「中心」ということばを使って，簡単に答えなさい。

(3) 図は，水にものがとけているときのようすを表しています。このビーカーにふたをして、同じ温度のまま静かに１日置いておくと，とかしたもののようすはどうなりますか。もっとも適当なものを次のア～エから１つ選び，記号で答えなさい。

ア　イ　ウ　エ

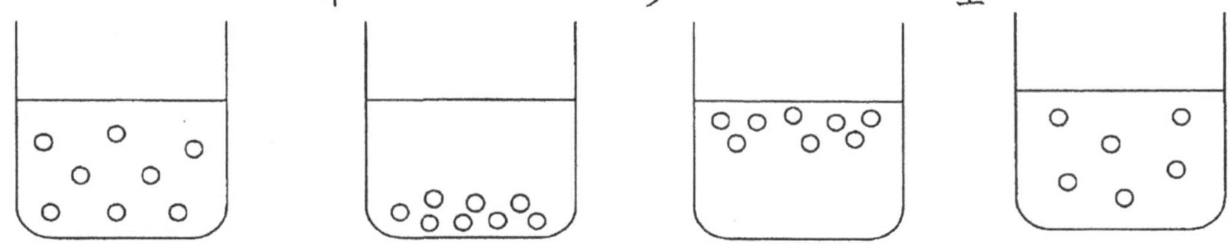

図

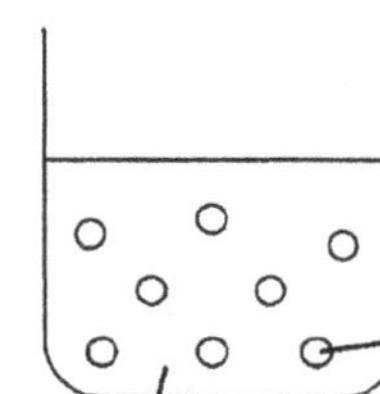

(4) 20℃の水に 18gのミョウバンをとかすためには，何 mL の水が必要ですか。

(5) 60℃の水で実験を行ったあとのそれぞれのビーカーを，そのまま室内に置いて冷ますと，ミョウバンの水よう液からはミョウバンが現れ，ろ過をすることでミョウバンを取り出すことができました。しかし，食塩水からは食塩はほとんど現れず，食塩をとり出すことができませんでした。冷やすことで食塩を取り出せないのはなぜですか。簡単に説明しなさい。

(6) (5)のあと，さらに数日間水よう液の入ったビーカーを室内に置いておくと，食塩水からも食塩が現れました。食塩水から食塩が現

解答はすべて解答用紙に記入してください。

3　まいさんは学校で植物の発芽と成長に必要な条件について次のような実験を考えてじっししました。これについてあとの問いに答えなさい。

【実験１】
①だっし綿を入れたペトリ皿Ａ～Ｅを用意し，それぞれにインゲンマメの種子を４つずつ置きました。
②ペトリ皿ABCは，だっし綿の全体がしめるくらいの水を，Ｄは（　あ　），Ｅは（　い　）ました。
③ペトリ皿Ａ，Ｃ，Ｄ，Ｅは室温20℃の部屋に置き，Ｃは（　う　）ようにダンボール箱をかぶせ，Ｂは冷蔵庫の中に置きました。
④入れた水がかわかないように気をつけながら，１週間置いたところ，ＡとＣのインゲンマメは４つとも発芽し，ＢＤＥのインゲンマメは１つも発芽しませんでした。

【考えられること】
（　え　）と（　お　）の結果を比べると発芽には適当な温度が，ＡとＤを比べると水が，ＡとＥを比べると空気が必要なことがわかりました。

(1)　【実験１】の（　あ　）（　い　）（　う　）に当てはまる条件を考えて述べなさい。
(2)　【考えられること】の（　え　）と（　お　）に当てはまる記号をＡ～Ｅからそれぞれ選んで答えなさい。

【実験２】
まいさんは，発芽したインゲンマメをバーミキュライト（肥料をふくまない土）の入った植木ばちに植えかえ，植物の成長に必要な条件について調べました。
ＦとＧは校舎の近くの，一日中太陽の光が当たる場所に置き，Ｆは水だけを，Ｇは肥料と水をあたえました。Ｈは一日中太陽の光が当たらない場所に置き，肥料と水をあたえました。
FGHとも成長しましたが，葉の色と（　か　）や，くきの（　き　）などを比べると，Ｇが最も成長していることがわかりました。

(3)　下線部のＦとＧを置く場所として適切な場所を解答用紙の図から１か所選び，○で書き入れなさい。
(4)　【実験２】の（　か　）と（　き　）に当てはまる言葉を述べなさい。

4　まいさんは９月のはじめに大阪のある場所で見られる

令和４年度

第２次選考　　検査Ⅲ（社会）（40分）

入学者選考検査

（注意）解答はすべて解答用紙に記入しなさい。

1 水と生活環境の関係を調べた発表を読んで、あとの問いに答えなさい。

A：私たちの班は「水と生活環境の関係」をテーマに発表を行います。

B：私たちの生活に水は欠かせません。特に①琵琶湖の水は生活に深く関わっています。琵琶湖は瀬田川に流れこみ、その後宇治川や淀川などに流れます。その多くが②近畿地方に住んでいる人々の生活用水となります。

C：次に淀川について発表をします。淀川は昔から氾濫の多い川でした。古くは③仁徳天皇の時代にまでさかのぼります。仁徳天皇は「茨田堤（まんだのつつみ）」という堤防を作って川の氾濫を防ぎました。④安土桃山時代になると⑤豊臣秀吉が「太閤堤」を作り、⑥江戸時代になると淀川の水運はいっそう利用されるようになりました。改修工事は⑦第二次世界大戦後も進み、現在の淀川となりました。このような対策によって洪水や浸水害は減りました。

A：しかし最近は想定を上まわる集中的な豪雨などの異常気象の影響で、洪水や浸水害の被害が目立つようになりました。これに対して日本は⑧内閣を中心に解決策を立てています。

B：日本は世界と連携してこの問題を解決するために、2021年10月31日イギリスのグラスゴーで始まった⑨国連気候変動枠組条約第26回締約国会議（COP26）では気候変動に対する対策を立てるように呼びかけました。

C：また最近では⑩発電の方法を見直す取り組みが進んでいます。このように水と私たちの環境を考えることは、これからの歴史を築いていくためにも必要だと思います。

※氾濫・・・（河川の水などが）みなぎりあふれ出ること。洪水になること。

［問１］下線部①について、琵琶湖がある県と接していない府県を以下から選び、記号で答えなさい。

ア：大阪府　イ：京都府　ウ：三重県　エ：福井県

［問２］下線部②について、近畿地方の府県名と都道府県庁所在地名がちがうものを以下から選び、記号で答えなさい。

ア：和歌山県　イ：滋賀県　ウ：京都府　エ：奈良県

［問３］下線部③について、仁徳天皇の時代に近畿地方では、写真１のような古墳が多く作られた。なぜ近畿地方に多くの古墳が作られたのか説明しなさい。

写真１

第２次選考　　検査Ⅲ（社会）

［問 9］下線部⑨について、日本はこれまで多くの環境問題に取り組んできた。次の問いに答えなさい。

［1］日本は高度経済成長期に、公害などの環境問題が起きた。特に四大公害は大きな被害を出した。次の資料２を見てＸ・Ｙにあてはまる四大公害名を答えなさい。

資料２

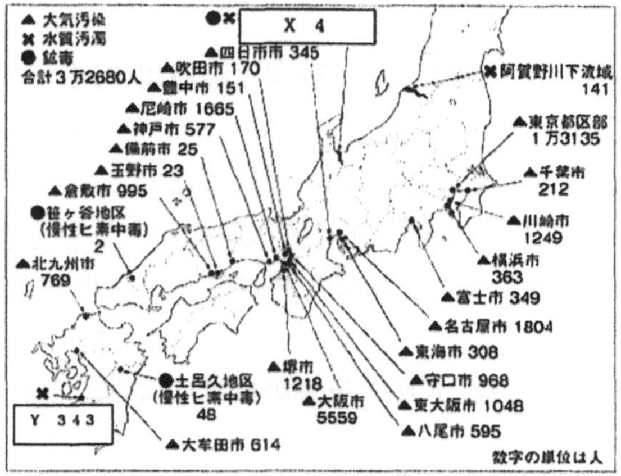

公害病の現存認定患者数（2018年12月末現在）
https://binb.bricks.pub/contents/14af474d-2ac9-4694-9776-0846294106dc_1639621383/speed_reader　「日本国勢図会 2020-21 より」

［2］下線部⑨のときに岸田総理大臣は温室効果ガスを 2030 年までに 2013 年度比で 46%削減することを明言した。この温室効果ガスが最も多く出る発電方法を、右のグラフ１のア～ウより選んで記号で答えなさい。ただしア～ウは原子力・火力・水力のいずれかを表したグラフである。

グラフ１

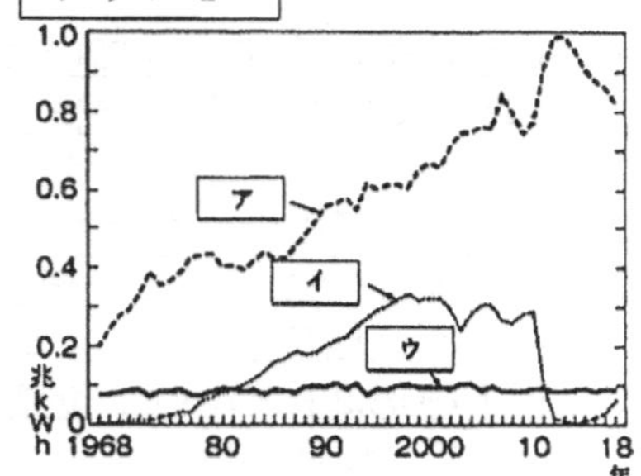

発電電力量（兆 kwh）の推移（会計年度）
https://binb.bricks.pub/contents/14af474d-2ac9-4694-9776-0846294106dc_1639621383/speed_reader「日本国勢図会 2020-21 より」

［問 10］下線部⑩について、右の写真２はバイオマス発電所である。今注目されている再生可能エネルギーの１つとしてバイオマス発電がある。なぜ、バイオマス発電が再生可能エネルギーとして注目されているのか、説明しなさい。

写真２

第２次選考　　検査Ⅲ（社会）

[2]ポリエステルは、石油を原料として作られる。日本は原油を輸入に頼っている。右のグラフ２は、日本の原油の輸入相手国を表している。グラフ２中のＸに当てはまる国名を、以下から選び、記号で答えなさい。

ア：オーストラリア　　イ：中国　　ウ：アラブ首長国連邦　　エ：アメリカ

グラフ2　原油の輸入先(2019 年)

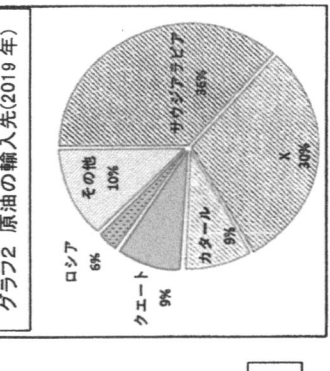

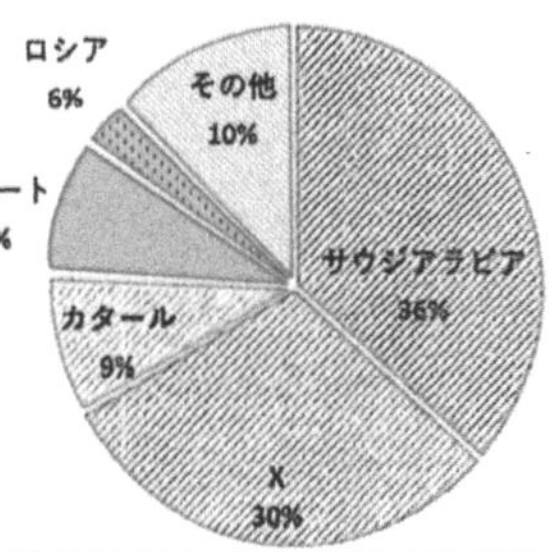

「日本国勢図会 2020-21 より作成」

[問 4]下線部④について、次の問いに答えなさい。

[1]明治時代に、欧米の進んだ技術を取り入れて、近代的な産業を育てようとしたことを何というか、答えなさい。

[2]明治 27 年、日本は中国と日清戦争を起こした。このとき、日本は中国（清）から多額の賠償金を手に入れることができた。この賠償金を利用して建設された、北九州にある官営工場の名前を答えなさい。

[3]明治 37 年、日本はロシアとも日露戦争を起こした。日本とロシアが対立したのは、なぜか。その理由について、右の資料３を見て、説明しなさい。

資料３

ジョルジュ・ビゴー「釣りの勝負」『トバエ』より

[問 5]下線部⑤について、1930 年代には、日本と中国が戦争を始め、国際関係が悪化した。戦争が長期化するにつれて、日本国民の生活も苦しくなってきた。1930 年から 1944 年までの日本国内の生活の様子として、誤っているものを、以下から選び、記号で答えなさい。

ア：軍事物資が不足してきたため、全国のお寺や家庭から鉄製品を集めた。

イ：学校では、義務教育９年間で、軍国主義的な教育が行われていた。

ウ：ぜいたく品が禁止され、品質の悪い代用品が使われるようになった。

エ：日本全国の都市が空襲にあい、焼け野原になってしまった。

第２次選考の検査Ⅳで「家庭」を受験するみなさんへ（令和４年度）

（注）このプリントの内容に関しては質問を受けつけませんので、よく読んで内容を理解してください。

◆検査内容

小学校で学習した「日常の食事と調理の基礎(きそ)」「快適な衣服と住まい」「身近な消費生活と環境(かんきょう)」に関する知識と技能を身につけ、工夫ができているかを検査します。

1. あたえられた課題について、質問に答えてもらいます。
2. あたえられた課題について、実技をしてもらいます。

◆採点は次の点に注目しておこないます。

・「日常の食事と調理の基礎(きそ)」「快適な衣服と住まい」「身近な消費生活と環境(かんきょう)」について、適した知識と技能を身につけ、工夫ができているか。
・用具を安全面、衛生面に気をつけ、適切に使うことができているか。
・準備物の忘れ物がないか。

◆準備物

・筆記用具
・エプロン
・三角きん（バンダナでもよい）
・手をふくタオル

※その他必要なものは学校（本校）で用意します。

第２次選考の検査Ⅳで「音楽」を受験するみなさんへ（令和４年度）

(注) このプリントの内容に関しては質問を受けつけませんので、よく読んで内容を理解してください。

◆検査内容

1. あるテーマと楽譜(がくふ)を見てもらい、リズムを手で打って演奏してもらいます。
2. １で示されたテーマに合う音色を、いくつかの楽器を鳴らしながら探し、選んでもらいます。楽器を選ぶときは、楽器の材質、音のひびきの長さや高さなどに気をつけて、音の特徴(とくちょう)を確かめましょう。
3. 示されたテーマからイメージしたことをもとに、どのように表現を工夫して演奏したいかについて質問に答えてもらいます。
4. 選んだ楽器を用いて、表現を工夫しながら演奏してもらいます。
5. 演奏をした後、さらに工夫できたと思うことがあれば、答えてもらいます。

※演奏するときに使用できる楽器は、木でできている楽器か、金属でできている楽器か、皮がはってある楽器です。
※検査室は十分に換気(かんき)をし、人との距離(きょり)をとっておこないます。
※検査の内容を録音します。ただし、この音源はこの選考のみに使用します。

◆採点は次の点に注目しておこないます。

・リズムを正確に演奏しているか。
・示されたテーマの特徴をとらえ、表現したいイメージを持って音色を選んでいるか。
・質問に対し、テーマに対するイメージや演奏の仕方の工夫について自分の考えが伝わるように答えているか。
・示されたテーマを音や音楽で表現するために、演奏の仕方を工夫しているか。

◆準備物

特にありません。

令和四年度

入学者選考検査　第一次選考　検査Ⅰ（国語）解答用紙

受験番号

答えを書くときに注意すること
- 句読点（、や。）やかぎかっこ（「」）などの記号はすべて一字としてかぞえます。
- 字数が決まっている問題に答えるときには注意してください。

※80点満点
（配点非公表）

一

1 a　b　c

2 d

3

4

5

6

7

8 Ⅰ　Ⅱ

9

10

11 〜

二

1 a　b

2 (1)　(2)

3 〜

4

5

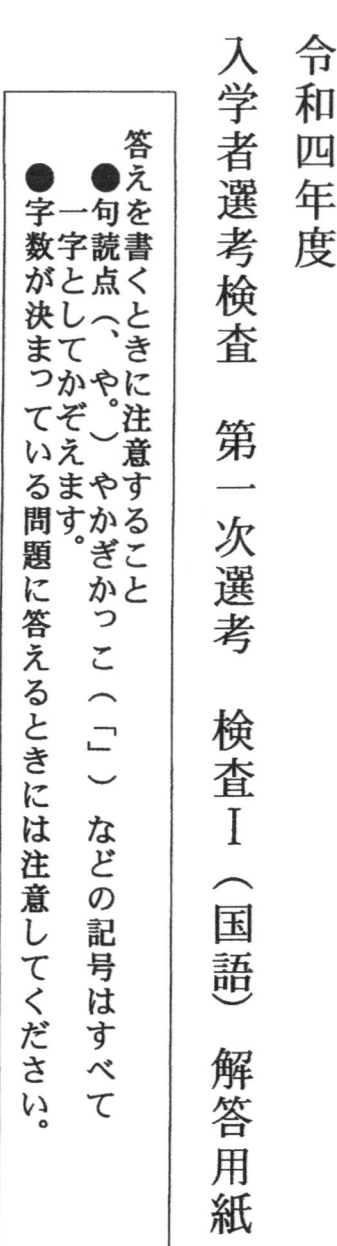

令和４年度
入学者選考検査

第２次選考　検査Ⅲ（理科）　解答用紙

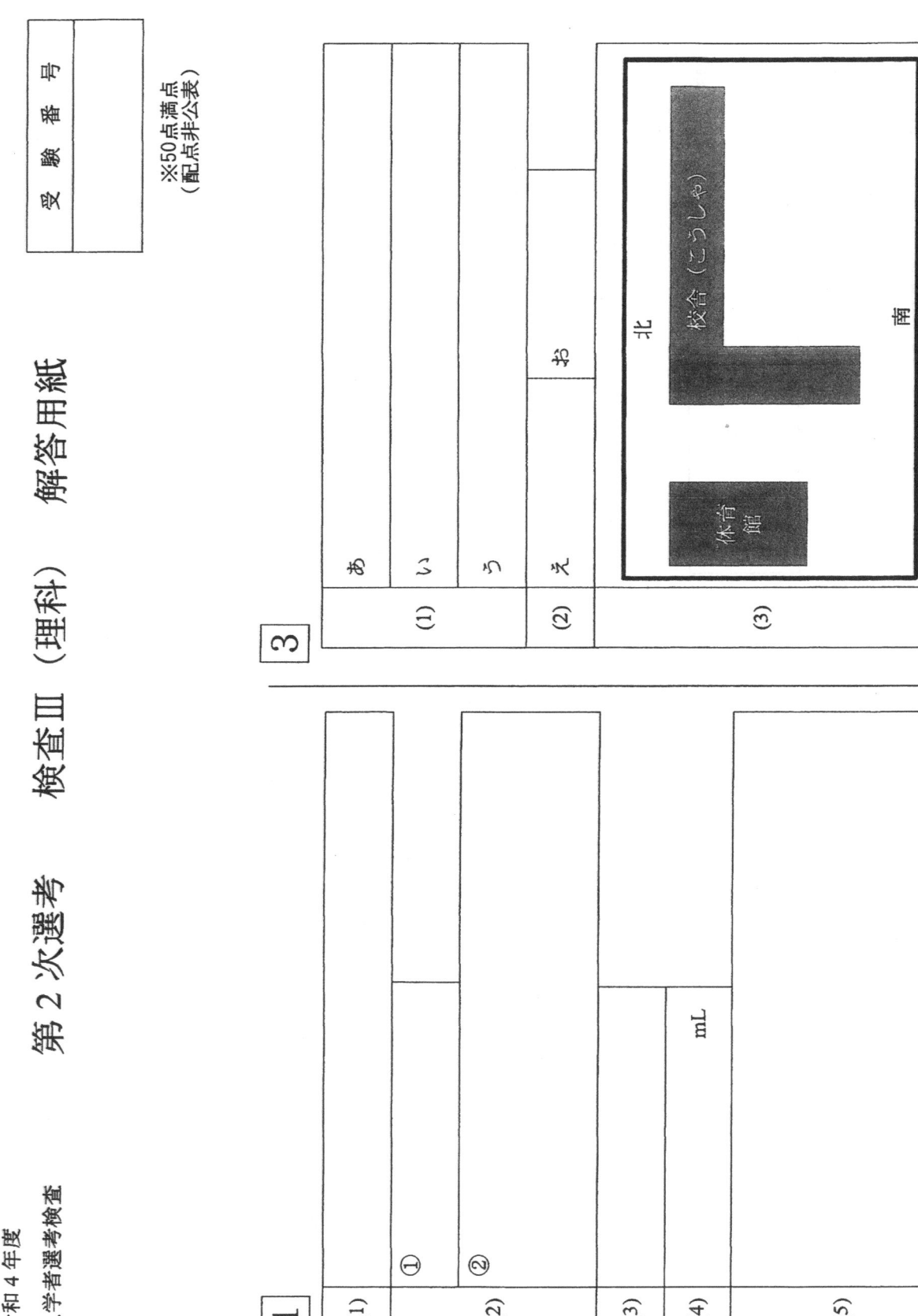

受験番号

※50点満点
（配点非公表）

1

(1)		
(2)	①	
	②	
(3)		
(4)	mL	
(5)		

3

(1)	あ	
	い	
	う	
(2)	え	お
(3)	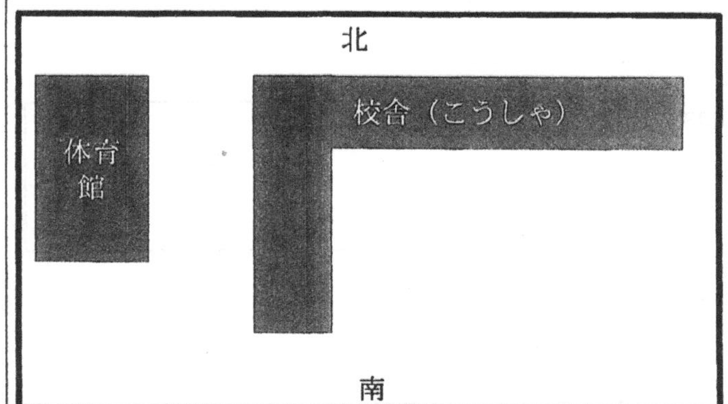	

令和4年度
入学者選考検査

第2次選考　検査Ⅲ（社会）

受験番号

※50点満点
（配点非公表）

1

［問1］

［問2］

［問3］

［問4］

［問5］

2

［問1］

［問2］

［問3］ [1]

[2]

[問6]

[問7]

[問8]

[問9]

[1]	X	
	Y	
[2]		

[問10]

[2]	
[3]	

[問5]

[問6]

[問7]

[問8]

[1]	
[2]	

(6)	

2

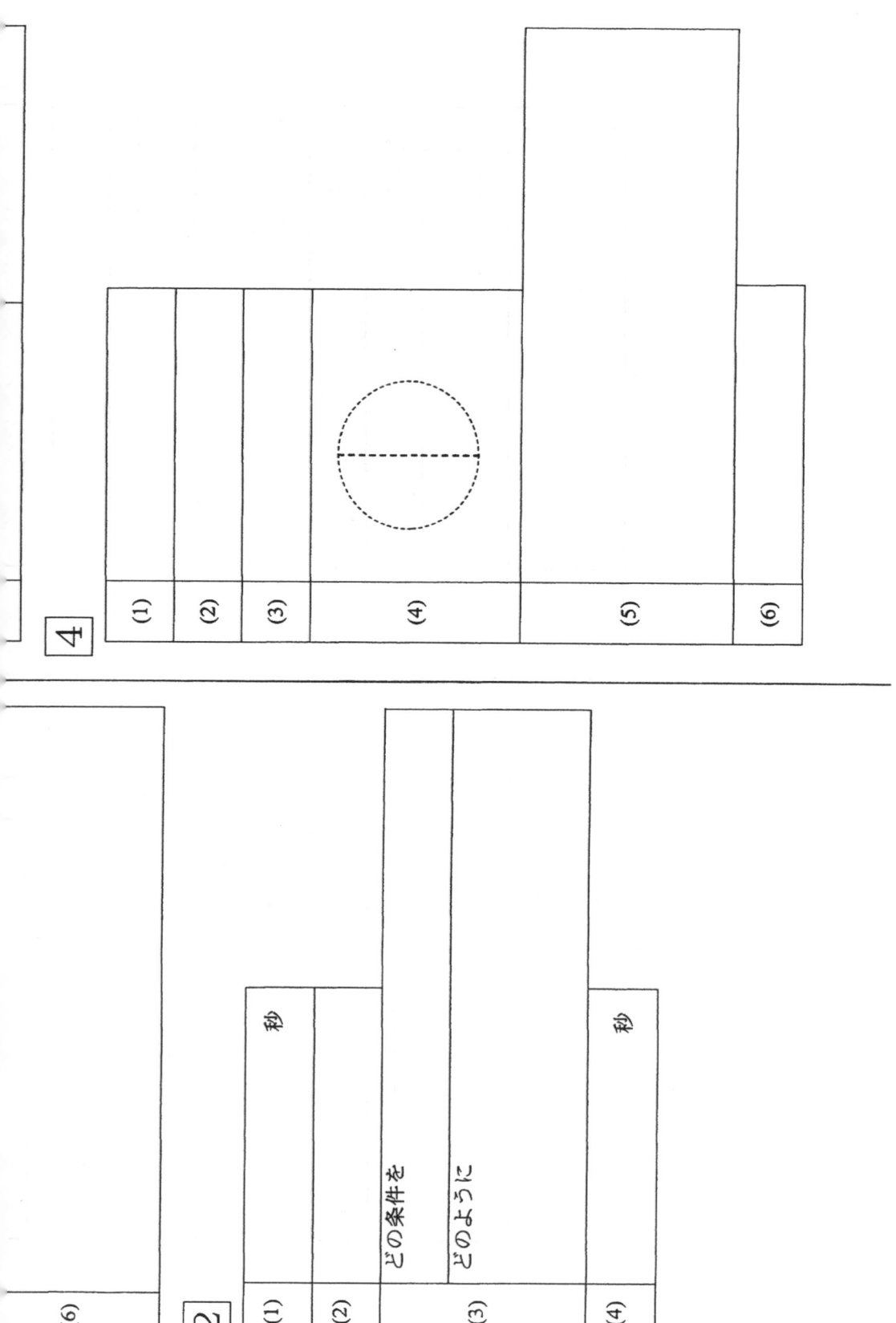

(1)	秒
(2)	
(3)	どの条件を どのように
(4)	秒

4

(1)	
(2)	
(3)	
(4)	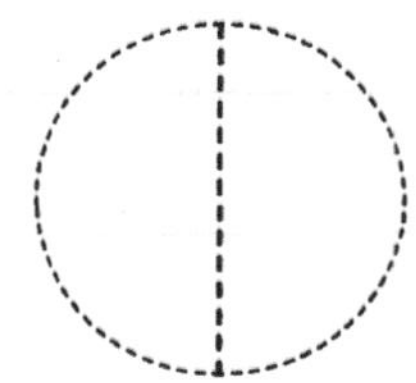
(5)	
(6)	

7

8

I

II

9

10

11

三

150

200

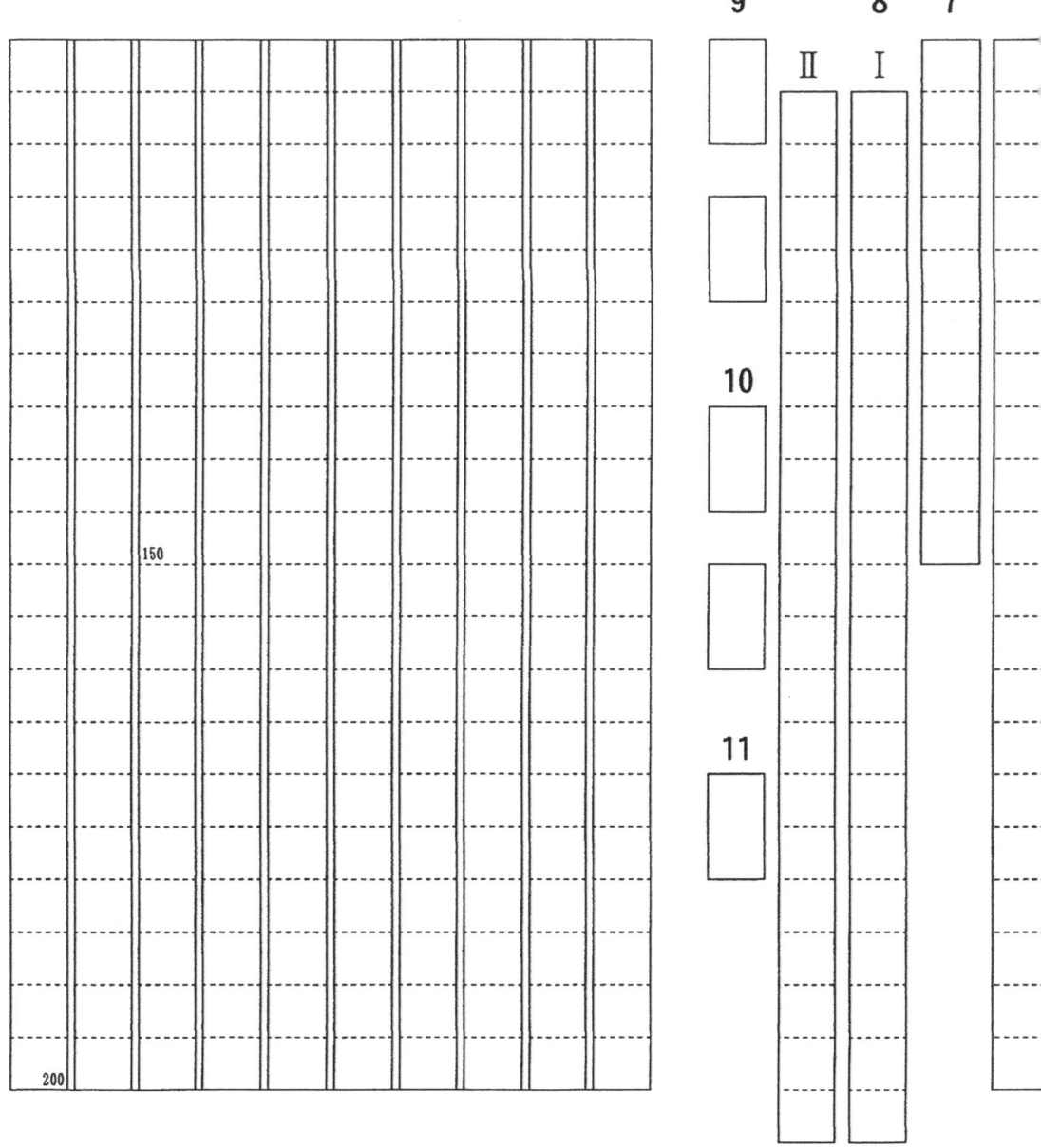

第2次選考の検査Ⅳで「図画工作」を受験するみなさんへ（令和4年度）

（注）このプリントの内容に関しては質問を受けつけませんので、よく読んで内容を理解してください。

◆検査内容

1. あるものをよく見ながら、絵をかいてもらいます。
2. 自分の作品についての説明を、配布した用紙にかいてもらいます。

※時間は1と2の両方で25分です。
※用具は4Bのえんぴつと消しゴムです。
※見てもらうものは検査時に発表します。

◆採点は次の点に注目しておこないます。

・ものをよく見て自分の絵と比べ、形を確かめながら、考えてかいているか。
・紙のわくの大きさに注意して調和や配置をよく考えて、かいているか。
・線の強弱や太い線、細い線など、えんぴつの使い方を工夫して、かいているか。
・自分で絵をかいたときに工夫したことを、言葉で具体的に説明しているか。

◆準備物

・こさが4Bのえんぴつ
・消しゴム（ねり消しは使えません）
（それぞれの予備は自分で考えて用意してください）

第２次選考の検査Ⅳで「体育」を受験するみなさんへ（令和４年度）

（注）このプリントの内容に関しては質問を受けつけませんので、よく読んで内容を理解してください。

◆検査内容

・筆記による検査をおこないます。
・ある種目の運動をおこないます。
※種目、内容については検査時にお知らせします。

◆採点は次の点に注目しておこないます。

・体育に関する基礎（きそ）的・基本的な知識および技能が身についているか。

◆準備物

・筆記用具
・運動に適した服装
・体育館シューズ
・ウィンドブレーカーやコートなどの防寒着

※説明時や待機時にはマスクを着用してもらいます。
実技を行う際には、着けたままおこなっても外しておこなっても、どちらでも構いません。ただし、外す場合は、自分でマスクを管理してください。（ポケットに入れたり、ビニル袋を用意したりするなど）

〈資料3〉

・空気中の汚染物質を測定し、監視を行う　　・自動車の保有台数を制限する。
・自動車のナンバープレートを利用して、交通規制を行い交通量を調整する

写真3

[問7]下線部⑦について、コミュニティ道路とは写真3のような道路のことを言う。道路の脇に花だんなどがあり、ところどころ道幅が狭くなっている。なぜ、このようなつくりの道路を作っているのか、説明しなさい。

[問8]下線部⑧について、情報通信について以下の問いに答えなさい。

[1]グラフ3は情報通信機器の世帯保有率を表している。グラフ3中のA～Cに当てはまる組み合わせとして正しいものを、表1のア～エから選び、記号で答えなさい。

グラフ3　情報通信機器の世帯保有率

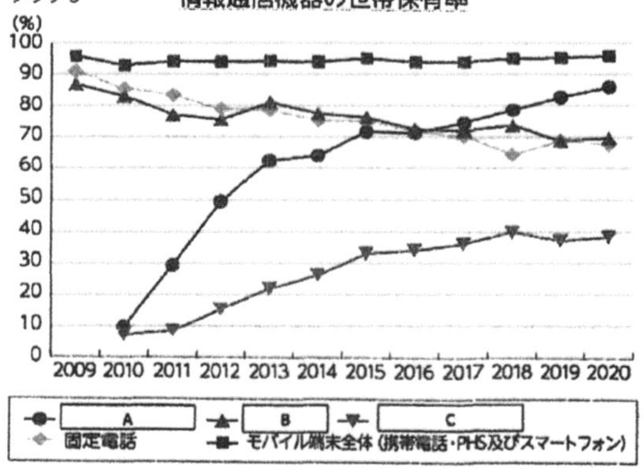

（出典）総務省「通信利用動向調査」

表1

	A	B	C
ア	スマートフォン	タブレット型端末	パソコン
イ	タブレット型端末	パソコン	スマートフォン
ウ	タブレット型端末	スマートフォン	パソコン
エ	スマートフォン	パソコン	タブレット型端末

[2]留学生Bは早速、自動車の値段を調べるために、インターネットを使った。正確な情報を入手する方法として、最も適切なものを以下から選び、記号で答えなさい。

ア：各自動車会社のホームページから調べて、必要な情報を整理した。

イ：有名なユーチューバーなどの動画を見て、その人の評価をもとに必要な情報を整理した。

ウ：SNS（ソーシャルネットワーキングサービス）で、自動車販売店の店長を名乗るアカウントに直接質問をして、必要な情報を整理した。

エ：一度に調べることができる価格比較サイトを使って、必要な情報を整理した。

信州 F・POWER プロジェクトについて

2 Aと中国からの留学生Bは自動車工場の見学に来た。以下の問いに答えなさい。

A：日本の自動車生産はとても盛んで、国内だけでなく海外にもたくさん輸出しています。
B：そうですね。自動車といえば、日本の会社の自動車を中国でも見かけたことがありました。
A：日本で生産した自動車を①船で輸出しているからですね。②名古屋港は、自動車を輸出する港として、とても有名です。一つの船でおよそ4000台の自動車を運べます。
B：それはすごいなあ！でも、どうしてそんなに大量の自動車を生産できるのか、気になるよ。
A：それは、ジャスト・イン・タイム方式という、必要な部品を必要な数だけ、組み立て工場に運ぶシステムがあるからだ。このシステムはとても効率的で、日本全国に広がっていくことになったんだ。
B：それはすごいシステムですね。この工場の会社は、自動車ではなく元々は、③布を織る機(はた)織り機を作っていたみたいですね。
A：④明治時代から大正時代にかけて、日本の近代産業が盛んになったころに、機織り機を作っていて、⑤1930年代には自動車生産を始めていました。
B：そのころの技術が現在にも引きつがれ、世界で活躍(やく)する企(き)業へと成長していったのですね。中国でも今は、経済発展が急速に進んで、人々の生活が豊かになっています。一方で⑥環境問題が深刻になっていて、対策が必要になっています。
A：環境への配慮(りょ)は、世界でも必要になってきますね。一方で、自動車と人との共生を目的にして、街には⑦コミュニティ道路が作られています。
B：安全・安心な街づくりが進められているのですね。私も大人になったら、自動車を買って、いろいろなところに出かけて行きたいなあ。
A：自動車を買うには多くのお金が必要になるから、⑧情報を集めてから、考えないといけないよ。

[問1] 下線部①について、船では自動車や機械類を主に輸出し、一方、航空機ではICチップや医薬品を主に輸出する。なぜ、自動車は、船で輸出されることが多いのか、航空機で輸送しない理由を明らかにして説明しなさい。

[問2] 下線部②について、名古屋港はどこの都道府県にあるか、以下から選び、記号で答えなさい。

ア：静岡県　　イ：福岡県　　ウ：愛知県　　エ：宮城県

[問3] 下線部③について、布は麻(あさ)、ポリエステルなどさまざまな素材が使用されている。次の問いに答えなさい。

[1]麻の布は、主に奈良時代のくつや袋に使用されていた。これらのものは聖武天皇が愛用したものや貴族たちが奉(ほう)納した器などとともに東大寺にある校倉(あぜくら)造の建物に収められた。この建物を何というか、答えなさい。

https://osaka-info.jp/spot/tomb-emperor-nintoku-daisen-kofun/
「OSAKA INFO 大阪公式観光情報より」

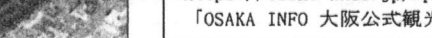

［問 4］下線部④のころについて述べた次のア～エの文を、時代の古い順番に並べかえたとき、３番目に来るものはどれか。以下から選び、記号で答えなさい。

ア：豊臣秀吉が朝鮮に初めて軍を送り、朝鮮の支配を目指した。　イ：関ヶ原の戦いが起こり、徳川家康が石田三成を破った。
ウ：長篠の戦いが起こり、織田信長が武田軍を破った。　エ：本能寺の変が起こり、明智光秀が織田信長を討った。

［問 5］下線部⑤について、豊臣秀吉が行った太閤検地を説明した次の文の（　X　）にあてはまるものを答えなさい。

豊臣秀吉は日本全土で水田や畑などを調査する太閤検地を行い、百姓に（　X　）を認めるかわりに、決められた年貢を納めさせる義務を負わせた。

［問 6］下線部⑥について、このとき資料１のように大阪の川を使って年貢(ぐ)や特産物など多くのものが集められた。この年貢や特産物を保管した倉庫を何というか答えなさい。

資料 1

菱垣新綿番船川口出帆之図（大阪城天守閣蔵）
https://nippon.zaidan.info/seikabutsu/2002/01046/contents/012.html
「日本財団図書館より」

［問 7］下線部⑦について、第二次世界大戦後に起こった出来事として誤っているものを以下から選び、記号で答えなさい。

ア：南部に韓国、北部に北朝鮮がつくられ、両国間での戦争が起こり、一つの民族が二つに分かれて戦った。
イ：アメリカで開かれた講和会議で日本は 48 カ国と平和条約を結び、翌年に独立を回復した。
ウ：選挙制度では満 25 歳(さい)以上の男女に平等に選挙権が保障された。
エ：日本はアメリカと安全保障条約を結び、関係を強めたが沖縄はアメリカに占領されたままであった。

［問 8］下線部⑧について、内閣について説明したものとして誤っているものを以下から選び、記号で答えなさい。

ア：内閣総理大臣は国務大臣を任命して内閣をつくる。
イ：外国と条約を結ぶ。
ウ：予算案や法律案を国会に提出する。
エ：内閣総理大臣は国会議員を辞めさせる権限を持つ。

図で表したものです。これについてあとの問いに答えなさい。

(1) 図1のAとBは太陽もしくは月の位置を表しています。太陽はどちらですか。AかBの記号で答えなさい。

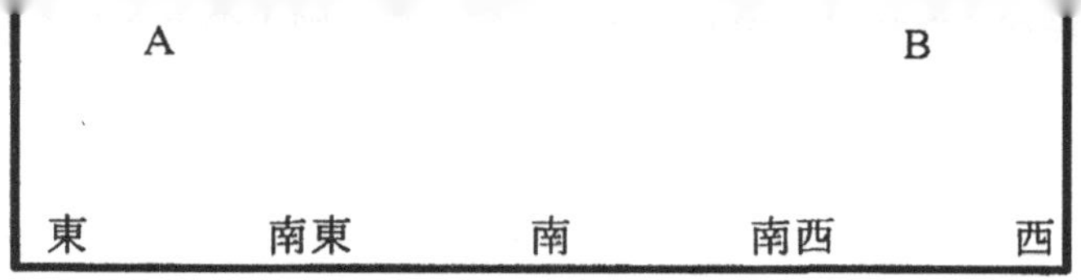

図2

(2) 図1は何時ごろの記録と考えられますか。次のア～エから1つ選び，記号で答えなさい。
ア．午前9時ごろ　イ．正午ごろ　ウ．午後3時ごろ　エ．午後6時ごろ

(3) 図1の記録を取った後，太陽と月の高さはどのように変化すると考えられますか。次のア～エから1つ選び、記号で答えなさい。
ア．太陽も月も高くなる　イ．太陽は高くなり、月は低くなる
ウ．太陽は低くなり，月は高くなる　エ．太陽も月も低くなる

(4) 図1，2の記録を取った日から3日後，同じ場所で月の観察を行うと，図1のときよりも月は太陽の近くに見えました。このとき見える月の形を解答用紙の図に書き入れなさい。ただし，図のかたむきについては考えないものとします。

(5) 月の形が日によって変わって見えるのはなぜですか。次の文の（　）に当てはまる説明を20～30字程度で述べなさい。
月は（　　　）ため，太陽と月の位置関係が変わることによって形が変わって見える。

(6) まいさんは図1の記録を取った日の1ヶ月後の午後7時に，同じ場所で西の空に見える星座を星座早見を使って観察しました。このとき，星座早見はどの部分を下に向けて観察すればよいですか。図3のア～カから1つ選び，記号で答えなさい。

図3
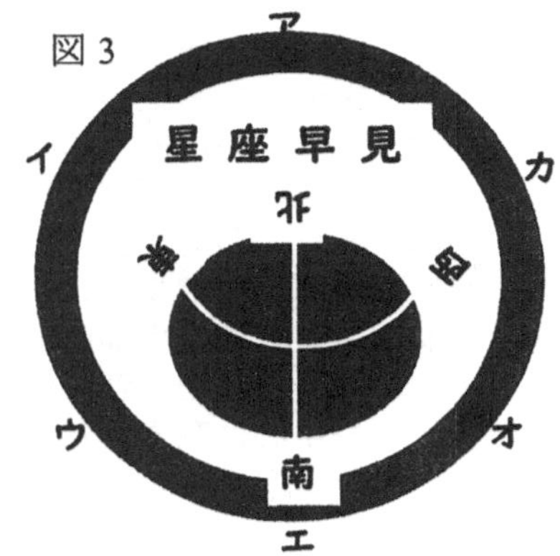

2 ふりこの性質を調べるために，おもりと糸を使って，図1のようなふりこをつくり，実験を行いました。あとの問いに答えなさい。ただし，まさつや空気のていこうは考えないものとします。

[実験1] ふりこの長さを20cm，おもりの重さを10g，ふれはばを20°にして10往復する時間を3回はかったところ，9.0秒，9.1秒，8.9秒でした。

[実験2] ふりこの長さ，おもりの重さ，ふれはばをいろいろ変えて，実験1と同じ実験を行い，ふりこが1往復する時間を計算しました。表は，その結果をまとめたものです。

図1

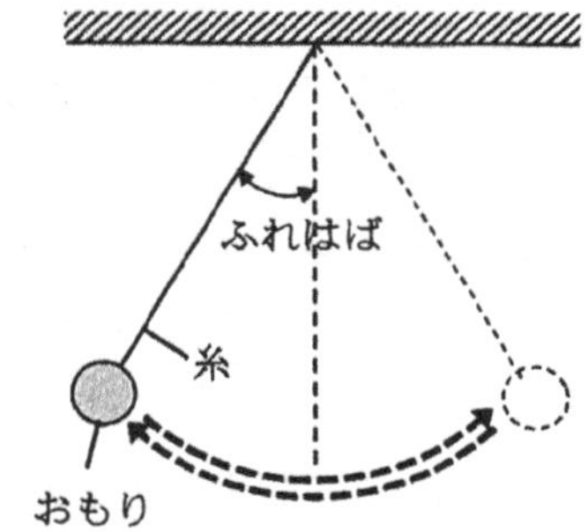

表

	ふりこの長さ[cm]	おもりの重さ[g]	ふれはば[°]	1往復する時間[秒]
①	15	20	30	0.8
②	20	20	20	0.9
③	40	10	20	1.3
④	40	20	20	1.3
⑤	40	20	30	1.3
⑥	60	20	20	1.6
⑦	60	10	30	1.6
⑧	80	20	30	1.8
⑨	100	10	30	2.0

図2

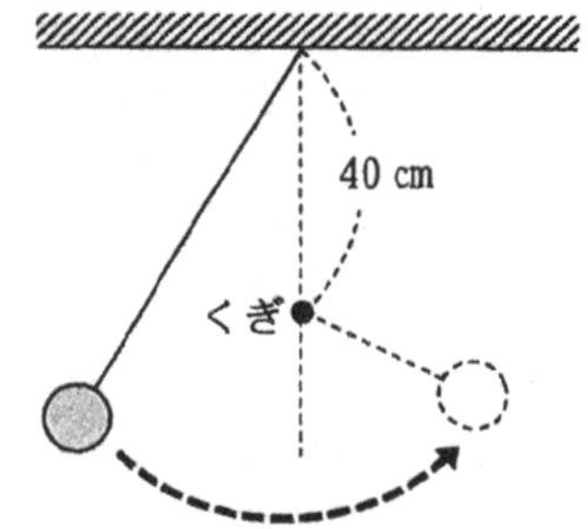

(1) 実験1の結果から，ふりこが1往復する時間を求めなさい。

(2) ふりこの往復する時間が「おもりの重さ」によって変わるかどうかを考えるには，表の①～⑨のどの結果を比べればいいですか。①～⑨から2つ選び，番号で答えなさい。

(3) ふりこが1往復する時間を半分にするには，「ふりこの長さ」「おもりの重さ」「ふれはば」のうち，どの条件を、どのように変えればいいですか。

(4) ふりこの長さ60cm，おもりの重さ20gのふりこを使って，図2のように，糸を固定したところから真下に40cmの場所にくぎをとりつけました。20°のふれはばでふりこを動かしたところ，ふりこは真下まで進んだあと，糸がくぎに当たっている間，くぎの部分を中心に動きました。このとき，ふりこが1往復する時間は何秒ですか。答えは，小数第2位まで答えなさい。

8　一辺が 1cm の黒色の立方体と白色の立方体がいくつかあります。図のように，白色の立方体をすき間なく組み合わせて，一辺が 5cm の立方体を作り，しゃ線部分の面を反対側の面まですべて黒色の立方体に入れかえました。このとき，次の問いに答えなさい。

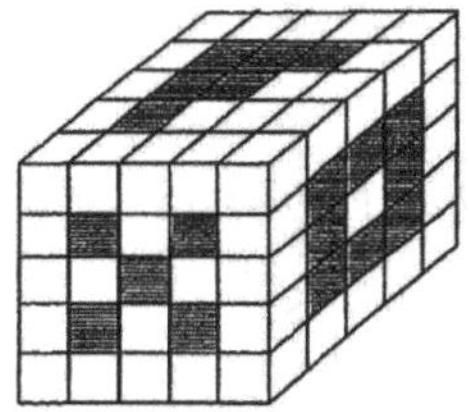

(1)　黒色の立方体の数を求めなさい。

個

(2)　黒色の立方体と 1 面以上くっついている白色の立方体の数を求めなさい。

個

べる朝食の栄養素を調べ，表したものです。(1)は表 1 を，(2)は表 2 を用いて次の問いに答えなさい。

表 1

月	10	11	12	1	2	3
脂質(g)	15.5	14.3	14.1	15.1	13.1	7.7

表 2

	主食	おかず		
栄養素	白米 (150g)	サケ (100g)	ブリ (100g)	マグロ (100g)
タンパク質(g)	3.8	22.5	21.4	26.4
脂質(g)	0.5	4.5	15.1	1.4

(1)　10 月～3 月の脂質の中央値を求めなさい。

g

(2)　かずやさんは毎朝，主食の白米(150g)に加えて，おかずを 3 品のうちから 1 品(100g)を好きに選んで食べるということを 7 日間続けました。7 日間に朝食でとった栄養素の合計を計算したところ，脂質が 50.0g でした。このとき，タンパク質の合計は何 g ですか。

g

m

(2) この列車の速さは時速何 km ですか。

時速　　　　km

3　図のような，980mL 入る，高さ 20cm，底面が正方形の直方体の容器が水平な台の上にあります。今，この容器に 833mL の水が入っています。次の問いに答えなさい。ただし，容器の厚さは考えないものとします。

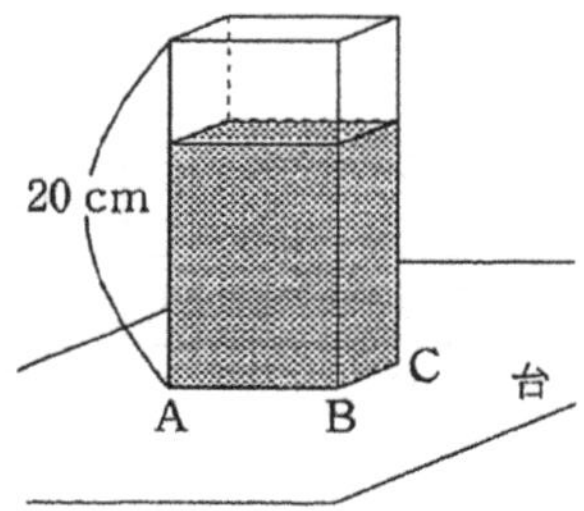

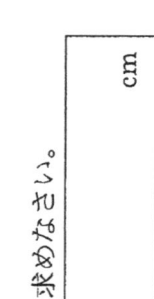

(1)　容器の底から水面までの高さを求めなさい。

cm

(2)　底面の辺 BC を水平な台につけたまま，右図のように容器を傾(かたむ)けていき，もともと入っていた水の量の 20% がこぼれた時点で傾(かたむ)けるのをやめました。このとき，AP の長さを求めなさい。

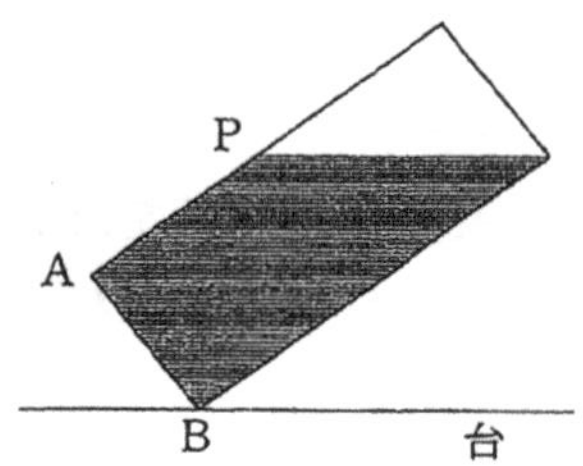

cm

答えなさい。ただし，消費税は考えないものとします。

(1)　A，B，C の 3 人で商品 X をおつりなく買う場合を考えます。3 人の負担する金額は所持金に対して等しい割合とするとき，A さんの負担する金額を答えなさい。

円

(2)　D が加わって，4 人で商品 X をおつりなく買う場合を考えます。4 人は，それぞれの所持金の 20%を出し合い，商品 X を買うことができました。D のもともとの所持金はいくらですか。

円

6　右の図は，半径 1cm の円を 7 個ぴったりとくっつけ周りを線で囲ったものです。囲った線の長さが最も短くなるとき，次の問いに答えなさい。

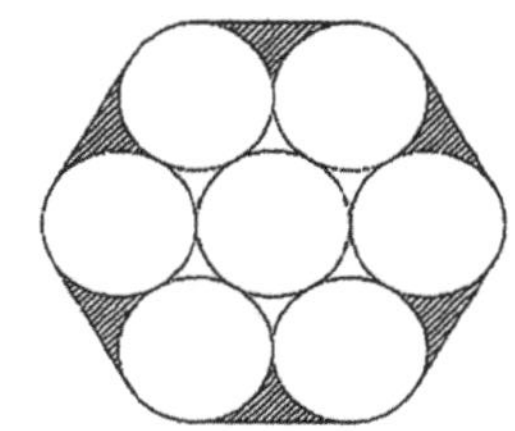

(1)　囲った線の長さを求めなさい。

cm

(2)　しゃ線部分の面積を求めなさい。

cm^2

——④「二重世界内存在」とは、どういうことですか。文中の言葉を用いて、次の文章の（　　）Ⅰ・Ⅱにそれぞれふさわしい言葉を十～二十字で書きなさい。

【私たちは、（　Ⅰ　）と同時に、（　Ⅱ　）存在だということ。】

この文章の内容として当てはまるものを次のア～オから二つ選び、記号で答えなさい。

ア、自然の草花にも小説やアニメにも、私たちにとっての表情がある。
イ、脳の神経伝達物質を明らかにすることも、意味の世界に関わる一つである。
ウ、花の可憐さに心打たれることは、人を愛することと同じ意味の世界に関わる。
エ、わたしたちが住んでいるのは、結局、意味の世界でしかない。
オ、哲学とは、わたしたちを囲む事柄の意味を見出すことである。

筆者の用いている説明・説得の筋道について、ふさわしいものを次のア～オから二つ選び、記号で答えなさい。

ア、二つの対立的な物事を比べて、一方を否定して自分の言いたいことを強めている。
イ、専門家の意見を引用することで、自分の言いたいことを強めている。
ウ、具体例を挙げて、その原因を追究することで自分の言いたいことを強めている。
エ、最初と最後に言いたいことを示し、その根拠（こんきょ）を真ん中で示している。
オ、読者に問いかけてその答えを想定し、読者の思考にそって説明を展開している。

この文章に小見出しをつける場合、最もふさわしいものを次のア～エから一つ選び、記号で答えなさい。

ア、わたしたちが生きる世界　　イ、自然科学と脳科学
ウ、「意味の世界」の可能性　　エ、いとしさ・恋しさの正体

「一か月以内に、世のために最も効果的な使い方をしなさい」と十万円をわたされました。どのように使いますか。あなたの考えを具体的に書きなさい。ただし、次の条件を全て満たすように書くこと。

条件1　二段落構成とし、一段落目に具体的にどのように使うのか、なぜそのように使おうと考えたのか書くこと。二段落目にその使い方をすることでどのような結果が想定されるか書くこと。
条件2　百五十～二百字で書くこと。
条件3　正しい原稿（げんこう）用紙の使い方に従って書くこと。

―④「当然村田さんもグーで、ハイタッチならずグータッチをしてくれると思ったのに、村田さんはぼくの差しだしたげんこつを、ボールでも受けるようにてのひらで包みこんだ」とありますが、ここから読み取れる二人の関係について、最もふさわしいものを次のア～エから一つ選び、記号で答えなさい。

ア、世代間のギャップがあって、互いの意志疎通がうまくいっていない。
イ、世代間のギャップがありながらも、互いに愛情が通い合っている。
ウ、個性が異なっていて、それぞれの主張がぶつかり合っている。
エ、個性が異なっていながらも、互いの特徴を認め合っている。

―⑤「いっしゅんぼくのげんこつが、なにかの植物の種になったような気がした」とありますが、どういうことですか。次の（　）Ⅰ・Ⅱに入る言葉を考えて書きなさい。ただし、それぞれ十～二十字で答えなさい。

【ぼくのげんこつが村田さんの手のひらに包まれたことで、（　Ⅰ　）を村田さんに（　Ⅱ　）ように感じたから。】

―⑥「村田さんはがんとして言いはった。」とありますが、何を言いはったのですか。十字以内で答えなさい。

―⑦「あー、でも」とありますが、この言い回しには、どのような気持ちが込められているのですか。次のア～エから最もふさわしいものを一つ選び、記号で答えなさい。

ア、相手の発言を不愉快に思って、ひとりであることを認めたくない気持ち。
イ、相手の心情を考えて、ひとりであることを心配させまいと気づかう気持ち。
ウ、自分の境遇を知られたくなくて、ひとりであることをごまかしたい気持ち。
エ、相手の勘違いが分かって、ひとりであることを丁寧に訂正する気持ち。

文中の「（　B　）」には、村田さんが最も言いたかった言葉が入ります。文中からぬき出し、最初と最後の三文字を書きなさい。

次の文章を読んで、後の問いに答えなさい。

野や山を歩いていて、ほおにすがすがしい風を感じたり、かたくりや百合の花の可憐さに心打たれたりするようなことがあります。いつも自然に、［（1）］その美しさに触れたいと思っている人には、風や花が①そういう表情を示してくれるように思います。［（2）］、目的地に急いで行くことだけを考えている人には、花の可憐さも何の注意も引かないにちがいありません。このように物はわたしたちに、単なる物以上のもの（つまり「こと」）として表情を伴ってアラワれてくるわけですが、それは言いかえれば、わたしたちがそこに「意味」を見ているということでもあります。野の花のなかにわたしたちは、わたしたちを和ませてくれる、そしてわたしたちの生活を潤いのあるものにしてくれるという「意味」を見ているのです。同じようにミ

お詫び

著作権上の都合により、文章は掲載しておりません。
ご不便をおかけし、誠に申し訳ございません。

教英出版

令和三年度　入学者選考検査

大阪教育大学附属池田中学校

第一次選考　検査Ⅰ（国語）（50分）

（注）句読点（、や。）やかぎかっこ（「」）などの記号はすべて一字として数えます。
また、「僕（ぼく）」のように読みがなをふってある漢字は、答える時にひらがなに書きかえてもかまいません。なお、文章中の一部の漢字をひらがなにしています。

一　次の文章を読んで、後の問いに答えなさい。

（江戸（えど）時代、薩摩（さつま）（今の鹿児島県（かごしまけん））で祖父（喜作）と祖母、母（まさ）、弟と暮らす沙奈（さな）。農業を営む沙奈の家は＊年貢（ねんぐ）の不足を補うため、春と秋の二回、＊色酢（いろず）を作っている。母が身体を悪くして、昨年から沙奈も色酢の＊仕込（しこ）みを手伝うようになった。今年も春の＊彼岸（ひがん）になったので色酢の仕込みに取りかかろうとしている。）

著作権に関係する弊社の都合により本文は省略いたします。

教英出版編集部

著作権に関係する弊社の都合により
本文は省略いたします。

教英出版編集部

（志川節子　『藍の襷』より）

＊年貢…米で納める税のこと　＊色酢…色のついた食用の酢
＊仕込み…原料をまぜてつめること　＊彼岸…春分の日の前後
＊敷居際…障子と床の接する所につけるみぞ　＊框…げんかんの上り口
＊麹…米などの食品を発酵させるカビ　＊柳行李…柳の木の皮で編んだ箱型の入れ物
＊襷…和服のそでをたくし上げておくために斜めに掛ける布
＊升…体積の単位。一升は約一・八リットル　＊夕餉…夕食
＊母屋…屋敷の中心となる建物　＊明朝五ツ…次の日の午前八時
＊一刻…二時間　＊郷内…いくつかの村を合わせた土地の中　＊蔑む…みくびる。ばかにする

1　～a「ウラテ」b「支度」のカタカナは漢字に、漢字はひらがなに直しなさい。

2　―①「私を頼る気持ちはすっぱり断ち切ること」という部分に込められた母の思いとして最も
てはまるものを次から一つえらび、記号で答えなさい。
ア、今までの麹造りのやり方を変え、新しい方法を見つけてほしいという思い。
イ、沙奈が新しい仕事場に行くので、自分のことは忘れてほしいという思い。
ウ、沙奈も大人になったので、親ばなれをしてほしいという思い。
エ、娘の沙奈に麹造りを引きつぎ、自立してほしいという思い。

3　―②「なんとなく、背すじの伸びる思い」とは、どのような思いですか。六十字以上八十字以
で答えなさい。

4　―③「米を洗って水に浸すこと」の作業の中で、沙奈が作業に集中していることが読み取れる
現を一文ずつ、合計二文ぬき出し、それぞれはじめの三字を答えなさい。

5　―④「姉さん、これは玄米だよな。糠を取れば、白いおまんまになるんだろ」の発言について
この時の孝太の願望を十字以内で答えなさい。

6　あ に当てはまる文として最もふさわしいものを次から一つえらび、記号で答えなさい。
ア、借金が目に見える姿に化けてるだけの
イ、いずれ返さなければならないお米という
ウ、お金に代わることで初めて食べられるという
エ、東雲屋さんに感謝しながらいただく

その二

技術や体力が*拮抗しているプロレベルになると、思考力の差が勝敗を⑤左右するといっても過言ではありません。緊張や疲れなどにより、ほんの一瞬の隙が命取りとなるわけです。思考力の高さがプレーでの状況判断に影響することが容易に想像できます。

何かコメントを求められたときに、「えーと」「あのー」などを連発する人は、考えていない可能性が大です。

卓球の張本智和選手も、試合後のインタビューを聞いていると「えーと」「あのー」などのムダな言葉を発さず、よどみなく話を続けています。卓球という競技にも、思考力を感じさせる選手が多いように思います。これは、瞬時に思考・判断・表現しなければならない競技の性格と深く関係しているのでしょう。

卓球はしばしば「⑥100メートルをダッシュしながら、チェスをするようなスポーツ」とaヒョウされます。打球の方向や回転、スピードなどに応じて、二手先三手先まで読んだ上で、超高速でラリーを続けるからです。卓球選手は、普段かられん習や試合を通じて、こうした思考bクンレンを積み重ねているので、意味のある内容を端的に話す力も自然にc養われていると考えられます。

必要な言葉を速いスピードで話す人は、頭の回転も速いといえます。

脳内が高速回転している人は、［あ］スピードが［い］スピードを上回ります。ですから、自分の考えを口に出すとき、必然的に［う］になります。

（齋藤孝『思考中毒になる！』より）

*拮抗…互いに張り合って優劣の差がないこと。

1 ～a「ヒョウ」b「クンレン」c「養」のカタカナは漢字に、漢字はひらがなに直しなさい。

2 ―①「内容のある話ができない人は、思考できていないのと同じとみなされます」とありますが、なぜ思考の有る無しが話の内容によって判断されてしまうのですか。三十字以上四十字以内で答えなさい。

3 ―②と反対の内容を伝えている一文をぬき出し、はじめの三字を答えなさい。

4 ―③におけるA「マニュアル人間」とB「マニュアルを作ることのできる人間」は意味がちがいます。それぞれの意味することを次から一つずつえらび、記号で答えなさい。

ア、臨機応変に対応できる人間　　イ、様々なことを想定することのできる人間
ウ、指示の内容に工夫を加えて実行する人間　　エ、機転やゆうずうがきかない人間
オ、わかりやすい言葉を知っている人間　　カ、組織の中心として活躍する人間

5 ―④「しっかりと思考している人」の特ちょうについて、文章中から読み取れることとして当てはまるものを全てえらび、記号で答えなさい。

ア、緊張や疲れを感じていても判断ミスをすることがない
イ、曖昧な言葉を使わず、マニュアルを作成して人に教える
ウ、質問をされたときに意味の通った受け答えができる
エ、国際化の進んだ職場でも多様な言語に対応できる
オ、ムダな言葉を使わず、話を続けることができる

令和３年度
入学者選考検査

第１次選考　検査Ⅱ（算数）　その１

※80点満点
（配点非公表）

受験番号

※裏は計算用紙として使用してよい。

※解答はすべて □ の中にかきなさい。

※分数の解答は，それ以上約分できない分数でかきなさい。

※この検査において，円周率は 3.14 とする。

（50分）

1　次の □ にあてはまる数を求めなさい。

(1)　$2021 \times 10.6 + 1011 \times 21.2 - 2023 \times 10.6 = \square$

(2)　$0.375 + \left(0.75 - \square \div 3 + \frac{7}{12}\right) = 1\frac{5}{8}$

2　あるケーキ屋さんの価格表は右のようになっています。次の問いに答えなさい。

価格表

ケーキ大	定価 2000 円
ケーキ小	定価 1200 円
令和ケーキ	定価 □ 円

※ケーキの定価には下記の消費税がかかります

消費税　店内での飲食 … 10%
　　　　それ以外（配達・持ち帰り） … 8%

配達は配達代金として追加で 400 円（税こみ）

(1)　A さんは「ケーキ大」が 20％引

4　1 辺が 1cm の立方体を組み合わせて 2 種類の直方体をつくります。図 1 は 4 個の立方体を，図 2 は 60 個の立方体を組み合わせた直方体です。ここで，1 辺が 1cm の立方体の辺を 1cm の竹ひごに置きかえるとき，それぞれの直方体で竹ひごの必要な本数を求めなさい。ただし，複数の辺が重なっているところは 1 本の竹ひごに置きかえるものとします。

図 1
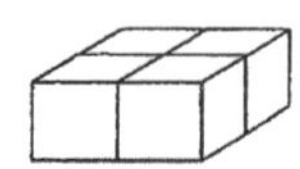

図 2
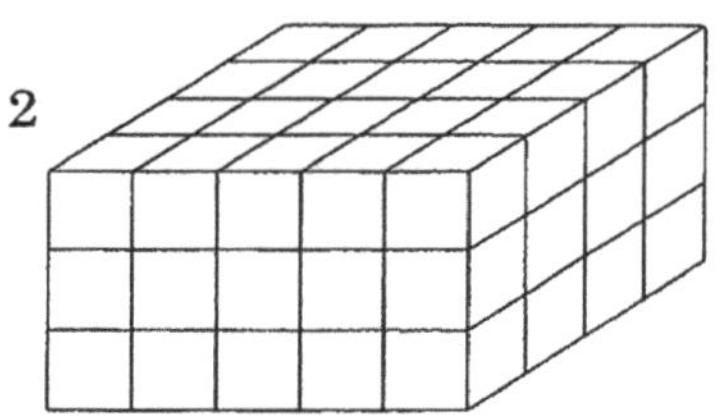

□ 本　　□ 本

5　A さん，B さん，C さん，D さん，E さんの 5 人の中

令和３年度
入学者選考検査

第１次選考　検査Ⅱ（算数）　その２

受験番号

7　Aさん，Bさん，Cさんが駅にいます。3人でタクシーに乗車し，それぞれの自宅へ向かいました。はじめにAさんが下車し，そこまでの運賃の3分の1をCさんに渡しました。次にBさんが下車し，AさんがCさんに渡した金額と同じ金額に加えて，Aさんの自宅から増えた運賃の2分の1をCさんに渡しました。最後にCさんは下車し，2人から受け取った金額をふくめて1940円を運賃として支払いました。その結果，Cさんが負担した金額はBさんより400円多く，BさんとAさんがCさんに渡した金額の比は31:15でした。次の問いに答えなさい。

(1)　Cさんが負担した金額を求めなさい。　［　　　　円］

(2)　Aさんが1人でこのタクシーに乗り，駅から帰宅した場合の運賃を求めなさい。　［　　　　円］

9　右の図のようにどこの厚さも1cmで，直方体の形をした鉄の容器と，いくらかの水が入った直方体の形をした水そうがあります。この容器を水そうに入れるとき次の問いに答えなさい。ただし，水そうの厚さは考えないものとします。

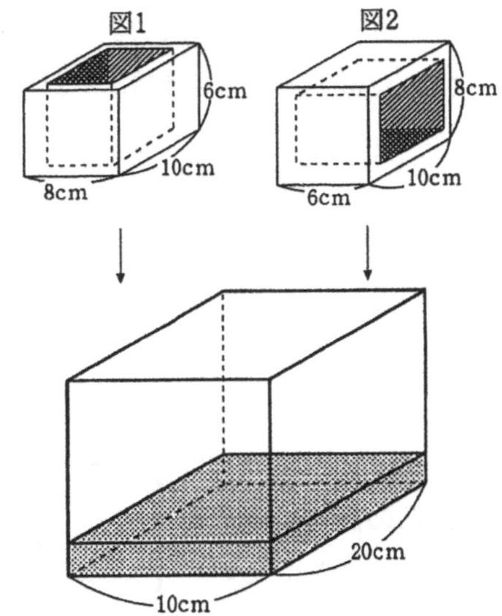

(1)　深さ3cmまで水の入った水そうに容器を図1の向きでまっすぐ入れたとき，水の深さは何cmになるかを求めなさい。　［　　　　cm］

令和３年度　　　　　　　　　　　　　　　　　　　　　　　　（※社会と理科から１科目を選択）

入学者選考検査

第２次選考　　検査Ⅲ（理科）

－その１－

解答はすべて解答用紙に記入(きにゅう)してください.
（40分）

1 右の表１は，白米・とうもろこし（実）・小麦粉（はく力粉）・乾燥(かんそう)した大豆と，大豆からできるもやし 100g にふくまれる成分についてまとめたものです。これについてあとの問いに答えなさい。

表１

	X	あ	い	う	その他
白米	14.9	6.1	0.9	77.6	0.4
とうもろこし（実）	77.1	3.6	1.7	16.8	0.8
小麦粉（はく力粉）	14.0	8.3	1.5	75.8	1.6
大豆(乾燥)	12.4	33.8	19.7	29.5	4.7
大豆もやし	92	3.7	1.5	2.3	0.5

＊日本食品標準成分表 2020 年度版より

(1)表１のあ・い・うには，「デンプンなどの炭水化物」「脂質(ししつ)」「タンパク質」のいずれかがあてはまります。「デンプンなどの炭水化物」にあてはまるのはどれですか。１つ選び，記号で答えなさい。

(2)表１のＸにあてはまる成分を答えなさい。

(3)大豆もやしは，大豆の種子を発芽させて光を当てずに成長させたものです。もし，発芽させたあとのもやしに光を当てるとどのように変化し，成長すると考えられますか。解答用紙のもやしの絵に変化のようすを図でつけたすとともに，何を表した図であるかの説明を図の横に書き入れなさい。

(4)大豆もやしを発芽させるのに最も適した温度を，次のア～エから１つ選び，記号で答えなさい。

ア．5℃　　イ．12℃　　ウ．25℃　　エ．38℃

(5)とうもろこしの実には，右の図１のように「ひげ」と呼ばれる細い糸のようなものが１本ずつついています。この「ひげ」はもともとは花のどの部分であったと考えられますか。次のア～エから１つ選び，記号で答えなさい。

ア．めしべの根元の部分　　　イ．おしべの先の部分

ウ．めしべの根元を除いた部分　　エ．おしべの先を除いた部分

図１

(6)右の表２は，ブタのさまざまな臓器 100g にふくまれる成分についてまとめたものです。表２のＸとあ・い・うは表１と同じ成分があてはまり，①～④は，心臓・胃・かん臓・じん臓のいずれかがあてはまります。かん臓は①～④のどれと考えられますか。記号で選びなさい。また，かん臓と判断した理由も合わせて答えなさい。（表の Tr はわずかにふくまれていることを表しています）

表２

	X	あ	い	う	その他
①	75.7	16.2	7.0	0.1	1.2
②	76.8	17.4	5.1	0	1.0
③	79.0	14.1	5.8	Tr	1.5
④	72.0	20.4	3.4	2.5	1.8

＊日本食品標準成分表 2020 年度版より

(7)わたしたちが<u>食べたものは消化され，養分</u>となったのちに吸収され，血液によって全身に運ばれていきます。また，<u>体の中でいらなくなったもの</u>も血液によって運ばれます。下線部の他に血液によって運ばれるものを１つ答えなさい。

解答はすべて解答用紙に記入（きにゅう）してください．

4 次の図１は，世界におけるある一定規模以上の地震（じしん）の分布を地図に示したもので，図２は世界における主な火山の分布を示しています。日本列島と災害について資料を参考にして後の問いに答えなさい。

図 1 地震の分布(気象庁パンフレットより)

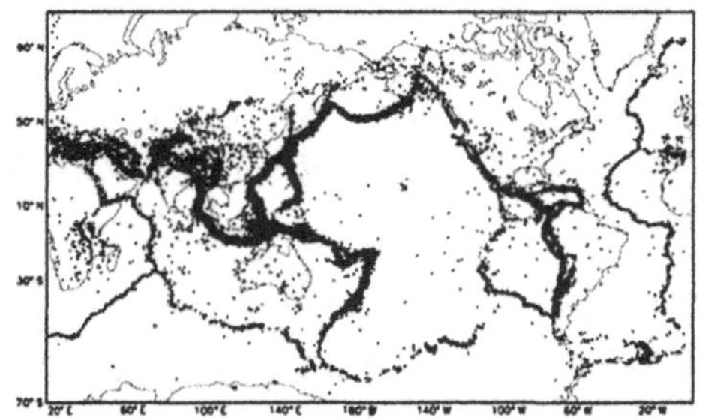

図 2 火山の分布(内閣府ホームページより)

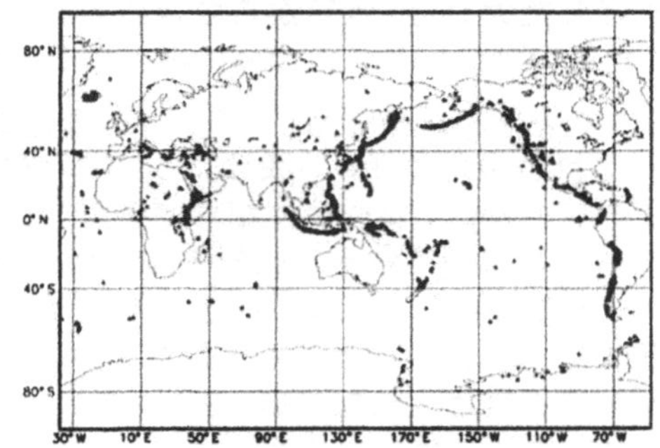

(1) 図 1, 2 から読みとった内容として誤っているものを次からすべて選び記号で答えなさい。

ア．地震の発生する場所は必ず海沿いの地域である。
イ．太平洋をかこむように地震が多く発生する地域がある。
ウ．世界全体を見ると，地震の発生する場所は世界中どこでも均等に分布している。
エ．大陸の内陸部にも火山が多く分布する地域がある。
オ．大陸から遠くはなれた海洋の地域には火山は見られない。
カ．大陸の中心部は世界全体の中では地震の発生割合は低い。
キ．日本以外に火山の分布が多く，地震の回数が多い地域はない。

図 3 被害の様子
(大林組ホームページより)

(2)図 3 は地震の際に発生する被害（ひがい）の 1 つです。この被害は地震によって大地が一時的に液体のようになりながら，大地の中から水や砂がふき上げてくる現象によって引き起こされ，地中にうまっている下水管などがうき上がったり地上にある建物がしずんでかたむいたりします。

①図 3 のような被害を起こす現象を何というか次から選び答えなさい。

ア．がけくずれ　イ．噴火（ふんか）　ウ．液状化　エ．津波（つなみ）　オ．地盤沈下（じばんちんか）

②次の図 4 は 1995 年の阪神淡路大震災（はんしんあわじだいしんさい）の際に①の現象が発生した場所を赤や黄色で示したもので，図 5 は神戸市の地面

図 4 被害分布(神戸市ホームページより)

図 5 神戸市の地面のなりたち(神戸市ホームページより)

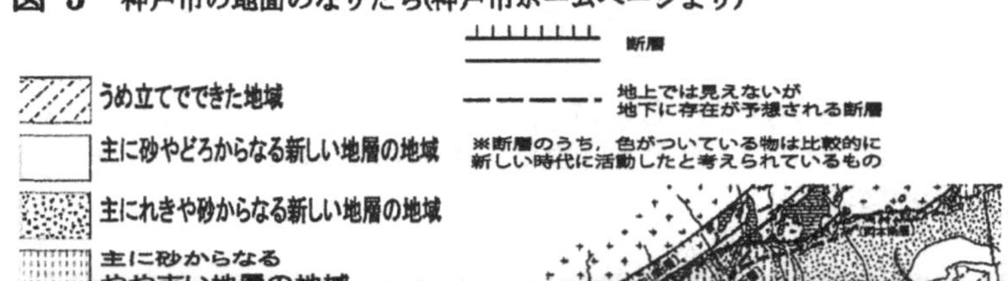

（※社会と理科から１科目を選択）

令和３年度

（40分）

第２次選考　　検査Ⅲ（社会）

－　その１　－

入学者選考検査

（注意）解答はすべて解答用紙に記入しなさい。なお，解答らんの横に（漢字）と書いてあるものは漢字で答えなさい。

1　次の文章は社会の授業でわたしたちの生活について学習をしたタロウくんが，先生に質問をしている様子です。この文章を読んであとの問いに答えなさい。

タロウくん：先生。今日の社会の授業について質問してもいいですか？

先生：どうぞ。どんなことが聞きたいのかな？

タロウくん：今日の授業で先生は，このままわたしたちの生活をかえなければ，地球に大きな負担がかかると言っていたけれど，具体的にどんな影響（えいきょう）が出るのか教えてください。

先生：地球温暖化や砂漠化（さばくか）が進んでいることも大きな問題の１つだね。もしかしたら酸性雨が降って①琵琶湖（びわこ）の水も飲めなくなってしまうかもしれないよ？

タロウくん：え！？それはこまるな。むかしはそんな問題ってなかったんですか？

先生：あまりなかったね。タロウくんも習ったようにかつて近畿（きんき）地方は政治の中心地として栄えていて②奈良県や京都府には都がおかれ，天皇（てんのう）を中心とする政治が行われていた。そのころの③貴族の生活はたしかに豊かであったけれど，環境に大きな負担はかけていなかったしね。もちろん④武士の生活も環境に負担をかけていなかったね。⑤明治時代に入って生活様式が大きくかわり，産業革命によって環境に負担をかけるようになっていったのかもしれないね。

タロウくん：そうだったんだ。今まで歴史の授業でならった人たちも⑥近畿にゆかりのある人が多いから，その人たちの時代の生活ものぞいてみたくなりました。それにしても生活が豊かになったから問題が出たのですか？

先生：いえ。豊かになったからこそ考えていかなければいけない問題なんですよ。じつは江戸（えど）時代には環境に配慮（はいりょ）した生活の工夫も見られていました。

タロウくん：え！？どんな工夫なんですか？

先生：⑦生ごみや油かすを集める工夫です。これなら今もできるでしょう？それに今はむかしよりもっと上手に生活できると思いますよ。タロウくんもそんな工夫を考えてみてくださいね。

タロウくん：はい！ありがとうございました。

［問１］下線部①は滋賀（しが）県にあります。この県の県庁所在地はどこか答えなさい。　資料１

[問7] 下線部④について，右の図2は武士の館の様子です。中央にある矢倉（櫓）門とよばれるものにはどのような役割があるか説明しなさい。

図2

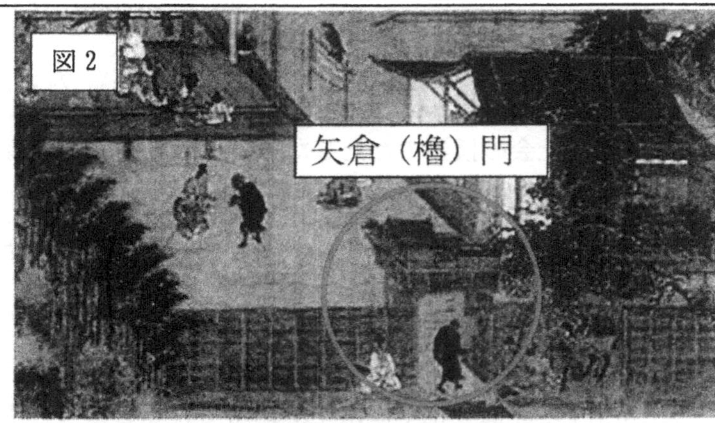

出典
「一遍聖絵 第4巻第1段 筑前の武士の館
山川詳説日本史図録/清浄光寺蔵」より

[問8] 下線部⑤について資料2はこの時代に作られた新政府の政治方針です。これを何というか答えなさい。

資料2

一　広く会議を興し万機公論に決すべし
（広く人材を集めて会議を開き議論を行い，大切なことはすべて公正な意見によって決めましょう。）
一　上下心を一にして盛に経綸を行ふべし
（身分の上下を問わず，心を一つにして積極的に国を治め整えましょう。）

[問9] 下線部⑤について，人々の生活が大きく変化したこの頃の様子として，正しいものを次より1つ選んで記号で答えなさい。

ア：百姓や町人には職業を選ぶ自由がなく，名字を名のることも許されなかった。
イ：経済を発展させるために外国から技術者をまねき，進んだ技術や知識を教わった。
ウ：西洋の制度が入ってきて建物や食事が西洋ふうの暮らしとなったが，小学校はつくられなかった。

[問10] 下線部⑥について，次のそれぞれの文章にあてはまる人物を語群より選んで記号で答えなさい。

[1]：この人物は幕府の元役人であった。幕府が苦しんでいる人々を救おうとしないことに抗議して大阪で兵を上げ，反乱を起こした。この反乱は幕府を大いにおどろかせた。
[2]：この人物は和歌山市で生まれた。イギリスとのねばり強い交渉で不平等条約の一部を改正し，治外法権を廃止した。
[3]：この人物は大阪で生まれた後に蘭学の勉強にはげみ「学問のすすめ」を著して学問の重要性を説いた。

[問 1] 年表の（　あ　）には都道府県名を答え，（　い　）には災害名もしくは地震名を答えなさい。

[問 2] 年表の（　い　）では津波による被害が特に大きく，その際に原子力発電所も大きな被害を受けました。そのためしばらくの間，電気が供給できなくなるということも起こりました。原子力発電の特徴の1つに地震や事故が起こったときに有害な物質が放出される危険性が挙げられます。これ以外に挙げられる問題点は何がありますか，説明しなさい。

[問 3] 資料3の下線部①では，大雨による被害を少なくする役割を果たす森林が面積の4分の3以上占めています。そのために古くから林業がさかんです。しかし林業に携わる人は年々少なくなってきています。これはなぜだと考えられますか，説明しなさい。

[問 4] 資料3の下線部②のように近所の人がおたがいに協力して助け合い，地域を守ることを何といいますか，漢字2字で答えなさい。

[問 5] 資料3の下線部③について次の問いに答えなさい。

[1] 下線部③の地域は、青森県南東部から岩手県沿岸をへて宮城県東部の総延長600キロメートルあまりの地域を指します。この3県に関係のないものを選んで記号で答えなさい。

ア：この県の東側は太平洋に面し，西側は奥羽山脈に接している。また県内には北上川が流れ，すりつぶした枝豆を用いる，ずんだもちが有名です。

イ：この県の北側には北海道と本州を結ぶトンネルがあります。また夏には，ねぶた祭りがひらかれ，日本で有数のりんごの生産地でもあります。

ウ：この県は日本で有数の米の産地です。米を半づき（おもちになる前の段階）にし，杉の串に巻きつけて焼いた，きりたんぽが有名です。

エ：この県は全国で面積が北海道に次いで2番目に広く，平泉には中尊寺があります。漁業ではワカメやアワビ・カキなどの養殖がさかんです。

[2] 下線部③は全国でも有数の漁場です。特にこの地域の近くには暖流と寒流のぶつかるところがあります。下線部③の周辺を流れる寒流を何といいますか。漢字で答えなさい。

[3] 下線部③では年表の（　い　）があったことで防潮堤をつくり，ハザードマップをあらためました。このハザードマップとはどのような目的で作られたものですか，説明しなさい。

[問 6] 資料3の下線部④の1つとして，自然災害に関する被害をできるだけ少なくする取り組みがあります。この取り組みには図3のようなダムの建設があります。これはどのような被害を少なくする取り組みですか，説明しなさい。

第２次選考の検査Ⅳで「家庭」を受験するみなさんへ（令和３年度）

（注）このプリントの内容に関しては質問を受けつけませんので、よく読んで内容を理解してください。

◆検査内容

小学校で学習した「日常の食事と調理の基礎（きそ）」「快適な衣服と住まい」「身近な消費生活と環境（かんきょう）」に関する知識と技能を身につけ、くふうができているかを検査します。

1．あたえられた課題について、質問に答えてもらいます。

2．あたえられた課題について、実技をしてもらいます。

◆採点は次の点に注目しておこないます。

・「日常の食事と調理の基礎（きそ）」「快適な衣服と住まい」「身近な消費生活と環境（かんきょう）」について、適した知識と技能を身につけ、くふうができているか。
・用具を安全面、衛生面に気をつけ、適切に使うことができているか。
・準備物の忘れ物がないか。

◆準備物

・筆記用具
・エプロン
・三角きん（バンダナでもよい）
・手をふくタオル

※その他必要なものは学校（本校）で用意します。

第2次選考の検査Ⅳで「音楽」を受験するみなさんへ（令和3年度）

(注) このプリントの内容に関しては質問を受けつけませんので、よく読んで内容を理解してください。

◆検査内容

1. ある歌の楽譜(がくふ)を見てもらい、楽器で演奏してもらいます。

2. 次に、その曲の歌詞の内容から感じたことをもとに、どのように表現をくふうして歌いたいかについて質問に答えてもらいます。

3. 表現をくふうしながら歌ってもらいます。せんりつはどの高さから歌い始めてもかまいません。

※演奏するときに使用できる楽器は、ピアノの音色の電子楽器か、リコーダーです。ピアノの音色の電子楽器はこちらで用意しますが、リコーダーは各自で用意してください。
※歌うときはマスクをはずしてもらいます。検査室は十分に換気(かんき)をし、人との距離(きょり)をとり、透明(とうめい)の仕切り板を用いて行います。
※検査の内容を録音します。ただし、この音源はこの選考のみに使用します。

◆採点は次の点に注目しておこないます。

・せんりつの音の高さやリズムを正確に演奏しているか。
・質問に対し、歌のイメージや歌い方のくふうについて自分の考えが伝わるように答えているか。
・適切な音の高さや正確なリズムで歌っているか。
・姿勢や口の開け方に注意して、自然でひびきのある発声で歌っているか。
・曲や歌詞を表現するために、歌い方をくふうしているか。

◆準備物

・リコーダー(使用する人)は各自で用意してください。
※リコーダーを忘れた時の貸し出しはできません。その場合は、ピアノの音色の電子楽器で演奏してください。

受験番号

令和三年度

入学者選考検査　第一次選考　検査Ⅰ（国語）解答用紙

答えを書くときに注意すること
- 句読点（、や。）やかぎかっこ（「」）などの記号はすべて一字としてかぞえます。
- 字数が決まっている問題に答えるときには注意してください。

※80点満点
（配点非公表）

一

1 a　b
2
3（80）
4
5（10）
6
7（20・25）
8
9
10 ⑧　⑨
11

令和 3 年度
入学者選考検査

第2次選考　検査Ⅲ（理科）　解答用紙

受験番号

※50点満点
（配点非公表）

1

(1)		(3)	
(2)			
(4)			
(5)			
(6)	記号		
	理由		
(7)			

2

4

(1)	
(2)	①
	②

5

(1)	
	断面図 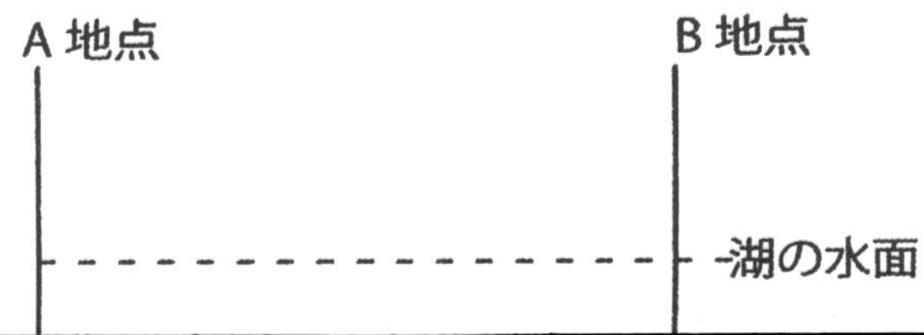

令和3年度
入学者選考検査

第2次選考　検査Ⅲ（社会）

受験番号

※50点満点
（配点非公表）

※　解答らんの横に（漢字）と書いてあるものは
漢字で答えなさい。

1

[問1]

[問2]

[問3]

[問4]

2

[問1]

あ	
い	

[問2]

[問3]

[問6]　（漢字2字）

[問7]

[問8]

[問9]

[問10]

[1]

[2]

[3]

[問11]

[問5]

[1]

[2]　（漢字）

[3]

[問6]

(1)	
(2)	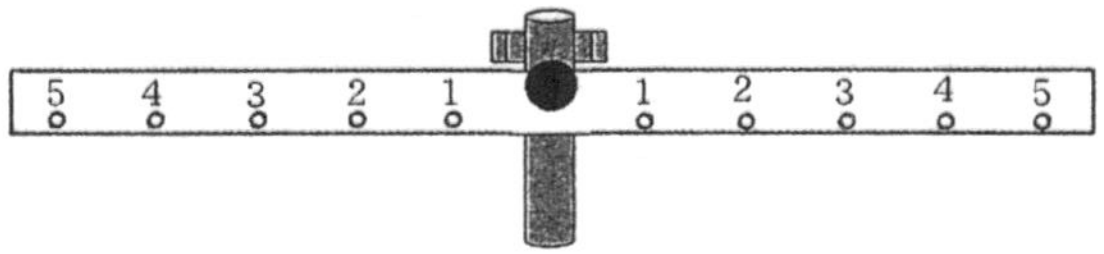
(3)	

3

(1)			
(2)		(3)	
(4)			

	説明
(3)	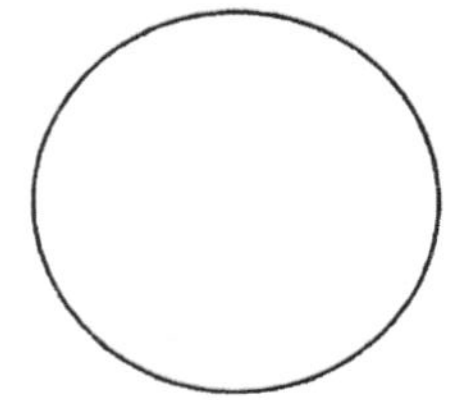
(4)	
(5)	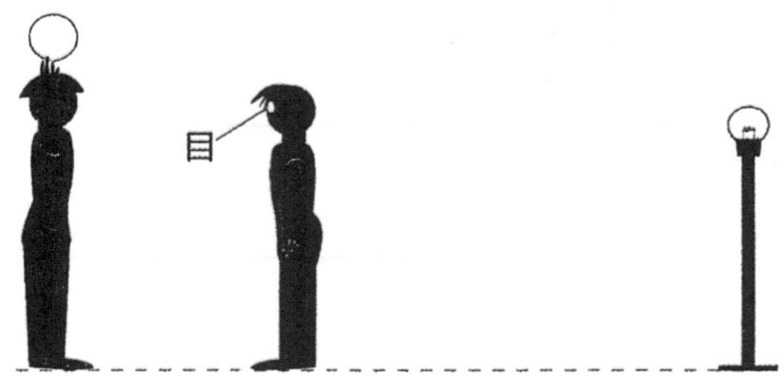

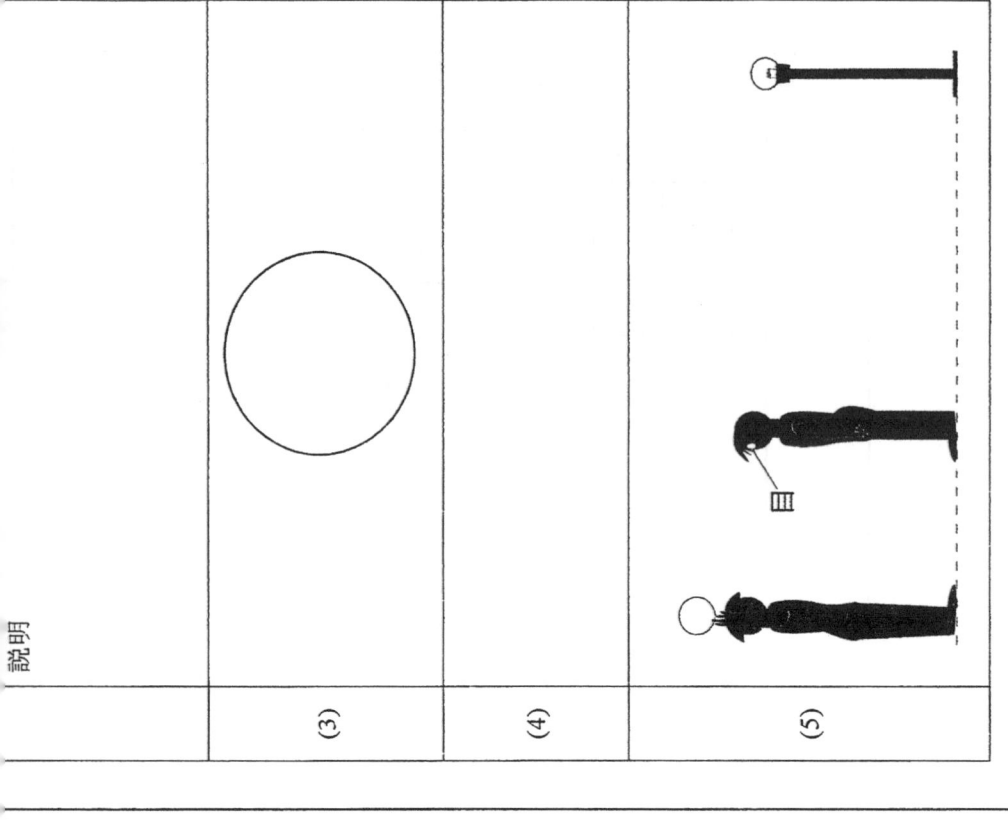

2
30
40
3
4
A
B
5
6
7
8
一
二
三
9
10
11

三

150
200

第2次選考の検査Ⅳで「図画工作」を受験するみなさんへ（令和3年度）

（注）このプリントの内容に関しては質問を受けつけませんので、よく読んで内容を理解してください。

◆検査内容

1. あるものをよく見ながら、絵をかいてもらいます。

2. 自分の作品についての説明を、配布した用紙にかいてもらいます。

※時間は1と2の両方で25分です。
※用具は4Bのえんぴつと消しゴムです。
※見てもらうものは検査時に発表します。

◆採点は次の点に注目しておこないます。

・ものをよく見て自分の絵と比べ、形を確かめながら、考えてかいているか。
・紙のわくの大きさに注意して調和や配置をよく考えて、かいているか。
・線の強弱や太い線、細い線など、えんぴつの使い方をくふうして、かいているか。
・自分で絵をかいたときに考えたことを、ことばで具体的に説明しているか。
・準備物の忘れ物がないか。

◆準備物

・こさが4Bのえんぴつ
・消しゴム（ねり消しは使えません）
（それぞれの予備は自分で考えて用意してください）

第２次選考の検査Ⅳで「体育」を受験するみなさんへ（令和３年度）

（注）このプリントの内容に関しては質問を受けつけませんので、よく読んで内容を理解してください。

◆検査内容

・ある種目の運動をおこないます。

※種目、内容については検査時にお知らせします。

◆採点は次の点に注目しておこないます。

・体育に関する基礎(きそ)的・基本的な知識および技能が身についているか。

◆準備物

・運動に適した服装

・体育館シューズ

・ウィンドブレーカーやコートなどの防寒着

※説明時や待機時にはマスクを着用してもらいます。

実技を行う際には、着けたままおこなっても外しておこなっても、どちらでも構いません。ただし、外す場合は、自分でマスクを管理してください。(ポケットに入れたり、ビニル袋を用意したりするなど)

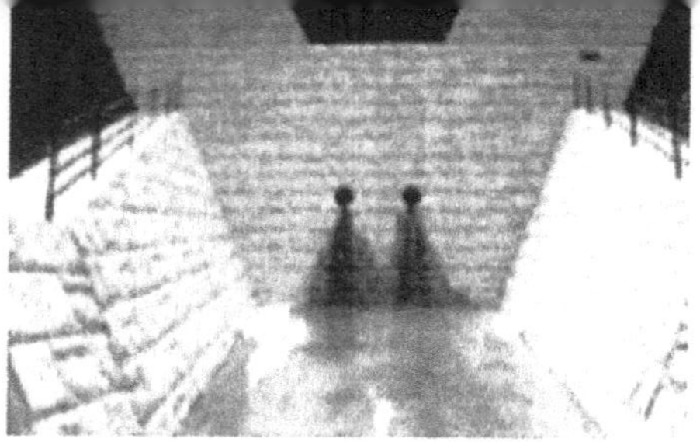

出典　「国土交通省　中国地方整備局　広島西部山系砂防事務所」

2 日本では毎年多くの被害をもたらす自然災害が発生しています。次の年表と資料3を見てあとの問いに答えなさい。

年表

1995（平成7）年1月17日	（　あ　）の淡路島北部を震源とした地震
2011（平成23）年3月11日	日本の三陸沖の太平洋を震源として発生した地震（　い　）
2016（平成28）年4月14日	熊本県と大分県で相次いで発生した地震（熊本地震）
2018（平成30）年6月28日	西日本を中心に，台風7号および梅雨前線等の影響による集中豪雨（平成３０年７月豪雨災害）
2019（令和元）年10月6日	関東地方や甲信・東北地方などで記録的な大雨（令和元年台風19号豪雨災害）

資料3

今からおよそ150年前，安政元年(1854年)11月（旧暦），紀州広村(現在の①和歌山県広川町)は大きな地震(安政南海地震)とそれに伴う津波に見舞われました。村は，36名の死者を出し、被害にあわなかった家は1軒もないなど，大きな被害を受けました。このとき35歳になる浜口梧陵は，逃げ遅れた者が逃げる方向を見失わないように，道筋にあたる水田の稲むら(ススキや稲束を積み重ねたもの。浜口家の稲むらだったと言われています。)に松明で次々に火をつけ、村人を安全な場所に導きました。また，彼は②被災者用家屋の建設，農機具・漁具の配給を始め被災者の救済に尽力するとともに，私財を投じて高さ約5m，延長約600mの堤防(広村堤防)を築きました。広村堤防は，昭和21年南海地震の津波が広村をおそったときには，村の居住区の大部分を津波から守りました。現在，町内には，浜口梧陵の偉業をたたえる碑が建立されています。ラフカディオ・ハーン(小泉八雲)は，明治29年の③三陸沿岸の津波災害の惨状と，伝え聞いていた浜口梧陵の偉業をヒントに，“ア リビング ゴッド（生き神様)”という短編小説を書きました。その後，小学校教員の中井常蔵により小学生向けに書き改められ，「稲むらの火」と題して昭和12年から10年間小学国語読本(5年生)に掲載されました。「稲むらの火」は，浜口五兵衛という老人が，海が引くのをみて津波の襲来を予測し，何も気づかない村人にこのことを知らせるため，稲むらに火をつけ，安全な場所に避難させたという話です。「稲むらの火」は実際の話とは異なっていますが，これを学んだ小学生に深い感銘を与えるとともに，防災に関する基礎知識を伝えたと評価されています。最近では，平成16年12月のスマトラ島沖大規模地震及びインド洋津波被害の際に，「稲むらの火」が津波対策の好教材として注目を集めました。私たちは，自然災害に周期的に襲われているいわば災害列島とも呼ぶことができる土地に住んでいます。改めてこの点を思い起こし，④日ごろから防災に関する意識を高めていく必要があるのではないでしょうか。

出典「https://www.mlit.go.jp/hakusyo/mlit/h16/hakusho/h17/index.html 平成16年度　国土交通省白書 コラム・事例」より

※　本文は一部改編している。

生息量を表しています。平成19年から生息量が減っているのは人の手によって外来魚が駆除(くじょ)されたからです。なぜ外来魚は駆除されたのか，琵琶湖におよぼす影響を考えて説明しなさい。またブルーギルやオオクチバスは外来魚です。

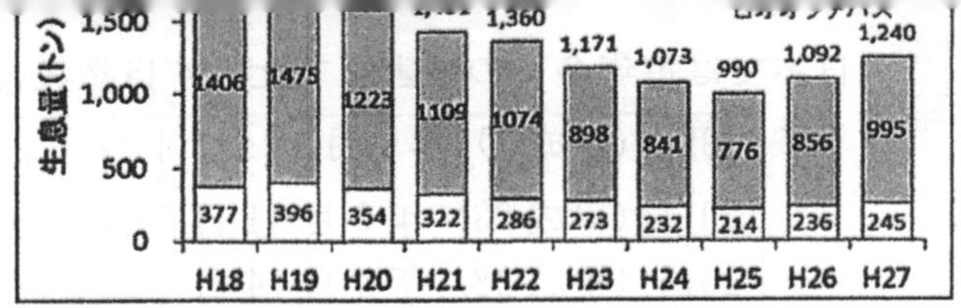

出典　「滋賀(しが)県 HP」より

［問 3］下線部②について 710 年に奈良県に移された都を何というか答えなさい。

［問 4］下線部②について 8 世紀ごろ京都では伝染病が広がり，地方ではききんや貴族の反乱が起こりました。そのために天皇は仏教の力を借りて国を鎮(しず)めようとしました。この天皇はだれか答えなさい。

［問 5］下線部②について，平安京の近くを流れる鴨川(かもがわ)は「賀茂川(かもがわ)の水，双六(すごろく)の賽(さい)，山法師(やまほうし)，これぞわが心にかなはぬ」と白河法皇をなやませていました。現在も鴨川は氾濫(はんらん)する可能性が考えられます。もし氾濫がおこったらどのような行動を起こせばいいですか。現在の洪水時の避難(ひなん)の心得として一般(いっぱん)的にあてはまらないものを，次より 1 つ選んで記号で答えなさい。

ア：避難するときは動きやすい服そうで 2 人以上での避難をおこなう。
イ：高齢者(こうれいしゃ)などの避難に協力する。
ウ：狭(せま)い道や川沿いなどを避(さ)けて避難する。
エ：すばやく避難をするために車での避難を行う。

［問 6］下線部③について右の図 1 は平安時代の貴族の住居の様子です。このような住居のつくりを（　　）造(づくり)という。（　　）にあてはまる語句を漢字 2 字で答えなさい。

図 1

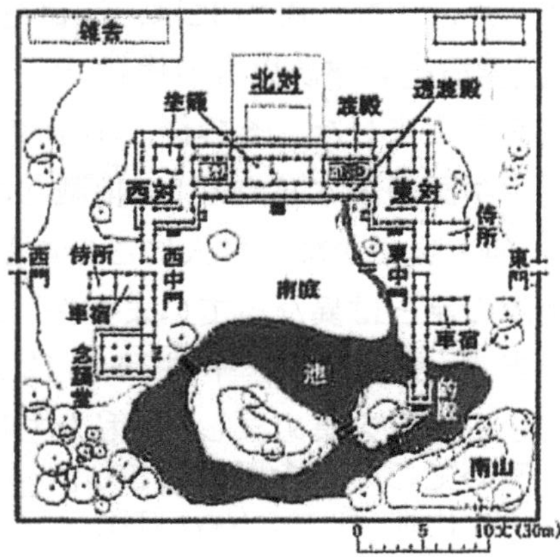

出典
「京都市歴史資料館　情報提供システムフィールドミュージアム」より

場所はどのような場所か答えなさい。

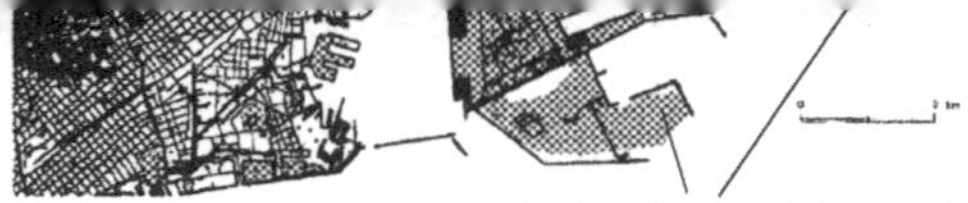

赤や黄色で示された部分

5 まさやさんとひろしさんは月についての調べ学習を行った後，図 3〜5 のように月の満ち欠けに関する実験を暗い場所で行いました。図 1 は調べた際の月面の写真で、図 2 はそれに関連して調べたカナダのケベック州のある地域を上空からとった写真です。このことについて後の問いに答えなさい。

(1)二人は図 1 の写真を見て，月面には多くの円形のくぼみがあることがわかりました。この円形のくぼみを何というか答えなさい。

(2)図 2 の写真で，濃い青色で示されているのは湖や川です。写真中央部にある円形の島はダム建設によって水が土地の低いところに貯えられた結果できた島です。二人は，この地形の共通点とちがう点について考えました。この地形と月面のくぼみとの共通点から、二人は月の表面のくぼみと同じようにできたのではないかと予想しました。次に，二人は月面のくぼみと図 2 の地形とのちがいについて考えるために地点 A から地点 B までの地形の断面図(地面を切って横から見た図)を考えることにしました。A—B 間のおおよその断面図を解答らんにかきなさい。また、この図 2 の地形と月面のくぼみとのちがいについて説明しなさい。

(3)月の見え方の実験について、二人の位置関係が図 3 のような場合，まさやさんから月(ボール)を見た場合はどのような形に見えるか解答らんの円をぬりつぶして，おおよそのようすを示しなさい。

(4)図 4 のようにまさやさんの正面に立ってボールを持った。この時，まさやさんはボールが満月のように見られると予想したが，予想のように見ることができなかった。なぜ，満月のように見えなかったのか考えて答えなさい。

(5)ひろしさんがボールを図 5 のように頭上にかかげたところ，まさやさんからボールを見ると満月のように見えた。この場所を基準にしたとき，新月の位置をあらわすにはどの位置にボールを持ってきたらよいか，解答らんの図に〇で示しなさい。ただし，月は観測者(まさやさん)の目の位置を中心として「円」をえがいてまわっていることとします。

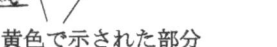

図 1

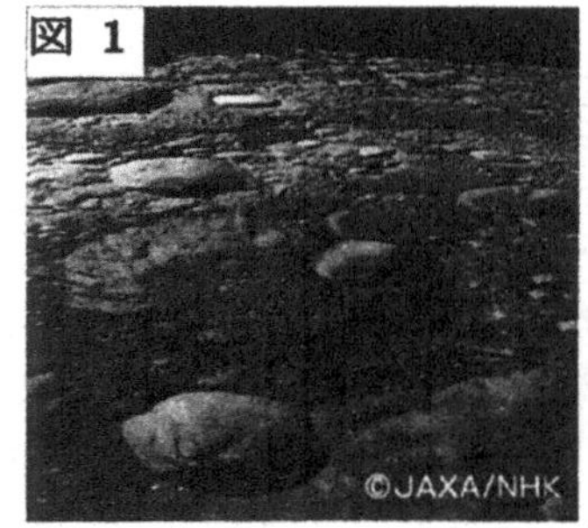

図 2

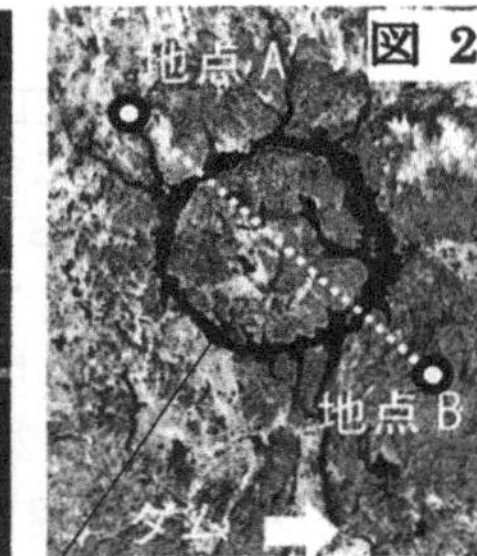

Google Map より

濃い青色で示された部分

図 3

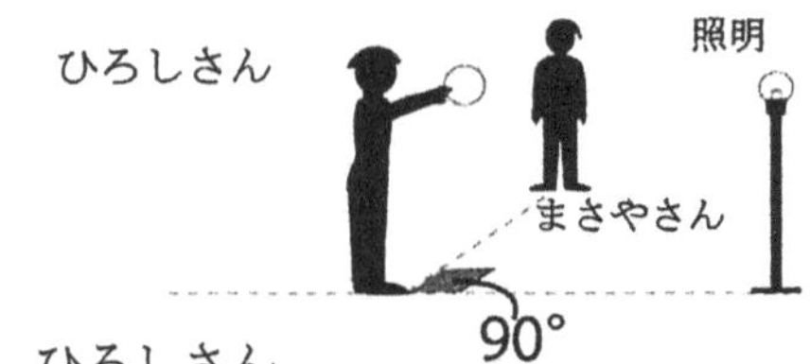

図 4

図 5

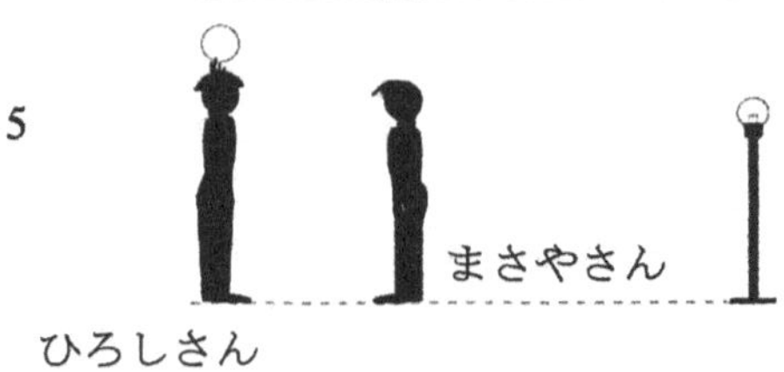

向をどのようにすればよいですか。次のア～ウから適当なものを1つ選び，記号で答えなさい。ただし，風向は固定して使用します。

ア．上向きにする。　イ．部屋の中心付近に向ける。　ウ．下向きにする。

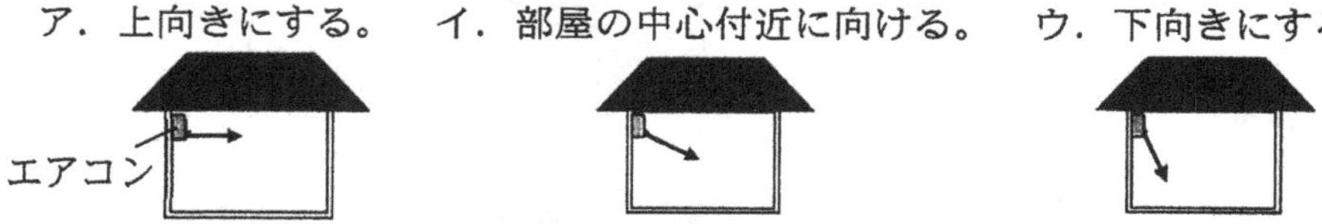

図1

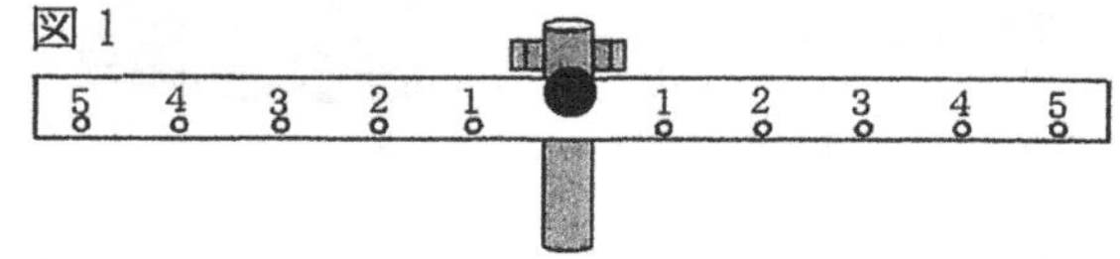

図2

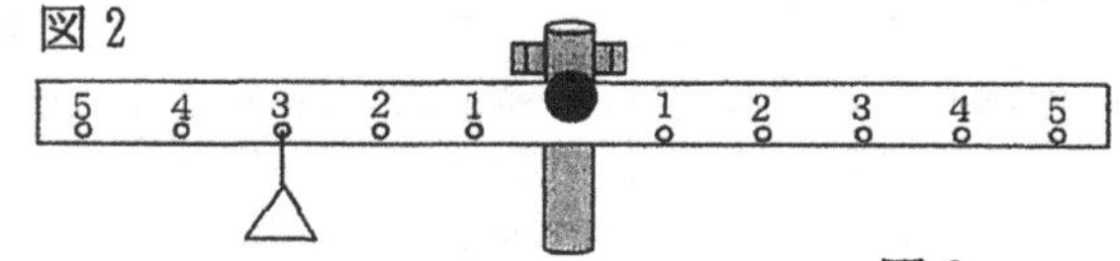

(2) はさみを使って工作をしていたひろしさんは，はさみがてこを利用した道具だと思い出しました。そこで，図1のような実験用てこを使って実験をしてみることにしました。家にあったおもりをすべて使って，どのようにつるすとてこが水平につり合うかを調べたところ，つり合うつるし方を何通りか見つけることができました。使ったおもりは10gのおもり○，20gのおもり△，30gのおもり□，40gのおもり◎の4個です。左のうでに30gのおもりだけをつるし，右のうでに10g，20g，40gの3個のおもりをつるしてつり合ったようすを，図2を参考に1つかきなさい。ただし，おもりは同じ位置に1個しかつるさないこととします。

図3

(3) ひろしさんは，おやつに図3のようなびんに入ったラムネを食べることにしました。すると，金属でできたねじ式のふたがかたくて，回すことができませんでした。以前母から，「ふたを温めると簡単に開けられるようになるよ。」と聞いたことを思い出したひろしさんは，実際にやってみると簡単に開けることができました。簡単に開くようになった理由を答えなさい。

3 4mのエナメル線を同じ向きに100回巻いたコイルの中心に鉄心を入れ，図1のようにコイルのエナメル線のはしをかん電池1個につなぎ，電磁石をつくりました。次の問いに答えなさい。

図1

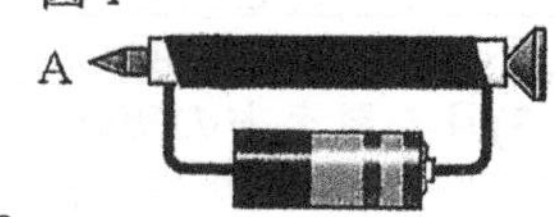

図2

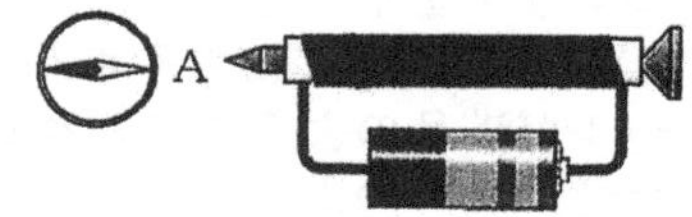

図3

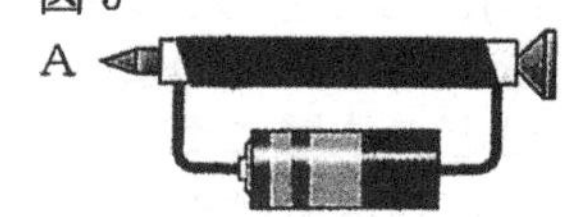

(1) エナメル線をそのままかん電池につないでも電流が流れません。かん電池につなぐ前にエナメル線にすることを，簡単に答えなさい。

(2) 図1の電磁石のAに方位磁針(じしん)を置くと，図2のようになりました。図3のようにかん電池の向きをつなぎ変えると，電磁石のBは何極になりますか。ただし，方位磁針は北を指す方がN極です。

(3) この実験の電磁石と比べて，電磁石をより強くする条件を調べようと思います。次のア～エのうち，正しく調べられているのはどれですか。すべて選び，記号で答えなさい。

ア．コイルを，8mのエナメル線で200回巻いたコイルに変えて比べる。

イ．コイルを，4mのエナメル線で50回巻いたコイルに変えて比べる。

ウ．かん電池を，かん電池2個を直列につないだものに変えて比べる。

エ．かん電池を，かん電池2個を並列につないだものに変えて比べる。

(4) ごみ処理場では，電磁石を使ったクレーンで、おしつぶした大きな鉄のかたまりを運んでいることがあります。磁石ではなく電磁石をつかうのは，電磁石にどのような特ちょうがあるからですか。簡単に説明しなさい。

ものです。この記録の平均値は 17.8 回，中央値は 18.5 回でした。次の問いに答えなさい。

小学生 10 人の二重とびの記録（回）

20	あ	11	23	い
17	22	う	19	14

(1) あ，い，うの 3 つの値の合計を求めなさい。

(2) 10 人の記録を次の 2 つの表に整理するとき，どの階級にも少なくとも 1 人はいることがわかりました。あ，い，うに当てはまる 3 つの値を求め，解答欄の左から小さい順に答えなさい。

回数（回）	人数（人）
5 以上～10 未満	
10 ～15	
15 ～20	
20 ～25	
25 ～30	
合計	10

回数（回）	人数（人）
6 以上～ 9 未満	
9 ～12	
12 ～15	
15 ～18	
18 ～21	
21 ～24	
24 ～27	
合計	10

うすく入れたとき，水の深さが 5cm になった。容器を入れる前の水そうの水の深さを求めなさい。

cm

10 右の図は円を 24 等分して 0 から 23 までの目盛りを書き入れたものです。点 P は 0 から出発し，時計の針と同じ向きに毎秒 5 目盛り，点 Q は 0 から出発し，時計の針と逆の向きに毎秒 11 目盛り，点 R は 13 から出発し，時計の針と同じ向きに毎秒 2 目盛り進みます。3 点 P，Q，R が同時に出発するとき，次の問いに答えなさい。

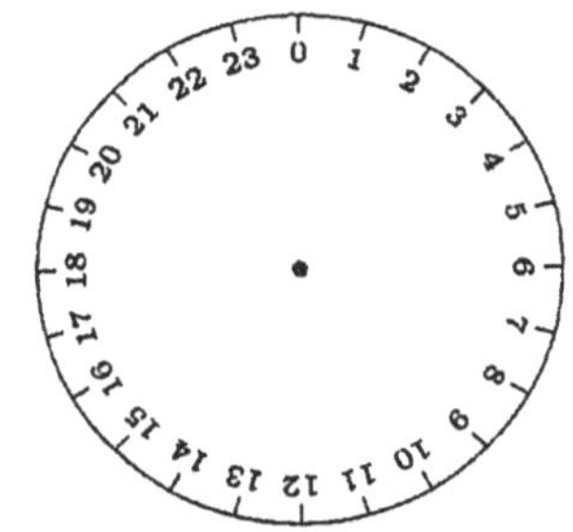

(1) 点 P，Q が出発してからはじめて重なったのは何秒後か求めなさい。ただし，点 P，Q が重なったのは目盛りの上とは限りません。

秒後

(2) 点 P，Q，R を結んでできる三角形が，はじめて正三角形となるのは出発してから何秒後か求めなさい。

秒後

にしました。代金はいくらになるか求めなさい。

円

(2)　Bさんは「令和ケーキ」を購入し，店内で食べました。Cさんは「ケーキ小」を購入し，配達してもらって家で食べました。Cさんの払った代金がBさんより200円多かったとき，「令和ケーキ」の定価はいくらになるか求めなさい。

円

3　A地点とB地点の間に436cmの2本の線路があります。長さ10cmの模型Pは秒速3cmで，長さ3cmの模型Qは秒速6cmでそれぞれの線路上を進みます。模型Pの最後尾はA地点にあり，模型Qの最後尾はB地点にあります。次の問いに答えなさい。

(1)　模型Pと模型Qが同時に出発してから，はじめて先頭部分がすれちがうのは何秒後か求めなさい。

秒後

(2)　模型Pが出発してから数秒おくれて模型Qが出発したとき，模型Pと模型QはA地点から181cmの地点で，はじめて先頭部分がすれちがいました。模型Qは模型Pが出発してから何秒おくれて出発したか求めなさい。

秒

るかを求めなさい。

通り

(2)　5人の中で足の速いAさんとDさんは必ずチームに選ばれることにし，2人を第1走者または第4走者にすると決めました。走る順序は全部で何通りあるかを求めなさい。

通り

6　下の図のように，半径が2cmの円を4等分した図形あといがあります。次の問いに答えなさい。

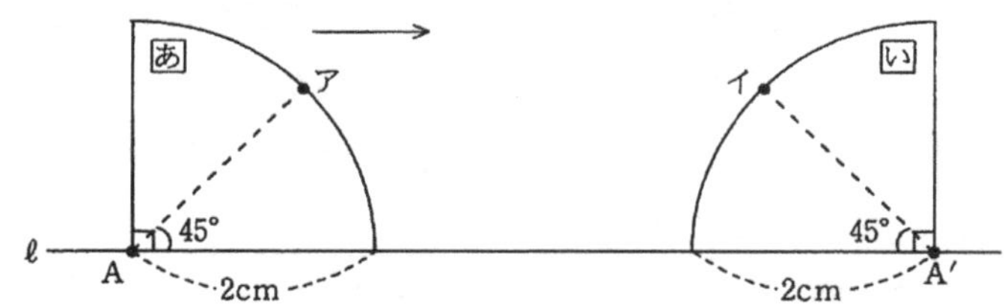

(1)　図において，図形あを直線ℓにそって矢印の方向にすべることなく転がすと，図形いとぴったり重なりました。このとき点Aのえがいた線の長さを求めなさい。ただし，点A′は点Aがはじめて直線上にきた点とする。

cm

(2)　図において，図形あを直線ℓにそって矢印の方向にころがさずにずらすと，点アと点イが重なりました。このとき，2つの図形の重なっている部分の面積を求めなさい。

cm^2

⑤「左右する」の意味を簡単に答えなさい。

⑥「100メートルをダッシュしながら、チェスをするようなスポーツ」とはどのようなことをたとえた言葉ですか。最も当てはまるものを、次から一つえらび、記号で答えなさい。

体を全力で動かしながら、頭も働かせなければならない大変なスポーツであること。
長時間にわたって最善の選択をし続けなければならないつらいスポーツであること。
別の競技のような複雑な動きを同時にしなければならない危険なスポーツであること。
集中力と反射神経と忍耐力が同時に求められる高度なスポーツであること。

スポーツと話し方の関係について説明した、次の一文の 一 ～ 三 に当てはまる言葉を文章中からそれぞれぬき出しなさい。

一（八字） が話し方に表われるので、瞬時の思考・判断・表現が求められるスポーツにおいても、思考力が高い一流の選手は話し方が 二（二字） く、 三（三字） ない、意味の通った受け答えをするなどの共通点がある。

あ ～ う にあてはまる言葉の組み合わせとして正しいものを次から一つえらび、記号で答えなさい。

あ 話す い 思考 う 早口　　イ、あ 思考 い 話す う ていねい
あ 話す い 思考 う ていねい　　エ、あ 思考 い 話す う 早口

この文章の特ちょうとして最も当てはまるものを次から一つえらび、記号で答えなさい。
つなぐ言葉をくり返し、論理的で分かりやすい説明的文章となっている。
有名なスポーツ選手などの具体例を用い、筆者の考えに説得力を持たせている。
外来語（カタカナ語）を多用し、日本固有の言葉では表現できない話題をのべている。
読者に思考力の重要性を説き、思考力を高めるための工夫を紹介している。

本文の内容と合致することわざを次から一つえらび、記号で答えなさい。
岡目八目　　イ、急いては事をし損じる　　ウ、下手の長談義
急がば回れ　　オ、石の上にも三年

〇二〇年の世界は、人々の人間関係においてどのような変化をもたらしましたか。
してそれを思う時、どのような物語を人々に紹介したいですか。あなたの考えを書きなさい。
だし、次の条件を全て満たして書くこと。

件1　「二〇二〇年に変化した人々の人間関係」を説明すること。
件2　そのような人間関係の世界に対して、紹介したい物語（ストーリーがあれば、本でも映画でも形式・種類は問わない）を挙げ、どのような点が現在の人々の人間関係に訴えるものがあるか説明すること。
件3　百五十～二百字で書くこと。
件4　正しい原稿用紙の使い方に従って書くこと。

問 —⑤「俵の米を十粒ばかり、持ってきてくれるかい。」とありますが、母が沙奈にこう頼んだ目的を二十字以上二十五字以内で答えなさい。

—⑥「まさが浅い息をついた」とありますが、この時のまさの気持ちとして最もふさわしいものを次から一つ選び、記号で答えなさい。

ア、あきらめ　イ、悲しみ　ウ、いかり　エ、失望　オ、軽べつ

—⑦「日ごろから気を配っておかないと」とありますが、何について気を配るのですか。気を配るものの中から、漢字二字のものをぬき出して答えなさい。

—⑧「舌を巻いた」—⑨「横槍を入れ」のそれぞれの言葉の意味に近いものになるように、□に漢字一字を書き、言葉を答えなさい。

⑧ [1] を見張る。　⑨ [2] をはさむ。

■ 当時の社会に対する沙奈の思いが書かれている一段落をえらび、はじめの三字を答えなさい。

次の文章を読んで、後の問いに答えなさい。

人間の思考レベルは、まずその人の「話し方」に表れます。会社などで「考えていますが、考えを言葉にすることができません」と言っても通用しません。①内容のある話ができない人は、考えていないのと同じとみなされます。

②自分の考えを言葉で表現できない人は、残念ながらこれからの世界では通用しにくいといえます。「仕事では、英語ができる、中国語ができるという以前に、意味のある内容を言葉にできる力がますます求められます。

言葉で説明できる人は、何かを人に教えることも上手です。「だいたい、こんな感じでガーッとやってください」「やっていくうちに慣れるから大丈夫です」といった曖昧な言葉でごまかさず、マニュアルのように順を追って段取りを伝えることができます。「③マニュアル人間」というと思考できない人間を意味しますが、相当な思考力がなければ、マニュアルを作ることはできません。

これから国際化が進み、職場に国籍や出身地など多様な背景を持つ人が増えるようになったときは、この種の説明スキルが威力を発揮します。

しっかりと思考している人は、何を質問してもしっかりした答えを返すことができます。その点、アスリートのインタビューの受け答えなどを見ていると、一流のアスリートの思考力の高さを感じることが多々あります。

例えば、サッカー界では、現在レアル・マドリード所属の久保建英選手のインタビューなどがそうです。久保選手は、スペイン語、日本語どちらで話しても、質問に対して意味の通った受け答えをしています。

サッカーの試合を観戦していると、失点シーンの多くは、テクニック不足というより、判断ミスから生まれていることに気づきます。サッカーの試合において文句のつけようのない劇的なシュートが決まるケースは例外であり、ほとんどの得点は相手チームの守備の判断ミスによってもたらされています。

著作権に関係する弊社の都合により本文は省略いたします。

教英出版編集部

著作権に関係する弊社の都合により本文は省略いたします。

教英出版編集部

令和二年度　入学者選考検査　大阪教育大学附属池田中学校

第一次選考　検査Ⅰ（国語）（50分）

（注）句読点（、や。）やかぎかっこ（「　」）などの記号はすべて一字として数えます。また、「僕（ぼく）」のように読みがなをふってある漢字は、答える時にひらがなに書きかえてもかまいません。なお、文章中の一部の漢字をひらがなにしています。

一　次の文章を読んで、後の問いに答えなさい。

（中学を卒業したばかりのルーチヨは、周りの目が気になり素直になれない中、無口な少女キアーラと出会い、大切な何かに気付いていく……。ある日、ルーチヨは、どうしてもゼフィーロという名のワシのひなが巣にもどるのを見届けたくて、おばのベアがいる山小屋を出発し、キアーラと巣のある岸壁（がんぺき）に向かう。）

著作権に関係する弊社の都合により
本文は省略いたします。
教英出版編集部

その一

著作権に関係する弊社の都合により
本文は省略いたします。

教英出版編集部

著作権に関係する弊社の都合により
本文は省略いたします。

教英出版編集部

（ジュゼッペ・フェスタ 作 杉本あり 訳『飛ぶための百歩』より）

＊遮断機…踏切（ふみきり）などで通行を制限する装置。　＊断崖…切り立ったがけ。　＊ストック…バランスを保つための杖（つえ）。
＊衝動的…心をつき動かされるまま。　＊呆然…あっけにとられる様子。　＊胎内…内側、中心部のこと。

1　～a「ジタイ」b「土砂」のカタカナは漢字に、漢字はひらがなに直しなさい。

その二

子どもたちが挙げたのは、休み時間の使い方でした。そのクラスでは、休み時間の多くが「クラス全員遊び」にあてられていて、あまり自由に遊べなかったのです。だからもっと、一人ひとりのやりたいことができる休み時間の使い方をしたいという意見が出ました。

また、気候などの条件によって、運動場で遊んではいけないという合図として赤い旗が立てられるのですが、中にはほんの小雨の時などにも旗が立てられるので、子どもたちは不満を抱えていました。

そこで、外遊びの禁止を、一方的に決められるのではなく、交渉の余地*をつくってほしいという意見が出ました。

こうして子どもたちは、①今ある二つのルールの改善案を導き出したのです。

この時、実習生は次のように念を押しました。もしこの改善案が採用されたら、みんなはそのルールをちゃんと守れるだろうか、と。「はい、もちろん」と子どもたちは答えます。

［ Ⅰ ］、その新たなルールが実際にちゃんと守られるかどうかは分かりません。さらに、子どもたちはいつか、新たなルールの不具合を感じることもあるかもしれません。

［ Ⅱ ］、それはまたその時に「考え、議論」し、問題解決に当たればいいことです。大切なのは、ルールは責任を持って守るもの、しかし同時に、それはみんながより自由になるために、自分たち自身でつくり直すことができるものなのだという感度を子どもたちが育んでいくことなのです。

ところが、この授業が、その後管理職*から激しく叱責*されることになりました。学習指導要領*にある内容項目は「きまりを守る」であって、「きまりを変える」ではないのだと。道徳の授業は学活（学級活動）ではないのだ、あなたの授業は学習指導要領違反であると。

［ Ⅱ ］、さっき言いましたように、彼の授業は学習指導要領違反などではありません。小学校三、四年生の学習指導要領にある、この授業における内容項目は、正確には［ ② ］です。この授業において、子どもたちは、ルールはみんながハッピーになるためのもの、自由になるためのものであるという意義を理解し、そしてそうであるかぎりにおいて、責任を持って必ず守ろうと約束したのです（学活と道徳科との関係については、またあとで述べることにします）。

［ Ⅰ ］、短期間しか授業を担当しない教育実習生が、今あるクラスや学校のルールを変えようなどという授業をするためには、（ A ）や校長先生と、前もってもっと対話しておかなければならなかったとわたしは思います。そうでなければ、それは非常に無責任な授業というほかないでしょう。（ B ）を、ある意味では煽るだけ煽って、学校を去っていくことになるのですから。この点は、（ C ）に大きな落ち度があったと思います。

［ Ⅱ ］、「ルールをつくり合う」ということに関しては、改めて、今の道徳の授業でやっていけないことでは決してないのです。むしろ、cセッキョクテキにやっていくべきだとさえ言えます。

（苫野一徳『ほんとうの道徳』より）

＊ゼミ…大学で研究のために作られた先生と学生の少人数のグループ。ゼミナール。
＊大前提…あらかじめ満たされていなければならない条件。　＊理不尽…物事の筋道が通らないこと。
＊余地…物事を実行するだけのゆとり。　＊管理職…教頭や校長などの、組織をまとめる立場の役職。
＊叱責…失敗やあやまちを強く非難すること。　＊学習指導要領…教育内容や教科の目標などを定めているもの。

1　～a「ソット」b「納得」c「セッキョクテキ」のカタカナは漢字に、漢字はひらがなに直しなさい。

その三

令和２年度
入学者選考検査

第１次選考　検査Ⅱ（算数）　その１

※80点満点
（配点非公表）

受検番号

（50分）

※裏は計算用紙として使用してよい。
※解答はすべて□の中にかきなさい。
※この検査において，円周率は 3.14 とする。

1　次の□にあてはまる数を求めなさい。

(1)　$\left(1-\frac{2}{5}\right)\times\frac{3}{4}+0.75\times\left(0.4-\frac{1}{9}\right)=\square$

(2)　$\left\{4\frac{3}{8}\div\left(6-\square\right)+1.5\right\}\times\frac{6}{7}=2$

2　ある一定の速さで走る電車が長さ 650 m のトンネルに入り始めてから通りぬけるまで 30 秒かかりました。また，同じ電車が 400 m の橋をわたり始めてからわたり終わるまで 20 秒かかりました。

(1)　電車の時速を求めなさい。

4　右の表は，ある中学校の１年Ａ組 36 人のハンドボール投げの記録を調べて表にまとめたものです。次の問いに答えなさい。

記録(m)	人数(人)
0 以上～　5 未満	2
5　～ 10	5
10　～ 15	7
15　～ 20	10
20　～ 25	7
25　～ 30	4
30　～ 35	1
35　～ 40	0
合計	36

(1)　記録が 10 m 以上 25 m 未満の生徒は何人いますか。　人

(2)　この中学校があるＩ市では，中学１年生の生徒のうち，記録が 25 m 以上の人の割合は，この学級と同じでした。Ｉ市の中学１年生の生徒数は1332 人です。Ｉ市で記録

令和２年度
入学者選考検査

第１次選考　検査Ⅱ（算数）　その２

受検番号

6　家族でお茶会に行きました。父は最初に出されたお茶の $\frac{1}{3}$ よりも４mL多く飲み，次にむすめが残りのお茶の $\frac{1}{2}$ より６mL少なく飲み，最後に残った36mLのお茶をすべて母が飲みました。

(1)　最初に出されたお茶の量は何mLだったでしょうか。

mL

(2)　むすめが飲んだお茶の量は，母が飲んだお茶の量の何倍でしょうか。

倍

7　右の図のような正方形を組み合わせた形の道があります。遠回りすることはないものとして，次の問いに答えなさい。

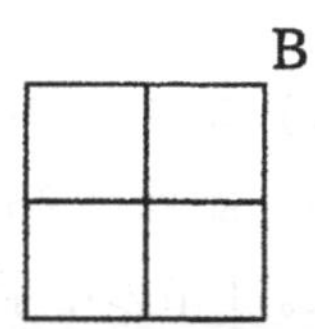

9　次の図は，直方体から４つの直方体を切り取って作った立体Ａと，直方体から１つの直方体を同じ向きに切り取って作った立体Ｂです。

(1)　この２つの立体の体積の合計を求めなさい。

cm^3

(2)　この２つの立体を組み合わせて１つの立体を作ったとき，表面の面積が最も小さくなるときの表面の面積を答えなさい。

cm^2

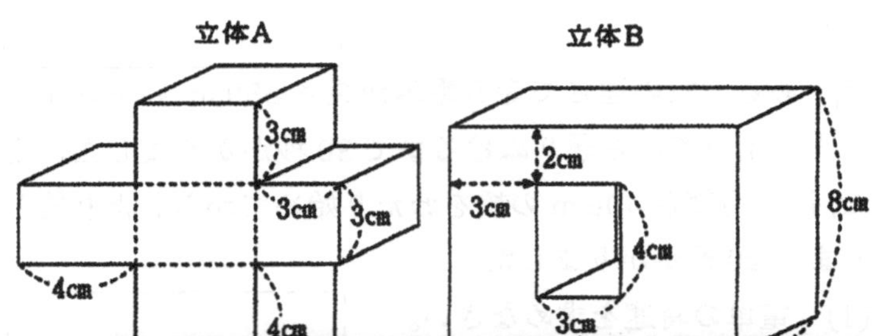

令和２年度　　　　　　　　　　　　　　　　　　（※社会と理科から１科目を選択）

入学者選考検査

第２次選考　　検査Ⅲ（理科）

－その１－

解答はすべて解答用紙に記入（きにゅう）してください。

（40分）

1 炭酸水，食塩水，石灰水，うすい塩酸の４種類の水よう液があります。これらの水よう液を使って，次の実験をしました。あとの問いに答えなさい。

[実験１]　青色と赤色のリトマス紙を使って，水よう液の性質を調べました。

[実験２]　それぞれの水よう液を蒸発皿に少量ずつとり，実験用ガスコンロで熱して蒸発させました。

[実験３]　小さく丸めたスチールウール(鉄)を試験管に入れ，うすい塩酸を加えたところ，鉄がとけて見えなくなりました。鉄がとけたあとの液を蒸発させると，固体が出てきました。

(1)　実験１で，石灰水をそれぞれのリトマス紙につけると，どのようになりますか。次のア～エから１つ選び，記号で答えなさい。

ア．青色，赤色どちらのリトマス紙も色は変化しない。

イ．赤色リトマス紙だけ色が変化する。

ウ．青色リトマス紙だけ色が変化する。

エ．青色，赤色どちらのリトマス紙の色も変化する。

(2)　実験２で，蒸発皿に何も残らなかったのはどの水よう液ですか。水よう液の名前をすべて答えなさい。また，何も残らなかった理由をかんたんに答えなさい。

(3)　実験３で，液を蒸発させると何色の固体が出てきますか。

(4)　実験３で出てきた固体と，新しいスチールウールを別々の試験管に入れ，それぞれにうすい塩酸を加えました。そのときの試験管内のようすについて，同じ点とちがう点を，それぞれかんたんに答えなさい。

2 植物である木を蒸し焼きにすると炭ができます。この炭を燃やすと白い灰が残りました。これは炭の中の黒い成分と，ものが燃えるために必要な①空気中のある成分が結びつき，②無色の気体に変わって空気中に出て行ったと考えられます。次の問いに答えなさい。

(1)　下線部①と②の気体の名前を答えなさい。

(2)　炭が燃えて白い灰に変わったとき，炭から無くなった成分をふくんでいるのはどれですか。次のア～オから適当なものを全て選び，記号で答えなさい。

ア．銅線　　イ．水素　　ウ．落ち葉　　エ．ろうそく　　オ．水

令和２年度

入学者選考検査

第２次選考　検査Ⅲ（理科）

解答はすべて解答用紙に記入(きにゅう)してください.

---

3 雨が降り続いたり，台風などで大雨が降ったりすると，川の水が増えて災害が起こることがあります。これについて，あとの問いに答えなさい。

(1) 大雨による災害の１つとして，山や谷の土砂(どしゃ)がくずれ，水と混じってものすごい速さで流れていく「土石流」があります。「土石流」が起こる前ぶれとして，「川の水がにごったり，木の枝などが流れてくる」以外に「大雨が降っているにもかかわらず，急に川の水位が下がる」こともあります。下線部のような現象が見られるときに，なぜ土石流が起こる危険があるのか説明しなさい。

(2) 川の水による災害を防ぐために，いろいろなくふうがされています。次のA～Dのくふうは，どのような災害を防ぐためのものですか。あとのア～エからそれぞれ選び，記号で答えなさい。（同じ記号は選べません）

A. 砂防ダム（砂防えんてい）　B. ダム　C. てい防　D. 護岸ブロック

ア. 雨水をたくわえ，水の量を調整する
イ. 水の勢いを弱めて，川岸がけずられるのを防ぐ
ウ. けずられた土や石が一度に流れていくのを防ぐ
エ. 川岸がけずられたり，大雨の時に川の水があふれるのを防ぐ

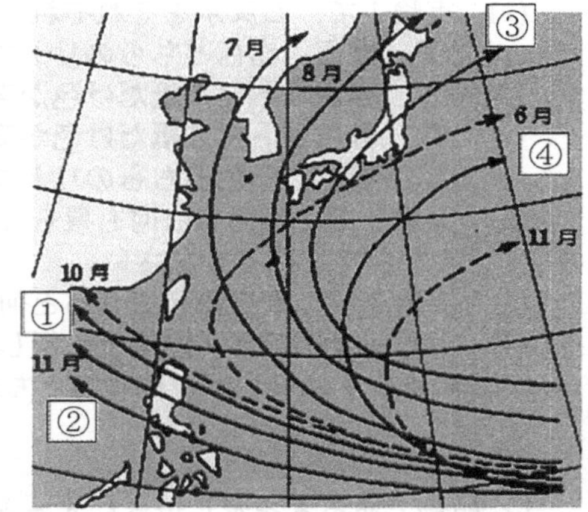

気象庁ホームページより

(3) 右の図は，台風の月ごとの主な経路（進路）を表したものです。図の①～④に当てはまる月を，あとのア～エからそれぞれ選び，記号で答えなさい。なお，実線（──▶）で表された経路は主な経路，点線（----▶）で表された経路はそれに準ずる経路を表します。（同じ記号は選べません）

ア. ６月　イ. ９月　ウ. 10月　エ. 12月

(4) せまいはんいの地域で，大量の雨が降ることを「集中ごう雨」といいます。2019年は次々(つぎつぎ)と雨雲が発生する「線状降水帯」による「集中ごう雨」が多く発生しました。こういった短い時間に集中して多くの雨が降る場合，土砂くずれが起きる山の近くや川の近くでなくても，雨が降り出してからのひなんの際には危険が生じることがあります。どのような危険が生じるか，大量の雨が降ることによって起こる現象に関連づけて説明しなさい。

（※社会と理科から１科目を選択）

令和２年度

（40分）

第２次選考　　検査Ⅲ（社会）

入学者選考検査

（注意）解答はすべて解答用紙に記入しなさい。なお，解答らんの横に（漢字）と書いてあるものは漢字で答えなさい。

1　校外学習で京都に行ったＡさんたちの発表を見て，以下の問いに答えなさい。

Ａさん：海外から日本へ来る人は 2019 年の 11 月現在3000万人近くいます。
わたしたちは観光地として住んでいる地域に近い①京都府について調べました。

Ｂさん：京都府は日本でも有数の観光地です。わたしたちはこの観光地の良いところを知るために②サイクリングをしました。

Ｃさん：わたしは③金閣寺で写真をとりました。清水寺でとった写真もきれいでした。

Ａさん：④二条城にいったとき世界遺産についての説明を聞きました。

Ｂさん：自転車でまわっていると、まち全体が碁盤目状になっていることに気づきました。

Ｃさん：わたしは看板や店のたたずまいにも注目しました。
⑤そこで派手な看板や高い建物が少ないことに気づきました。

Ａさん：このように京都府は日本の歴史を感じられる観光地としてとても人気です。

Ｂさん：歴史とともに⑥伝統をおもんじる京都の産業をこれからも維持していきたいです。

Ｃさん：また京都市では⑦環境に関する会議も開かれています。
⑧持続可能な社会について考えることも今後のわたしたちに必要なことです。
わたしたちができることから始めていきましょう。

［問１］　下線部①について，以下の問いに答えなさい。

(1)　次の人口や面積に関わる表１をみて，京都府にあてはまるものをア～エから選んで，記号で答えなさい。
ただし京都府以外は神奈川県・静岡県・大阪府があてはまるものとする。

表１

都道府県	人口（約万人）	面積（km^2）	人口密度（人/km^2）

出典（2018 年度総務省統計局を参考に作成）

［問４］　下線部④について写真１は二条城に実際にある説明書きの一部である。この文章にあてはまる①～③の人物名を答えなさい。

写真１

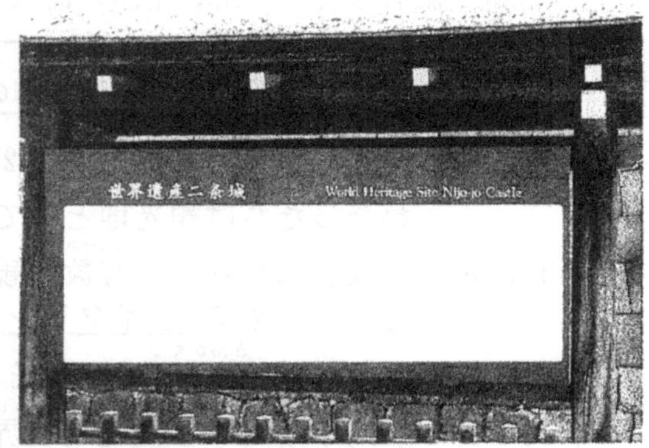

> 世界遺産二条城
>
> 慶長８年（1603）に江戸幕府初代将軍（　①　）が築いた城である。寛永３年（1626）、３代将軍（　②　）のときに後水尾天皇を迎えるため大規模な拡張を行った。慶応３年（1867）には15代将軍（　③　）が政権を返上する「大政奉還」を決意した歴史的な場所である。

［問５］　下線部⑤についてこれはなぜですか。説明しなさい。

［問６］　下線部⑥について，以下の問いに答えなさい。

（1）　京都府には多くの伝統工芸品がある。これらの伝統工芸品は伝統的工芸品産業の振興に関する法律で定められたものとなっている。この法律についてあてはまらないものを，次のア～ウより選んで，記号で答えなさい。

ア：その製造過程の主要部分が手で作られているものであること。
イ：伝統的な技術または技法によって製造されているものであること。
ウ：原材料がその都道府県でとれるものであること。

（2）　京都府の伝統工芸品である西陣織の説明として，正しいものを次のア～ウより選んで，記号で答えなさい。

ア：じょうぶでしわになりにくい絹織物である。
イ：うるしを使った伝統工芸品である。
ウ：雪原にひろげて陽にさらす染め物である。

［問７］　下線部⑦に関して，1997年に開かれた会議では，温室効果ガスの排出量削減の割合が決められた。アメリカの

西暦	できごと
607 年	中国に使いを送る･･･【あ】
630～894 年	遣唐使を派遣する･･･【い】
1641 年	鎖国が完成する･･･【う】
	日露戦争がはじまる･･･【え】
	日中平和友好条約をむすぶ･･･【お】
	日清戦争がはじまる･･･【か】
	満州事変がおこる･･･【き】

(1)　年表中【あ】のころにつくられたとされる寺院は，世界最古の木造建築で世界遺産に登録されています。この寺院は地震に強いつくりになっています。
この工夫について，図２を参考にして説明しなさい。

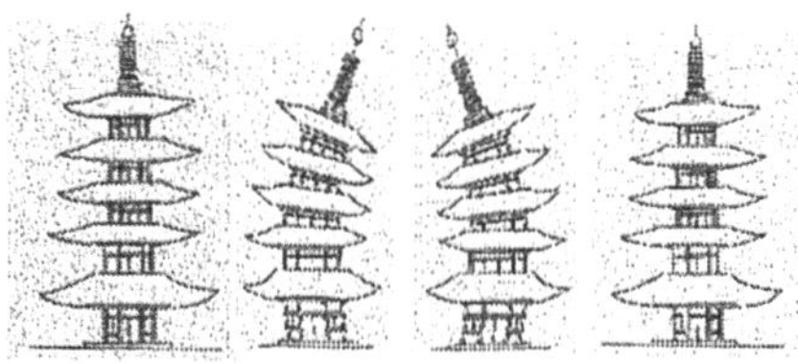

図 2

(2)　年表中【い】について，遣唐使らは大陸の文化を学び，持ち帰りました。当時のその様子がうかがえる宝物が正倉院におさめられています。正倉院におさめられているものとして，あやまっているものを以下のア～エから選んで，記号で答えなさい。

ア	イ	ウ	エ
	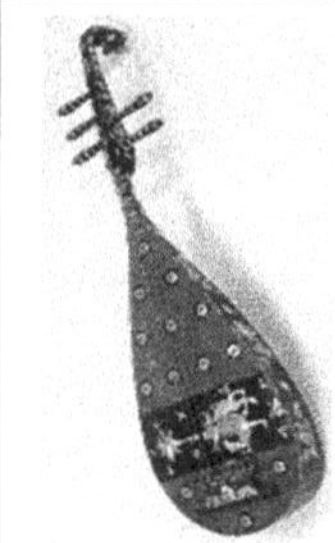		

(3)　年表中【う】について，鎖国中も中国とかかわりをもつためにつくられた現在の長崎県にある島のなまえを漢字で答えなさい。（漢字２字）

第２次選考の検査Ⅳで「家庭」を受検するみなさんへ（令和２年度）

（注）このプリントの内容に関しては質問を受けつけませんので、よく読んで内容を
　　　理解してください。

◆検査内容

小学校で学習した「日常の食事と調理の基礎（きそ）」「快適な衣服と住まい」「身近な消費生活と環境（かんきょう）」に関する知識と技能を身につけ、くふうができているかを検査します。

1. あたえられた課題について、質問に答えてもらいます。
2. あたえられた課題について、実技をしてもらいます。

◆採点は次の点に注目しておこないます。

・「日常の食事と調理の基礎（きそ）」「快適な衣服と住まい」「身近な消費生活と環境（かんきょう）」について、適した知識と技能を身につけ、くふうができているか。
・用具を安全面、衛生面に気をつけ、適切に使うことができているか。
・準備物の忘れ物がないか。

◆準備物

・筆記用具
・エプロン
・三角きん（バンダナでもよい）
・手をふくタオル

※その他必要なものは学校（本校）で用意します。

第2次選考の検査Ⅳで「音楽」を受検するみなさんへ（令和2年度）

(注) このプリントの内容に関しては質問を受けつけませんので、よく読んで内容を理解してください。

◆検査内容

ある歌の楽譜(がくふ)を見てもらいます。まず、その楽譜を見て楽器で演奏してもらいます。そのあと、その曲の歌詞の内容から感じたことを、表現をくふうしながら歌ってもらいます。最後に、くふうしたことについて質問に答えてもらいます。

※演奏する時に使用できる楽器はソプラノリコーダーかピアノの音色の電子楽器です。ピアノの音色の電子楽器はこちらで用意しますが、ソプラノリコーダーは各自で用意してください。

※検査の内容を録音します。ただし、この音源は選考のみに使用します。

◆採点は次の点に注目しておこないます。

・せん律の音の高さやリズムを正確に演奏しているか。
・適切な音の高さやリズムで歌っているか。
・姿勢や口のあけ方に注意して、自然でひびきのある発声で歌っているか。
・曲や歌詞を表現するために、歌い方をくふうしているか。
・歌のイメージや歌い方のくふうについて自分の考えが伝わるように答えているか。

◆準備物

・ソプラノリコーダーを使用する人は、各自で用意してください。

受検番号

令和二年度

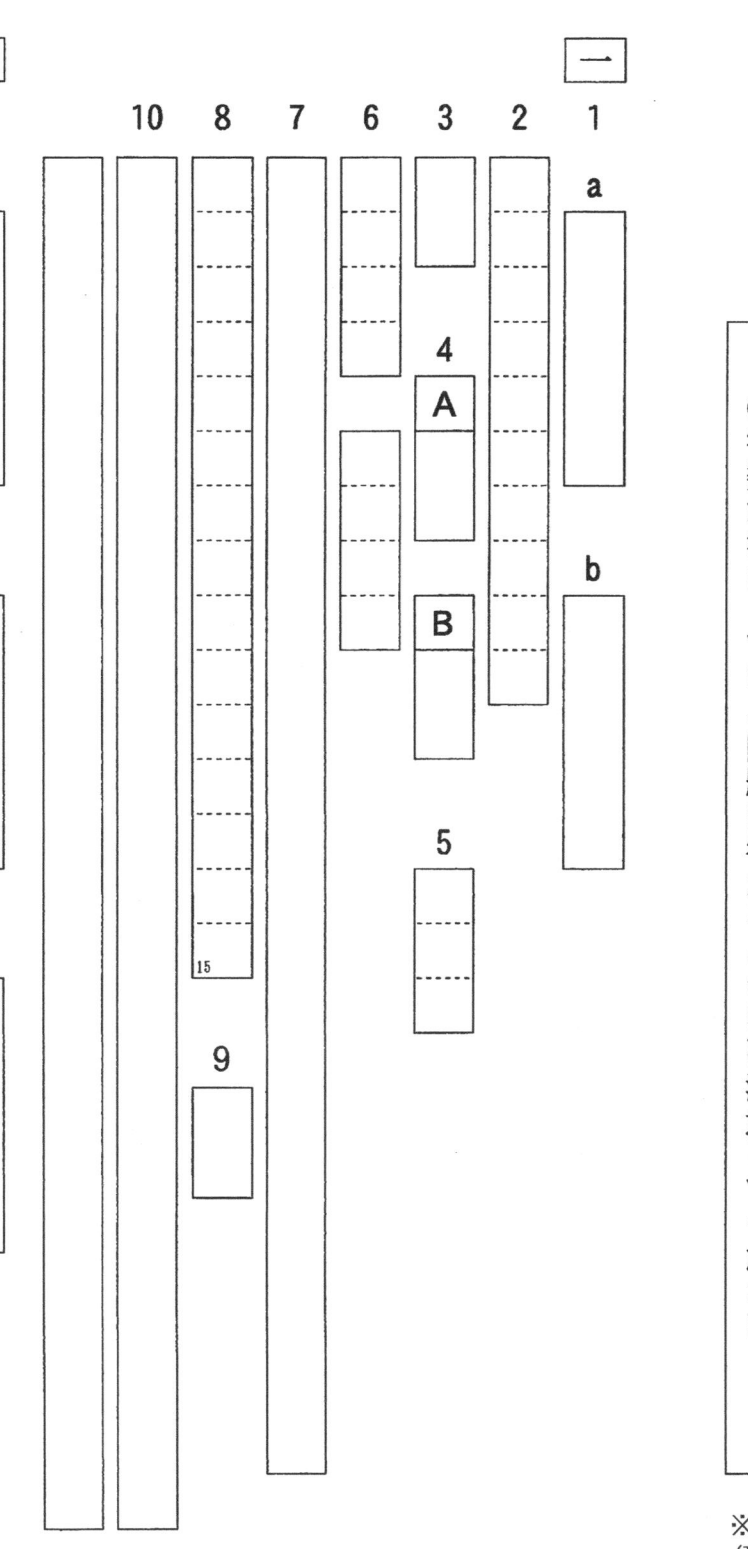

入学者選考検査　第一次選考　検査Ⅰ（国語）解答用紙

答えを書くときに注意すること
●句読点（、や。）やかぎかっこ（「」）などの記号はすべて一字としてかぞえます。
●字数が決まっている問題に答えるときには注意してください。

※80点満点
（配点非公表）

一

1 a b

2

3

4 A B

5

6

7

8 15

9

10

二

1

A

入学者選抜検査

令和二年度

令和２年度
入学者選考検査

第２次選考　検査Ⅲ（理科）　解答用紙

受検番号

※50点満点
（配点非公表）

1

(1)	
(2)	水よう液の名前
	理由
(3)	色
(4)	同じ点
	ちがう点

3

(1)				
(2)	A	B	C	D
(3)	①	②	③	④
(4)				
(5)	あ		い	

令和2年度

入学者選考検査

第2次選考　　検査Ⅲ（社会）

※　解答らんの横に（漢字）と書いてあるものは漢字で答えなさい。

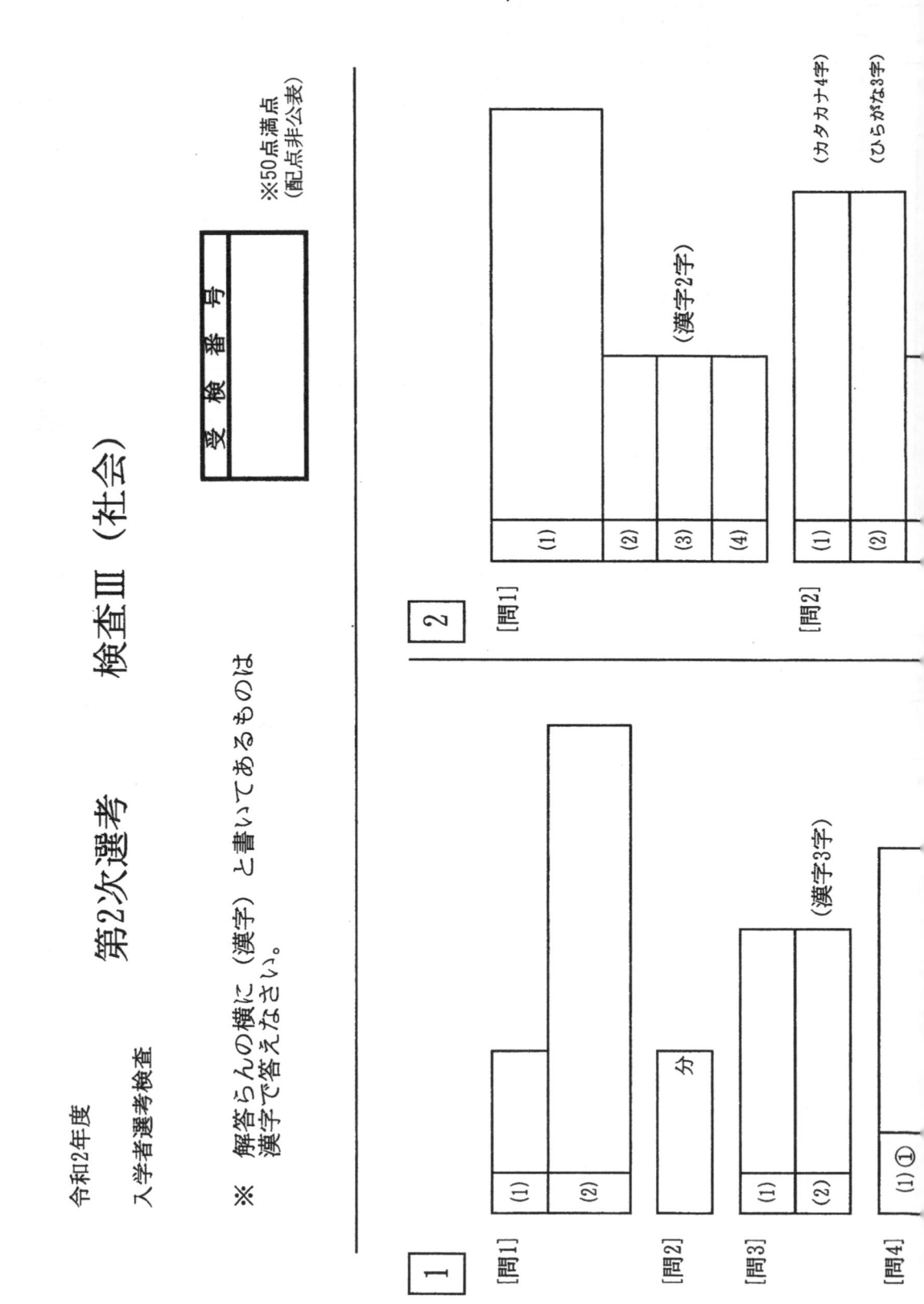

受検番号

※50点満点
（配点非公表）

1

［問1］

(1)	
(2)	

［問2］

分	

［問3］

(1)		
(2)		（漢字3字）

［問4］

(1)①	

2

［問1］

(1)		
(2)		
(3)		（漢字2字）
(4)		

［問2］

(1)		（カタカナ4字）
(2)		（ひらがな3字）

(1)③

[問5]

[問6]

(1)

(2)

[問7]

[問8]

[問3]

[問4]

[問5]

[問6]

[問7]

／５０

2

(1)	①	
	②	
(2)		
(3)	③	④
(4)	⑤	
	⑥	
(5)		

	え

4

(1)	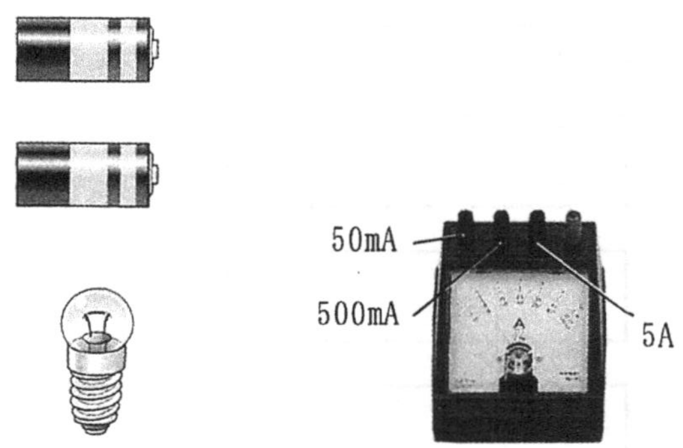
(2)	
(3)	

三

4

5

6

A

B

C

7

8

★

9

10

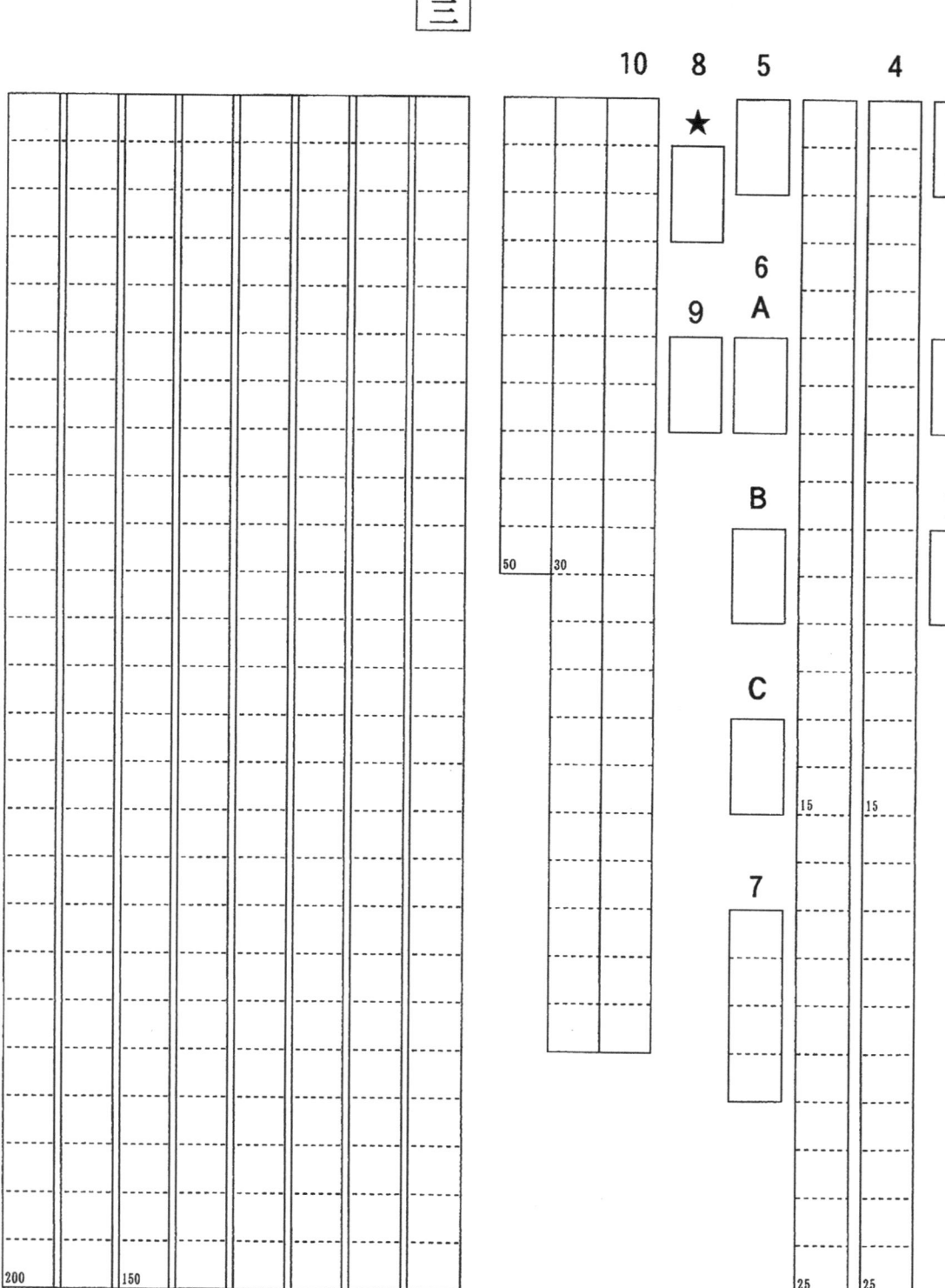

第２次選考の検査Ⅳで「図画工作」を受検するみなさんへ（令和２年度）

（注）このプリントの内容に関しては質問を受けつけませんので、よく読んで内容を理解してください。

◆検査内容

時間は１と２の両方で２５分です。

1. あるものをよく見ながら、絵をかいてもらいます。
   用具は４Ｂのえんぴつです。
   見てもらうものは検査時に発表します。
2. 自分の作品についての説明を、配布した用紙に書いてもらいます。

◆採点は次の点に注目しておこないます。

・ものをよく見て自分の絵と比べ、形を確かめながら、考えてかいているか。
・紙のわくの大きさに注意して調和や配置をよく考えて、かいているか。
・線の強弱や太い線、細い線など、えんぴつの使い方をくふうして、かいているか。
・自分で絵をかいたときに考えたことを、ことばで具体的に説明しているか。
・準備物の忘れ物がないか。

◆準備物

・こさが４Ｂのえんぴつ
・消しゴム（ねり消しは使えない）
（それぞれの予備は自分で考えて用意してください）

第2次選考の検査Ⅳで「体育」を受検するみなさんへ（令和2年度）

（注）このプリントの内容に関しては質問を受けつけませんので、よく読んで内容を理解してください。

◆検査内容

・ある種目の運動をおこないます。

※種目、内容については検査時にお知らせします。

◆採点は次の点に注目しておこないます。

・体育に関する基礎（きそ）的・基本的な知識および技能が身についているか。

◆準備物

・運動に適した服装

・体育館シューズ

・ウィンドブレーカーやコートなどの防寒着

[問 2]　下線部②について，写真 2 のようなものがたくさんつくられた時代に，中国からさまざまな技術が伝わったとされています。この写真に関して，次の問いに答えなさい。

写真 2

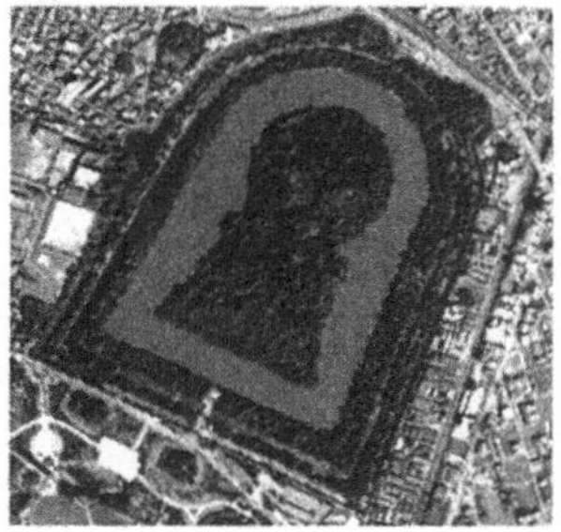

(1)　写真 2 をはじめとした古代日本の有力者たちのはかといわれているものが大阪府の南部に集中しています。これらは，2019 年 7 月に世界文化遺産に登録されました。世界の教育や科学，文化の交流などを目的とした国際連合の専門(せんもん)機関を何とよびますか。カタカナ 4 字で答えなさい。

(2)　写真 2 のようなもののまわりにならべられたとされる，さまざまなものをかたどった焼き物のなまえをひらがな 3 字で答えなさい。

(3)　表 2 は日本の衣類の輸入量の割合(わりあい)です。中国としてあてはまるものを，以下のア〜エから選んで，記号で答えなさい。

表 2

ア	イ	ウ	エ	その他
約 58.8%	約 13.9%	約 3.8%	約 3.7%	約 19.8%

出典（2018 年度財務省貿易統計を参考に作成）

[問 3]　下線部③について，中国では経済発展をみこめる地区の税金をゆるやかにするなどの政策をしています。シェンチェンもそのうちのひとつですが，なぜ中国では海ぞいの地域(ちいき)の税金をゆるやかにしているのか，説明しなさい。

[問 4]　下線部④について，中国のなかでも地域によって食文化がことなります。中国の食文化についての説明として，あてはまるものを，以下のア〜エから選んで，記号で答えなさい。

ア：ギョウザは南部でよくたべられている。　　イ：チャーハンは北部でよくたべられている。

ウ：麺(めん)料理は南部でよくたべられている。　　エ：麻婆豆腐(まーぼーどうふ)は山間部(さんかんぶ)でよくたべられている。

[問 5]　表 3 は日本をおとずれる外国人旅行者の割合です。中国は図のア〜エのどれか，記号で答えなさい。

表 3

	ア	イ	ウ	エ
2017 年	約 735 万人	約 714 万人	約 137 万人	約 98 万人
2018 年	約 838 万人	約 753 万人	約 152 万人	約 113 万人

出典（日本政府観光局（JNTO）発表統計より作成）

[問 6]

※削除問題

[問 7]　会話文中（　X　）にはいる中国での旧暦(きゅうれき)の正月をいわう行事のことを何というか，答えなさい。

次のア～エより選んで，記号で答えなさい。

ア：0.6%　イ：6%　ウ：16%　エ：26%

［問 8］　下線部⑧に関して，日本では再生可能なエネルギーの開発がすすめられている。そのなかでも太陽光発電は近年家庭でも使われるようになった一方で課題も多い。太陽光発電の問題点を１つあげなさい。

2　昼休みに，クラスメイトのはちろうさんと中国から転校してきたシンイーさんが会話しました。

会話文を読んで，以下の問いに答えなさい。

シンイー：中国と日本は近いから、古くからかかわりがあったんだよね。
はちろう：その通り。日本は、たくさんのことを①中国から教えてもらっていた歴史があるんだ。
シンイー：たとえばどんなことを日本に教えていたの。
はちろう：ふだんから使っている②漢字、日本のくらしや考え方にねづいている仏教、漢方薬、お茶、あとは･･･服を作る技術だよ。ところで、ぼくの服はどうやら中国でつくられているようだけど、中国には服の工場はたくさんあったかい。
シンイー：わたしがくらしていたところは③シェンチェンで、服に関係する工場についてはあまり知らないかな。
④中国も広いから、地域によってちがいがあるの。でも、携帯電話の工場がふえているみたいだったよ。
はちろう：そうなんだ。　日本が中国から輸入しているもので一番多いものが携帯電話だったような…。また調べてみるよ。
シンイー：中国が日本から輸入しているものはどんなものがあるのかな。
はちろう：どうやら、電化製品などに使われる部品が多いようだよ。
シンイー：きっと今もむかしも、日本と中国はおたがいの発展をねがって、ささえあってきたんだね。
あ、そういえば、はちろう。わたし１月の下旬ごろから学校を休むわ。
はちろう：そっか。中国にもどって（　X　）を祝うんだよね。

［問 1］　下線部①について，はちろうさんは日本と中国との歴史的なつながりについて年表にまとめました。年表に関して次の問いに答えなさい。

エ	260	4612.2	566

(2)　京都の祇園祭は1000年をこえる歴史をもっている。しかし室町時代の末期に京都のまちは焼け野原になり，祇園祭も途絶えてしまった。なぜ京都のまちは焼け野原になってしまったのか説明しなさい。

［問 2］　下線部②について，次の資料はＡさんたちがサイクリングにまわるときに使った地図の一部である。下の文章のようなコースで京都駅を出発して京都駅に戻ってくるとき，およそどれほどの時間がかかるか。図 1 を参考にして答えなさい。

図 1

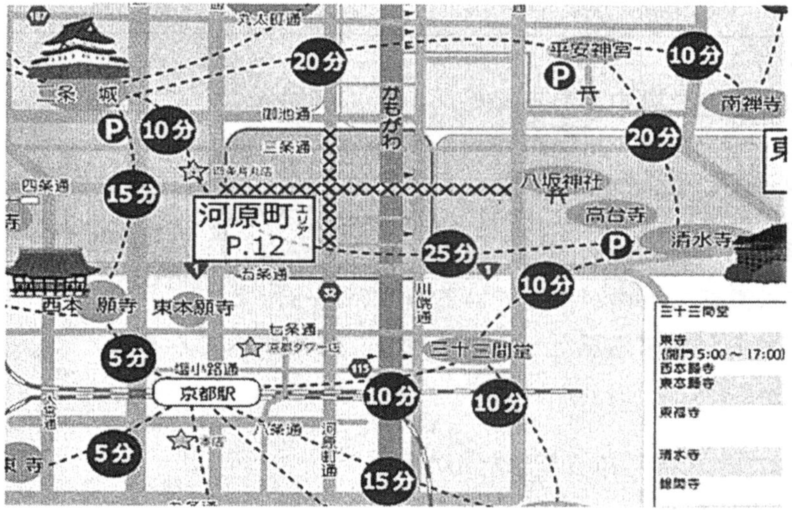

京都駅から西本願寺にむかうことが決まり、さっそく出発した。江戸時代に大きくかかわっている二条城をみて、世界遺産の説明を受けた。次に東本願寺へ行くか、平安神宮へ行くかで意見が分かれたが、平安神宮へむかい、清水寺と三十三間堂をまわることにした。時間がかかったが、楽しみながら京都駅に戻ってくることができた。

出典（自転車でめぐる京都MAP 京都ＥＣＯトリップより）

［問 3］　下線部③について，以下の問いに答えなさい。

(1)　この建物を建てた室町幕府の 3 代目の将軍は誰か答えなさい。

(2)　この建物が建てられる以前、京都を中心に国風文化と呼ばれる文化が日本に生まれました。この文化の特徴はどのようなものか。次の文章にあてはまるように漢字３字で語句を答えなさい。

国風文化とは風土や生活にあった（　漢字３字　）の文化である。

ぶがそろった層の上に，つぶの大きさがちがう層がたい積することがあるのはなぜですか。次の文の（　あ　）（　い　）に当てはまることばをそれぞれ答えなさい。

同じような大きさのつぶがそろった層ができるのは，積もる場所の水の（　あ　）や（　い　）があまり変わらないようなときで，その上につぶの大きさがちがう層ができるのは，水の（　あ　）や（　い　）が変わったことによるものである

(6)　流れる水のはたらきによってできるつぶと，火山のふん火のときにでてくる火山灰にはどのようなちがいがあるといえますか。次の（　う　）に当てはまる説明を10〜15字で，（　え　）に当てはまる説明を5〜10字で答えなさい。

流れる水のはたらきによってできるつぶは（　う　）のに対し，火山灰は（　え　）つぶが多い

4 くみさんが，いろいろな回路を作る実験をしています。次の問いに答えなさい。

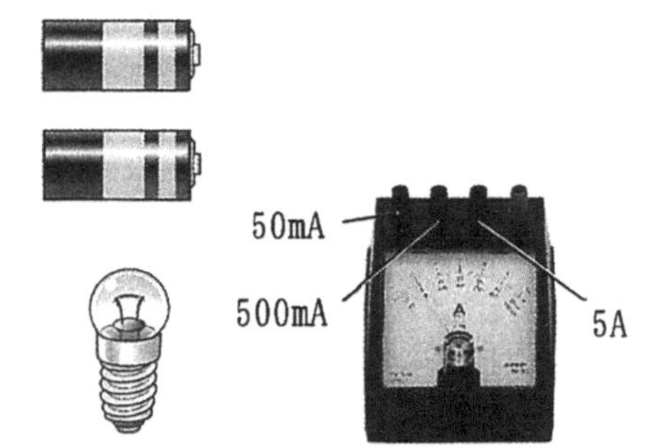

(1)　図のように，乾(かん)電池2個と電流計と豆電球(ソケットはありません)があります。くみさんは，これらと導線を使って豆電球をできるだけ明るく光らせ，そのときの電流の強さを調べたいと思っています。導線をどのようにつなげばよいですか。つないだ導線のようすを，解答用紙の図に線でかき入れなさい。ただし，電流計は最初につなぐたんしにつなぎなさい。また，導線は何本使ってもいいものとし，直線または曲線のみで表しなさい。

(2)　次に，くみさんは，発光ダイオードを光らせたいと思い，(1)で作った回路の豆電球を発光ダイオードにつなぎかえました。ところが，発光ダイオードは光りませんでした。使った器具はこわれておらず，乾電池の残量もじゅうぶんにあります。光らなかった原因として考えられることを，かんたんに説明しなさい。

(3)　これまではほとんどの照明に白熱電球やけい光灯が使われていましたが，近年では発光ダイオードが多く使われるようになり，このことは地球の資源を守ることにつながっています。それは，白熱電球やけい光灯と比べて，発光ダイオードにどのような利点があるからですか。かんたんに答えなさい。

(4)　ＣＴという，人の体の断面を見ることで病気を見つける装置があります。下の図の⑤⑥の断面をこの装置を使って観察したとき，観察できる臓器(ぞうき)の名前を，次のア～クからすべて選び，記号で答えなさい。

ア．肺　　イ．心臓　　ウ．胃　　エ．かん臓

オ．小腸　　カ．大腸　　キ．じん臓　　ク．ぼうこう

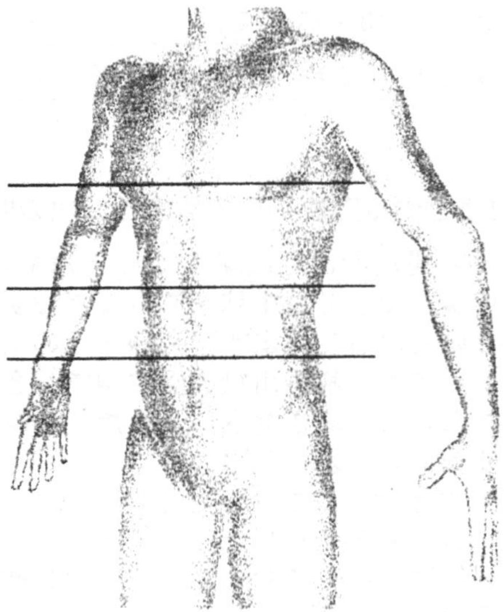

(5)　同じくCTを使って上の図の㋐の断面を観察したとき，左右に1組（2個）の臓器(ぞうき)が見られました。この臓器の役割として，もっとも関係の深いものを，次のア～エから１つ選び，記号で答えなさい。

ア．呼吸　　イ．消化・吸収　　ウ．血液のじゅんかん　　エ．はい出

通り

(2)　りょうさんはA地点を出発しB地点まで，しんじさんはB地点を出発してA地点まで進みます。2人の進む速さは等しく，同時に出発します。2人が出会わないような進み方は何通りありますか。

通り

8　かずやさんは，からの貯金箱に毎日いくらか貯金しようと考えています。

(1)　貯金する金額を2日目以降は10円ずつ増やしていくと，10日目で2020円になります。このとき，1日目に貯金する金額はいくらですか。

円

(2)　1日目に貯金する金額が(1)と等しいとき，7日目で初めて2020円をこえるためには，2日目以降は少なくともいくらずつ増やしていきますか。

円

10　A地点からB地点へ分速30 mの一定の速さで流れている川があります。かずやさんはB地点からA地点へ，しんじさんとりょうさんはA地点からB地点に向かって移動します。3人のボートが同時に出発し，9分後にかずやさんのボートはりょうさんのボートとすれちがい，その2分15秒後にしんじさんのボートとすれちがいました。3人のボートの移動する速さは一定で，流れのないとき，しんじさんのボートは分速30 m，りょうさんのボートは分速50 m，かずやさんのボートは川の流れより早い速さで移動します。

(1)　流れのないとき，かずやさんのボートが移動する速さを求めなさい。

分速　　　m

(2)　りょうさんのボートはかずやさんのボートとすれちがったあと，速さを分速10 m速くして移動しました。B地点に着いたあともすぐに折り返して，かずやさんのボートを追いかけました。かずやさんのボートがりょうさんのボートに追いつかれたのは，りょうさんのボートとすれちがってから何分後ですか。ただし，ボートが折り返すのにかかる時間は考えないものとします。

分後

m

3 直方体の水そうがあり，底から 8 cm の高さまで水が入っています。

(1) 図１のような向きで直方体をしずめたとき，直方体はすべて水の中にしずみました。このとき，水そうの底から水面までの高さは何 cm になりますか。

cm

(2) 図２のような向きで直方体を水そうの底につくまでまっすぐしずめたとき，直方体の一部分は水面から出ていました。このとき，水そうの底から水面までの高さは何 cm になりますか。

cm

図１

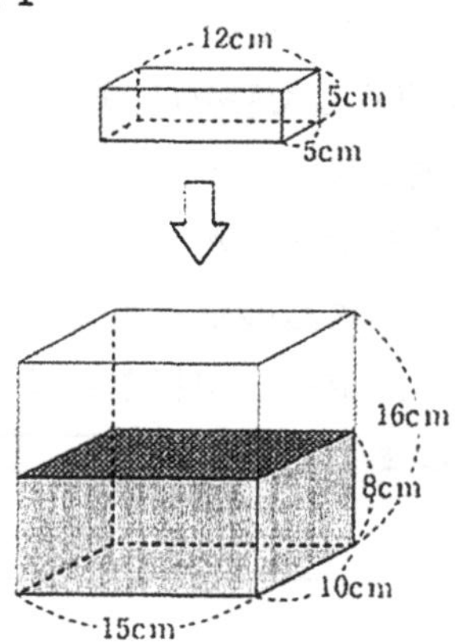

図２

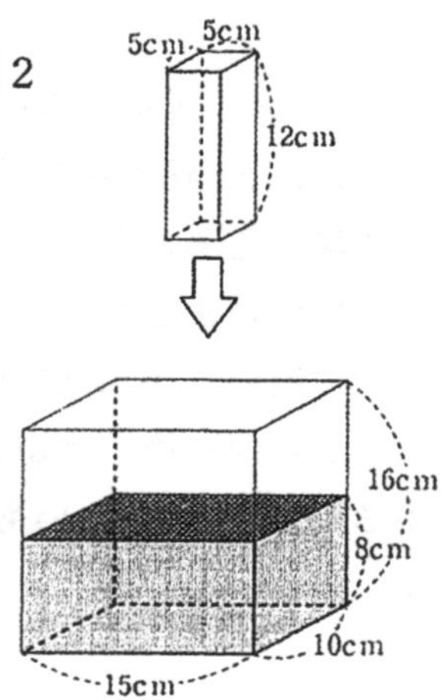

5 下の図は，ある建物を上から見たものです。この建物は図の左側のしばふエリアと右側のコンクリートエリアにまたがって立っています。図の真ん中の点線は２つのエリアの境界線を示しています。また，図の角はすべて 90 °で，EF と GF は等しい長さです。いま，建物の点 G に犬がロープでつながれていて，犬は建物の外側をロープが届くはんいで移動できます。このとき，犬は図の建物の左側では B 地点まで，右側では D 地点まで移動することができました。

(1) しばふエリアで犬が動くことができる面積を答えなさい。

m^2

(2) コンクリートエリアで犬が動くことができる面積を答えなさい。

m^2

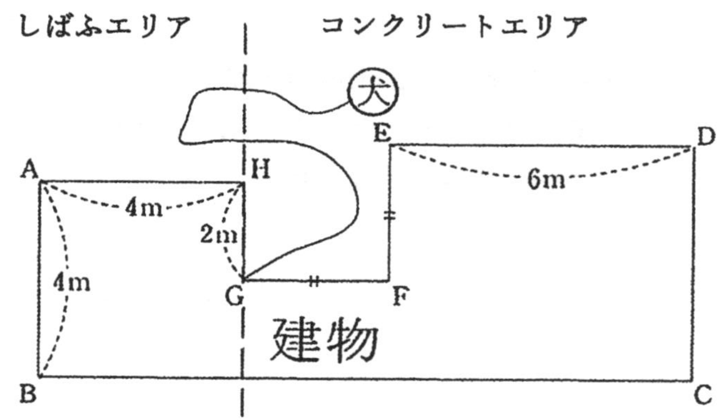

この文章につけられる小見出しとして最もふさわしいものを次から一つ選び、記号で答えなさい。

ア、「ルールを守る」授業　　イ、「考え、議論する」授業

ウ、「ルールをつくり合う」授業　　エ、「きまりを変える」授業

[I] [II] に入る語句として最も適切なものを次からそれぞれ一つずつ選び、記号で答えなさい。

ア、また　イ、そして　ウ、でも　エ、もっとも

―①「今ある二つのルール」の内容を、文中の言葉を使ってそれぞれ十五～二十五字で説明しなさい。

[②] に入る文として最もふさわしいものを次から一つ選び、記号で答えなさい。

ア、約束や社会のきまりの意義を理解し、それらを守ること。

イ、誰に対しても分け隔てをせず、公正、公平な態度で接すること。

ウ、働くことの大切さを知り、進んでみんなのために働くこと。

エ、他者と協力し合い、安心安全で持続可能な環境をつくること。

文章中の(A)(B)(C)には次の人物が入ります。それぞれふさわしい人物を選び、記号で答えなさい。

ア、実習生　　イ、担任の先生　　ウ、クラスの子どもたち

筆者が考える、道徳の授業の中で育んでほしい「ルールに対する考え方」が書かれている一文を抜き出し、はじめの四字を答えなさい。

この文章には次の一文がぬけています。これを元にもどす場合にふさわしい場所を文章中の〈★ア〉～〈★オ〉から選び、記号で答えなさい。

「みんなは、どんなルールであれば守ろうと思うだろうか、逆に、どんなルールであれば、あまり守りたくないと思ってしまうだろうか」と。

この文章で、筆者が伝えたいこととして、最もふさわしいものを次の中から選び、記号で答えなさい。

ア、マナーは基本的には家庭で教育されるものである。

イ、与えられるだけでなく、自ら知ることが大切である。

ウ、安心安全の場所作りとして、ルールは必要である。

エ、おたがいの自由をみとめ合うためにルールが必要である。

この文章の直前には、次のような話があります。あなたが星野君のチームの一員ならば、この後どうすべきかを、本文中の筆者の考えにそって、三十～五十字で答えなさい。

野球の試合でバッターボックスに立った星野君は、監督からバントの指示を受けます。でも、打てそうな予感がしたのでバットを振ると、結果は二塁打。彼のおかげでチームは勝利することになりました。ところが翌日、監督は選手を集めて星野君をしかりました。「いくら結果が良かったからといって、約束を破ったことには変わりない」「チームの約束を破り、和を乱した者をそのままにしておくわけにはいかない」と。そうして星野君は、次の大会への出場を禁止されてしまいます。

今年、五十六年ぶりに東京で夏季オリンピックが開催されます。そのために日本を訪れた外国人観光客に向けて、滞在中に実感することができると思われる日本の良いところと、良くないところを説明しなさい。ただし、次の条件を全て満たして書くこと。

条件１　「良いところ」「良くないところ」ともに、具体例をあげながら書くこと。

条件２　百五十～二百字で書くこと。

条件３　正しい原稿用紙の使い方に従って書くこと。

―① 「ルーチョにとって誰かの声は、暗い海を進むためのたのもしいコンパスになる」とは、ルーチョがどのような人であることを示していますか。十字以内で考えて書きなさい。

―② 「自尊心」と最も近い意味の言葉を次から選び、記号で答えなさい。
ア、プライス　イ、ストレス　ウ、リベンジ　エ、プライド

［A］［B］に当てはまる言葉をそれぞれ次から選び、記号で答えなさい。
［A］ア、結んだ　イ、かためた　ウ、食いしばった　エ、とがらせた
［B］ア、かたむけた　イ、そむけた　ウ、しかめた　エ、ひそめた

―③ 「限界だった」とは何の限界ですか。三文字以内で考えて書きなさい。

―④ 「ルーチョ」は自分のことをどのような人間ととらえていますか。十八字で二つぬき出し、それぞれはじめの四字を書きなさい。

―⑤ 「どうしてできないのか」とありますが、キアーラができないことは何ですか。簡単に書きなさい。

―⑥ 「でもルーチョといると……」のあとに続く言葉を十五字以内で考えて書きなさい。

―⑦ 「ルーチョはなぜだかほっとしていた」とありますが、その理由として当てはまらないものを次から選び、記号で答えなさい。
ア、大声でキアーラと言い合ったことで、現在の危機に対する緊張がほどけたから。
イ、キアーラにも苦しんでいることがあると分かり、思いを共有できた気がしたから。
ウ、今までキアーラが自分に対してどう思っていたのかを知れてうれしかったから。
エ、キアーラも泣くことがある、人間的な感情があると知り、安心したから。

―⑧ 「二人の前に道が開けた」という一文が持つ意味を、二通り考えて書きなさい。

次の文章を読んで、後の問いに答えなさい。

わたしのゼミ*の卒業生で、今は小学校にツトめて[a]いるある先生が、学生時代、教育実習で道徳授業をやった折、まさにこの「ルールをつくり合う」という実践をしたことがありました。小学校三年生の授業でした。〈★ア〉

「ルールを守る」をテーマにした教科書を読んだあと、彼は、確かにルールを守るのは大事なことで、大前提*ではあるのだけれど、その上でこんなことを考えてみるのはどうだろうと問いかけました。〈★イ〉

「考え、議論する道徳」の授業が行われました。

その結果、進んで守ろうと思うのは、自分たちでつくったルールであったり、ちゃんと納得[b]できるものであったりする場合、また、そのルールを守ることで、みんながハッピーになれる場合、に、あまり守りたくないと思うのは、理不尽*なルールを押しつけられる場合、ということが話し合われました。〈★ウ〉

大したものだと思います。ルールはみんながハッピーになるためのもの、というルールの本質を、子どもたちは対話を通して導き出したのです。〈★エ〉

じゃあ、今ある学校のルールの中で、ちょっと理不尽だと思うもの、こんなふうにすればもっと進んで守ろうと思うのに、といったものはあるかな、と彼はさらに問いかけました。〈★オ〉

著作権に関係する弊社の都合により
本文は省略いたします。

教英出版編集部

著作権に関係する弊社の都合により
本文は省略いたします。

教英出版編集部

平成31年度
入学者選考検査

第2次選考　検査Ⅲ（社会）

※　解答らんの横に（漢字）と書いてあるものは漢字で答えなさい。

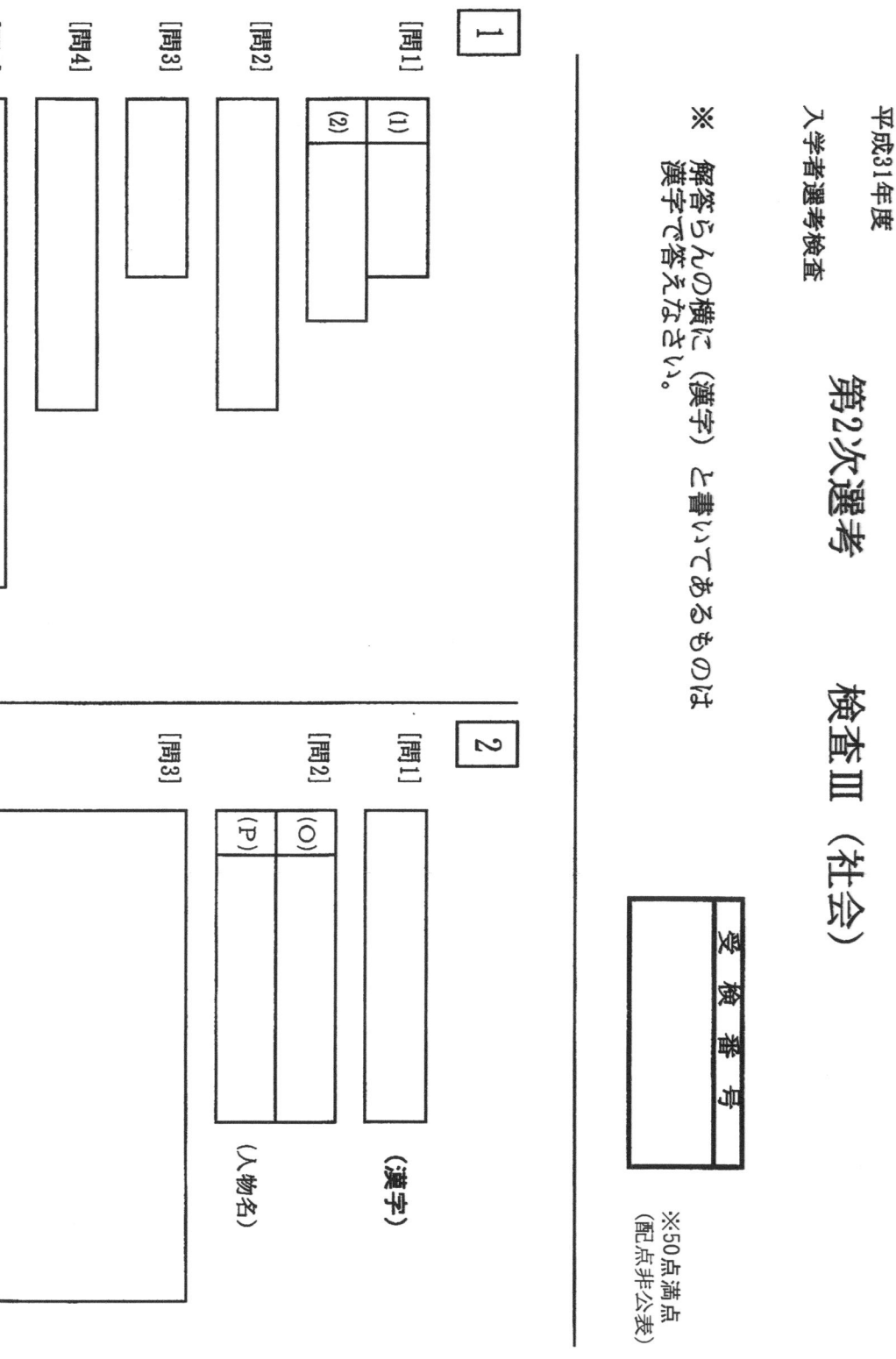

受　検　番　号

※50点満点
（配点非公表）

1

[問1] (1)
(2)

[問2]

[問3]

[問4]

[問5]

2

[問1]　（漢字）

[問2] (O)
(P)　（人物名）

[問3]

平成31年度
入学者選考検査

第2次選考　検査Ⅲ（理科）　解答用紙

受検番号

※50点満点
（配点非公表）

1

(1)	①	秒
	②	変える部分
		どのように変えるのか
(2)		

2

(1)	

3

(1)			
(2)			
(3)		(4)	
(5)	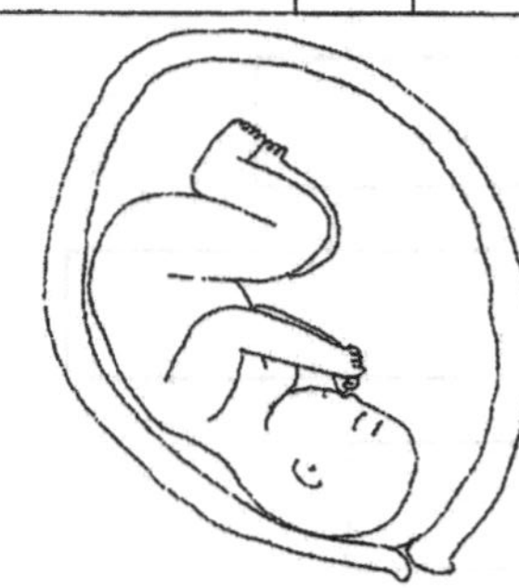		
(6)			

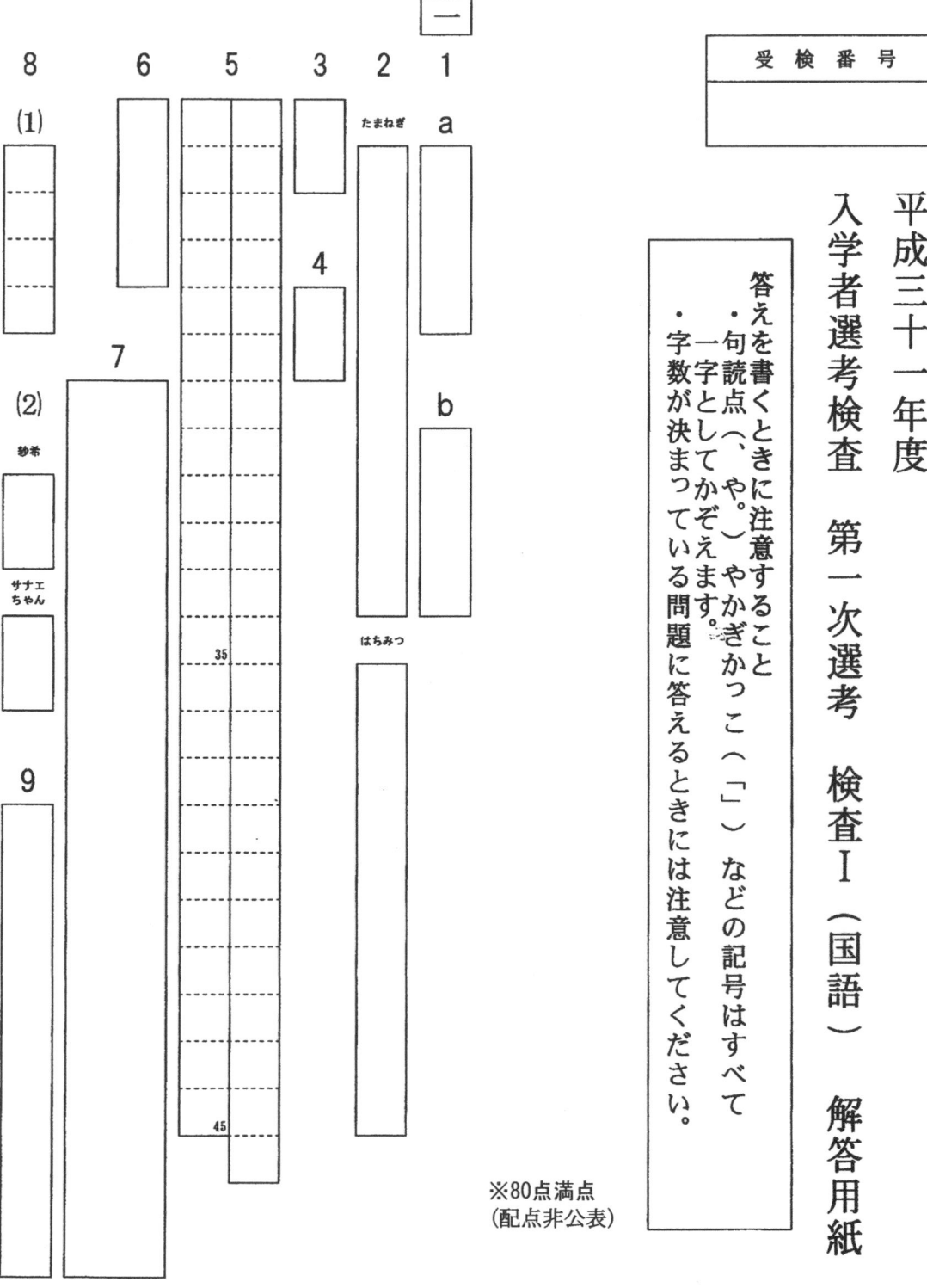

平成三十一年度
入学者選考検査　第一次選考　検査Ⅰ（国語）　解答用紙

受検番号

答えを書くときに注意すること
・句読点（、や。）やかぎかっこ（「」）などの記号はすべて一字としてかぞえます。
・字数が決まっている問題に答えるときには注意してください。

※80点満点
（配点非公表）

一

1　a　b

2　たまねぎ　はちみつ

3

4

5　35　45

6

7

8　(1)　(2)　紗希　サナエちゃん

9

第2次選考の検査Ⅳで「音楽」を受検するみなさんへ（平成31年度）

（注）このプリントの内容に関しては質問を受けつけませんので、よく読んで内容を理解してください。

◆検査内容

1. 当日、ある歌の曲を、楽譜（がくふ）を見ながら2回聞いてもらいます。
   そのあと、楽譜（がくふ）どおりに手でリズム打ちをしてもらいます。
2. その曲の歌詞の内容から感じたことを、表現をくふうしながら歌ってもらいます。
3. 歌ったあとにくふうしたことについての質問に答えてもらいます。

※検査の内容を録音します。ただし、この音源は選考のみに使用します。

◆採点は次の点に注目しておこないます。

・正しくリズム打ちができているか。
・メロディーの音の高さやリズムを正確に演奏しているか。
・姿勢や口のあけ方に注意して、自然でひびきのある発声で歌っているか。
・曲から感じたことを表現するために、歌い方の変化や表情をくふうして歌っているか。
・質問に対し、歌い方の変化や表現のくふうについて自分の考えが伝わるように答えているか。

◆準備物

特にありません。

第2次選考の検査Ⅳで「家庭」を受検するみなさんへ（平成31年度）

（注）このプリントの内容に関しては質問を受けつけませんので、よく読んで内容を理解してください。

◆検査内容

小学校で学習した「日常の食事と調理の基礎(きそ)」「快適な衣服と住まい」「身近な消費生活と環境(かんきょう)」に関する知識と技能を身につけ、くふうができているかを検査します。

1. あたえられた課題について、質問に答えてもらいます。
2. あたえられた課題について、実技をしてもらいます。

◆採点は次の点に注目しておこないます。

・「日常の食事と調理の基礎(きそ)」「快適な衣服と住まい」「身近な消費生活と環境(かんきょう)」について、適した知識と技能を身につけ、くふうができているか。
・用具を安全面、衛生面に気をつけ、適切に使うことができているか。
・準備物の忘れ物がないか。

◆準備物

・筆記用具
・エプロン
・三角きん（バンダナでもよい）
・手をふくタオル

※その他必要なものは学校（本校）で用意します。

第 2 次選考　検査Ⅲ（社会）

入学者選考検査

（注意）解答はすべて解答用紙に記入しなさい。なお，解答らんの横に（漢字）と書いてあるものは漢字で答えなさい。

---

(2)　ファンテで必要となるスケトウダラは、日本海側に流れる寒流にのって平昌近くにやってきます。この寒流の名前は何か答えなさい。

［問 6］　下線部⑥について、この出来事は世界の多くの地域で歴史的ニュースとして報道されました。なぜなら、朝鮮(ちょうせん)戦争があってから、はじめての出来事だったからです。それについて、以下の各問いに答えなさい。

(1)　朝鮮戦争が起こったころの日本と世界のかかわりについて、次の出来事を古い順にならべかえ、古いほうから 3 番目にくる記号をア～エから選んで記号で答えなさい。

ア：ソ連と日本との間で国交が回復した。
イ：日本と中国が日中平和友好条約を結んだ。
ウ：日本国憲法が公布された。
エ：日本とアメリカ合衆国の間で日米安全保障条約が結ばれた。

(2)　日本は朝鮮戦争が起こった直後の 1950 年に、連合国軍総司令部の指令によって自衛隊のもとになる組織を作りました。この組織は何か答えなさい。

［問 7］　下線部⑦について、江戸(えど)時代には国交が回復して朝鮮から使節がおとずれるようになりました。この使節の名を答えなさい。

［問 8］　下線部⑧について、図 9 は日本と韓国の貿易品上位 5 つを表しています。Qにあてはまる品物を以下のア～エより選び、記号で答えなさい。

ア：金属製品
イ：衣類

図 9

(1993 年)	(2015 年)

平成 31 年度

第 2 次選考　　検査Ⅲ（社会）

入学者選考検査

（注意）解答はすべて解答用紙に記入しなさい。なお，解答らんの横に（漢字）と書いてあるものは漢字で答えなさい。

---

2 まさるくんは韓国からの留学生であるキムさんを、夏休みに家へ招待しました。そのときの会話文を読んで、以下の各問いに答えなさい。

まさるくん：日本はどうだった？夏休みは楽しめたかい？
キムさん：うん！日本の伝統芸能である①<u>（　N　）</u>を見たり、②<u>茶の湯</u>を体験したりすることもできたし、それに③<u>ご飯</u>もおいしかったわ！
まさるくん：それは良かった！それにしても日本と韓国では④<u>文化</u>も大きくちがっていなかった？
キムさん：そうね。でもちがった文化だからこそ勉強になったことは多かったわ。
まさるくん：充実した夏休みだったね。そういえば今年（2018 年）は⑤<u>平昌オリンピック</u>で韓国と北朝鮮の合同チームが出場したり、両国の⑥<u>首脳会談</u>が行われたりして、歴史的な年だったよね？
キムさん：そうだね。少しずつ両国の関係が良くなっていけばうれしいわ。
まさるくん：韓国は日本とも関係が深いよね？
キムさん：そうね。⑦<u>古くから関係</u>があったのよ。今でも⑧<u>日本との貿易</u>は韓国にとってとても重要なことだわ。
まさるくん：この関係が今後も続いていけるように、ぼくもしっかりと韓国の文化を研究しなくちゃ。今度はキムさんの家にも招待してよ！
キムさん：もちろん！

［問 1］　下線部①（　N　）に入る言葉は、以下のように説明されます。（　N　）にあてはまる言葉は何か答えなさい。

説明（室町時代にできた演劇であり、悲劇が多く、仮面をつけて演じることがある）

［問 2］　下線部②について調べていくと、茶室には図 7 のような絵がかざられていることが分かりました。図 7 に関する説明のO・Pに入る言葉を答えなさい。

図 7

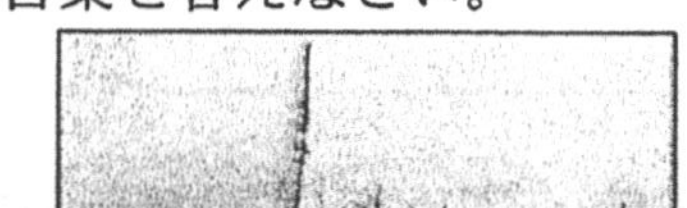

（　O　）の技法は鎌倉時代半ばに
中国から伝えられました。その後室

第 2 次選考　　検査Ⅲ（社会）

入学者選考検査

（注意）解答はすべて解答用紙に記入しなさい。なお，解答らんの横に（漢字）と書いてあるものは漢字で答えなさい。

［問 4］　（　④　）に入る作物の名は何か答えなさい。

［問 5］　下線部⑤のような動きは、なぜ広まっているのでしょうか。『増えすぎた』という言葉を必ず使って理由を答えなさい。

［問 6］　下線部⑥に関連して、図 2 は現在の錦市場にある店のようすです。この中には古くから錦市場で営業を続けてきたお店も多くあります。図 2 と問題文を参考にして、なぜ水がこの市場に必要だったのか理由を答えなさい。

図 2

店C　靴下(くつした)店	店D　鮮魚(せんぎょ)店	店E　生麩(なまふ)店
通り		
店F　鮮魚(せんぎょ)店	店G　鮮魚(せんぎょ)・塩干(しおぼし)店	店H　菓子(かし)店

［問 7］　下線部⑦について、以下の各問いに答えなさい。

(1)　図 3 はサバを京都まで運んだルート、いわゆる鯖街道(さばかいどう)をあらわしたものです。図 3 の I から京都までを目指したときに、通ることになる都道府県をすべて通る順に答えなさい。

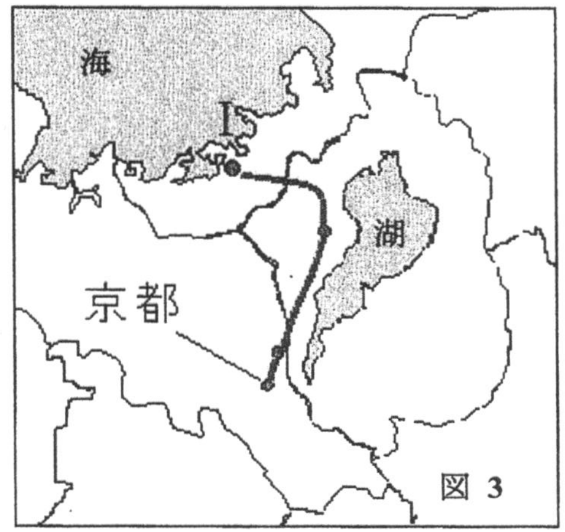

図 3

(2)　京都市には南のほうからも様々な品物が運(はこ)び込(こ)まれました。図 4 は江戸(えど)時代の京都で高瀬舟(たかせぶね)を使ってものを運んでいるようすです。図 4 の中で川はア・イどちらの方向へ流れているでしょうか。どちらかを選び、記号で答えなさい。

図 4

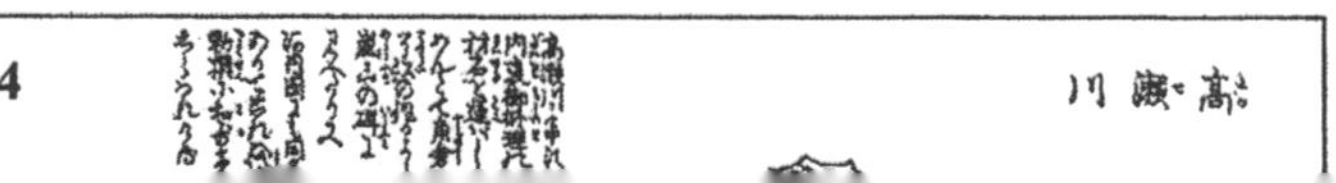

(3)　表 5 は、日本国内の 2013 年度の輸送機関（ものを

平成31年度

(40分)

入学者選考検査

第2次選考　　検査Ⅲ（社会）

（※社会と理科から１科目を選択）

－　その１　－

（注意）解答はすべて解答用紙に記入しなさい。なお，解答らんの横に（漢字）と書いてあるものは漢字で答えなさい。

1　あるレストランの二人のシェフが、新しいメニュー開発のために近畿(きんき)地方を旅しました。そのようすをまとめた文章を読んで、以下の各問いに答えなさい。

シェフA（以下A）：まずは、そばで有名な①兵庫県(ひょうご)の出石(いずし)へ来たぞ。

シェフB（以下B）：この香(かお)りと、のどごし…おいしいなあ。
でもなぜ出石でそばが有名になったの？

A：それは、この土地がそばの産地で有名な信州(しんしゅう)と気候が②似ているからと言われているよ。

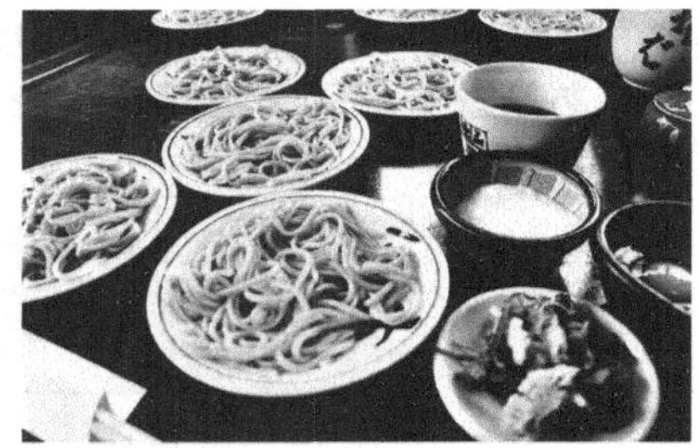

B：さあ、次は（　③　）市の黒豆だ。お正月のおせちでも食べるよね。

A：それにしてもなぜ黒いのだろう。特別な品種なのかな。

B：ふだん豆腐(とうふ)や納豆(なっとう)に使う（　④　）と同じ種類だそうだよ。

A：そういえば（　③　）市はイノシシも有名だね。

B：最近は⑤積極的に野生のイノシシやシカなどを食べる動きも広まっているね。

A：京都市にやってきたよ。まずは錦天満宮(にしきてんまんぐう)に立ち寄ろう。

B：鳥居の前には有名な錦市場が広がっているね。

A：市場ができた理由の一つに⑥この水があると言われているよ。

B：次はサバを酢(す)と塩でしめたサバ寿司(ずし)を食べよう。
でも、なぜ海のない京都市で昔からサバ寿司が食べられて

第２次選考　　検査Ⅲ（理科）

解答はすべて解答用紙に記入（きにゅう）してください。

4 こん虫のからだのようすや，成長について次の問いに答えなさい。

(1) こん虫のからだは，外骨格（がいこっかく）というかたいからでおおわれていますが，「はら」や「足」の部分にはある「つくり」があるため，曲げることができます。「はら」や「足」の部分にある「つくり」の名前を答えなさい。

(2) こん虫のからだは「㋐あたま」「㋑むね」「㋒はら」の 3 つに分かれています。次の①～③のつくりは㋐～㋒のどの部分にありますか。㋐～㋒の記号で答えなさい。なお，同じ記号を選んでもかまいません。

①あし　②しょっ角　③はね

(3) こん虫の中には，チョウやカブトムシのように「たまご」⇒「幼虫」⇒「さなぎ」⇒「成虫」と育つものと，トンボやバッタのように「たまご」⇒「幼虫」⇒「成虫」と育つものがあります。チョウやカブトムシのように「さなぎ」になるこん虫の特ちょうとして適するものをあとのア～エから 2 つ選び，記号で答えなさい。

ア．「幼虫」と「成虫」のからだの形が大きくちがう　イ．「幼虫」と「成虫」のからだの形が似ている

ウ．「幼虫」と「成虫」で食べるものがちがう　エ．「幼虫」と「成虫」で食べるものは変わらない

(4) こん虫はからだの色が緑色や茶色，黒色など目立たない色のものが多いですが，チョウははねが白色や黄色など目立つ色をしているものが多いです。チョウのはねが目立つ色をしていることは目立たない色をしているよりも，自然の中で生きていく上でどのような点で有利であると考えられますか。説明しなさい。

5 ある日，ゆきさんは附属（ふぞく）池田中学校近くの自宅で月がよくみえることに気付き，月のことについて考えました。そのことについて，次の問いに答えなさい。

(1) ゆきさんが見た月はどれですか。次の写真からもっとも適するものを選び，ア～エの記号で答えなさい。

ア.
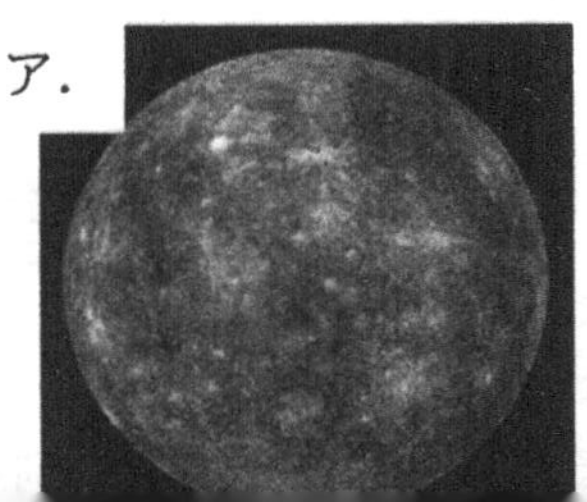
イ.

ウ.

エ.
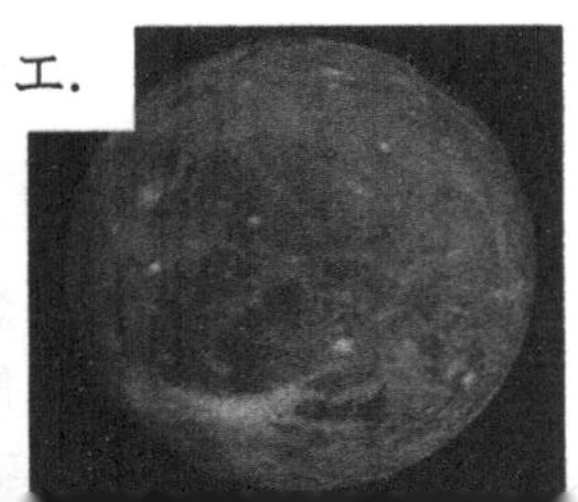

平成 31 年度　　　　　　　　　　　　　　　　（※社会と理科から１科目を選択）

入学者選考検査

第２次選考　　検査Ⅲ（理科）

－その１－

解答はすべて解答用紙に記入（きにゅう）してください.

（40分）

[1] ふりこのきまりを利用してつくられたものに，「ふりこ時計」があります。図のふりこ時計は，ふりこの部分がすべて金属でできています。これについて，次の問いに答えなさい。

図

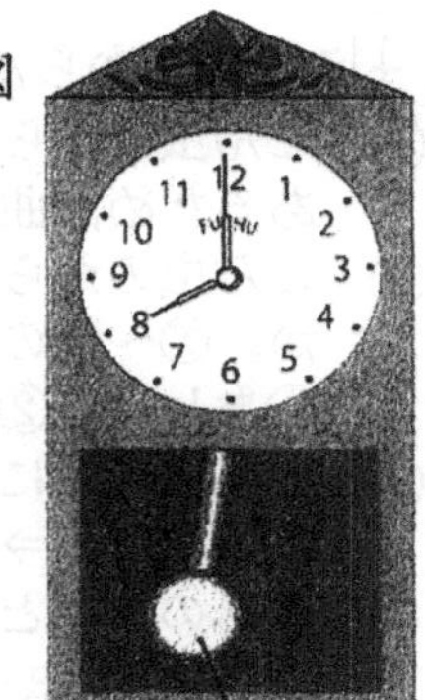

(1) ふりこ時計が正しい時刻を示すように調整するために，ストップウォッチでふりこが 10 往復する時間を 4 回はかりました。右の表はその結果をまとめたものです。

1 回目	2 回目	3 回目	4 回目
12.8 秒	13.3 秒	12.9 秒	13.0 秒

① 表の結果から，ふりこ時計のふりこが 1 往復する時間を求めなさい。（割り切れない場合は小数第 2 位を四捨五入すること）

② 図のふりこ時計は，ふりこが 1 秒間で 1 往復すれば正しい時刻を示すことができるようになります。ふりこのどの部分を，どのように変えれば正しい時刻を示すようにできますか。変える部分を次のア～ウから 1 つ記号で選び，どのように変えるのかを説明しなさい。

ア．おもりの重さ　　　イ．ふりこのふれはば　　　ウ．ふりこの長さ

(2) 夏に調整して正しい時刻を示していたふりこ時計ですが，だんだん寒くなってくると，時計の針が速く進んでしまうようになりました。その理由を簡単に答えなさい。ただし，この現象は気温の変化だけが原因で起こるものとします。

[2] ものが燃えるときのようすについて調べる実験をしました。次の問いに答えなさい。

図 1

図 2

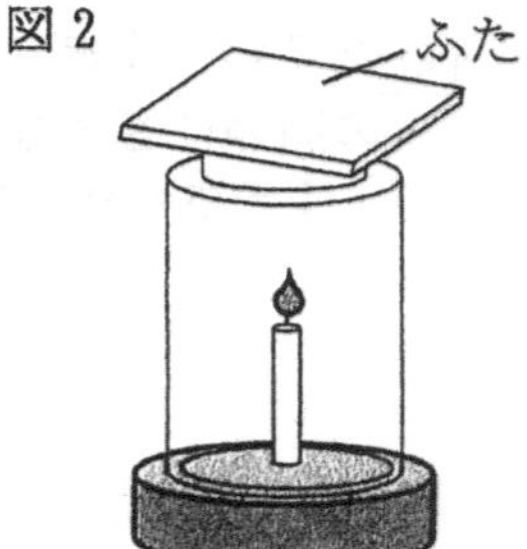

[実験 1]　図 1 のように，平らにしたねん土に，ろうそくを立てて火をつけ，底のないびんをかぶせて，ろうそくの燃え方を調べました。

(1) ものを燃やすはたらきがある気体は何ですか。次のア～ウから選び，記号で答えなさい。

ア．ちっ素　　　イ．酸素　　　ウ．二酸化炭素

(2) ろうそくをよりよく燃えるようにするには，図 1 の実験方法にどのようなくふうをすればよいですか。簡単に答えなさい。ただし，図 1 にかかれていないものは使えません。

図 3

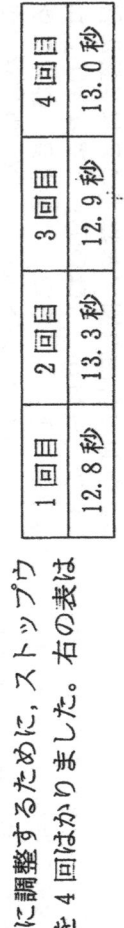

[実験 2]　実験 1 と同じ実験装置で，びんの上にふたをし，びんの中にある酸素や二酸化炭素の割合を（ ㋐ ）管

平成３１年度
入学者選考検査

第１次選考　検査Ⅱ（算数）　その２

受検番号

7　ある中学校のＡ組からＤ組の 144 人の生徒が，１年間に図書館で借りた本の冊数を調べました。次の表１はそれぞれのクラスで借りた本の冊数の平均を四捨五入して小数第１位まで求めたものです。表２はそれぞれのクラスで借りた本の冊数のちらばりの様子をまとめたものです。

表１

	Ａ組	Ｂ組	Ｃ組	Ｄ組
平均の冊数（冊）	24.1	20.8	22.5	23.7

表２

借りた本の冊数（冊）	Ａ組（人）	Ｂ組（人）	Ｃ組（人）	Ｄ組（人）
以上 未満 0 ～ 5	0	0	1	0
5 ～ 10	2	3	3	4
10 ～ 15	4	7	8	2
15 ～ 20	5	8	5	3
20 ～ 25	7	4	3	8
25 ～ 30	9	5	4	7
30 ～ 35	6	2	7	6
35 ～ 40	3	3	4	5

9　牛乳の量とコーヒーの量の比が５：２のコーヒー牛乳Ａと，４：１のコーヒー牛乳Ｂをそれぞれつくりました。

(1)　コーヒー牛乳Ａの量とコーヒー牛乳Ｂの量の比が3:4になるように混ぜてコーヒー牛乳Ｃをつくりました。このとき，コーヒー牛乳Ｃにふくまれる牛乳の量とコーヒーの量の比を求めなさい。

(2)　(1)のコーヒー牛乳Ｃに，牛乳の量とコーヒーの量の比が１：１であるコーヒー牛乳Ｄを混ぜて，牛乳の量とコーヒーの量の比をコーヒー牛乳Ａと同じ割合にしたい。コーヒー牛乳Ｃの量を１としたときの，必要なコーヒー牛乳Ｄの量を求めなさい。答えは分数で答えること。

平成３１年度
入学者選考検査

第１次選考　検査Ⅱ（算数）　その１

受検番号

※裏は計算用紙として使用してよい。
※解答はすべて ☐ の中にかきなさい。
※この検査において，円周率は 3.14 とする。

※80点満点
（配点非公表）

（50分）

1　次の ☐ にあてはまる数を求めなさい。

(1)　$9.5\times5-5.7\times4-1.9\times3=$ ☐

(2)　$\frac{11}{12}\div2.5\times\left(\square-\frac{3}{5}\right)\div\left(4\frac{1}{3}-1\frac{7}{12}\right)=\frac{1}{3}$

2　下の図のように，かずやさんの家は A のバス停と B のバス停の間にあります。学校に行くのに，かずやさんは A まで歩いてからバスに乗っても，B まで歩いてからバスに乗っても同じ時間がかかります。バスは時速 36 kmで走り，かずやさんは時速 4 kmで歩きます。

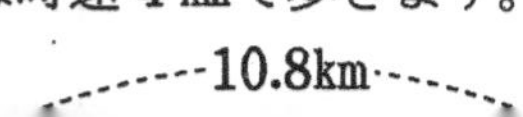

4　次の 5 つのおかしから 3 つを選びます。

ガム(40 円)，　キャラメル(60 円)，　クッキー(80 円)
チョコレート(80 円)，　プリン(100 円)

(1)　おかしの選び方は全部で何通りありますか。

通り

(2)　選んだ 3 つのおかしの合計の値段を 220 円以下にしたとき，おかしの選び方は全部で何通りありますか。

通り

5　右の図は直角三角形 ABC を頂点 C を中心として時計まわりに 180°　回転させたもの

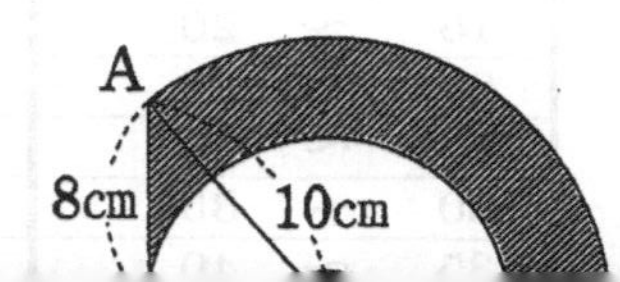

人々の思い込み、心理、きたいによって、一枚の紙切れが一万円の価値を持つ。すべての人が一万円の価値があると思うから、一万円分の価値が生じる。この論法を「自己循環論」といいます。

おカネの価値に、物理的根拠はない。「皆がおカネだと思って使うから皆がおカネとして使う」という自己循環論が、おカネに価値を与えている。紙幣だけではなく、硬貨や金銀も同じです。昔の金銀は宝としてではなく、おカネとして他人が受け取ってくれるから、おカネとしての価値を持っていた。そうでなければ人に渡さずに自分で持ち、装飾品として使うでしょう。金銀がおカネとして使われるということは、装飾品としてのもの以上の価値があったということです。

⑥同じことはコトバについてもいえます。コトバは単なる空気の（　A　）。「ドロボー」といってもすべての人間が「ドロボー」という意味にとるのではなく、アメリカで叫んでも誰も振り向いてくれません。日本語を理解する人にしか通用しないわけです。

インクの（　B　）である文字、書きコトバも同じです。「立入禁止」と書かれた看板を見た人は、そこに入ろうとしない。「立入禁止」の意味を持つとみんなが思っているから、通用するんです。

このように、おカネもコトバも自己循環論法の産物です。誰もがそう思っているから価値や意味を持つという、フシギな存在。だから、物理的性質としても遺伝子的性質としても説明がつかない、みんながそう思っているというプロセスで価値を帯びた、意味を持ったということです。さあ、これでおカネやコトバの本質が、かなり解明されてきました。

（岩井克人『学ぶということ』所収「おカネとコトバと人間社会」ちくまプリマー新書より）

＊原理…基本となる法則。
＊流通…世間に広まること。
＊制御…思う通りに支配すること。
＊根拠…言葉や行動のよりどころ。もとになる理由。
＊産物…あることの結果として得られるもの。
＊貨幣…通貨、ものとものを交かんする時に間をとりもつもの。
＊王朝…王家が国を支配している時期。
＊循環…ひとまわりして元の状態にもどることをくり返すこと。
＊装飾…かざり。よそおい。
＊本質…本来の性質。

1　～a「フシギ」・b「ボウエキ」・c「帯」の漢字はひらがなに、カタカナは漢字に直しなさい。

2　―①「私はどうして～ニコニコするのでしょう。」の答えにあたる一文をぬき出し、はじめとおわりの四字を書きなさい。

3　―②「モノとしての一万円札」とはどういう意味ですか。次のア～エから一つ選び、記号で答えなさい。
ア　物理的性質・遺伝子的性質を持つ存在としての一万円札。
イ　日本銀行によって印刷された紙切れとしての一万円札。
ウ　人々のきたいによって価値が定められている一万円札。
エ　装飾品として他人が受け取ってくれる一万円札。

4　―③「公共」のここでの意味を簡単に書きなさい。

5　―④「和同開珎の多くは神社仏閣の遺跡の柱の下の部分から発掘されている」のは、どのような使い方をしたからだと考えられていますか。書きなさい。

その三

ひともいる」
正直なところ、紗希の主張を、千春も完全に理解できているわけではない。もちろん、「悪い学校」よりも「いい学校」で学び、「悪い会社」よりも「いい会社」で働くに越したことはないだろう。でも、「いい人生」と言われても、それが具体的にどんなものなのか、どうもぴんとこない。
「⑥価値観の相違っていうのは、おとなの世界でもよくあるんだ。それが原因でいろんな争いが起きてる。今も昔も、世界中でね」
おじさんは、うんざりした顔でため息をついている。
「友だちどうしのけんかだけじゃない。夫婦が離婚したり、国どうしが戦争をおっぱじめたり」
「せ、戦争?」
「うん。極端な例だけどな」
千春にも、ため息が伝染した。そんなにむずかしい話だったのか。
「じゃあ、どうすれば仲直りできるの?」
「□?」

（瀧羽麻子『たまねぎとはちみつ』より）

＊いさぎよい…潔らかだ。さっぱりしている。
＊ゆううつ…心配で気がふさぐこと。気が晴れないこと。
＊価値観…物事の価値についての考え方。

1 ～a「ショウタイ」・b「本音」の漢字はひらがなに、カタカナは漢字に直しなさい。

2 ―①「たまねぎ」と「はちみつ」はそれぞれどのような意味として使われていますか。簡単に書きなさい。

3 この文章から読み取れる千春の人柄について、当てはまるものを次から一つ選び、記…号で答えなさい。
ア 先生からも頼りにされ、しっかり者で気が強い。
イ 自分の話をするのが得意ではなく、口ごもることがある。
ウ 友達の悪口に対し、ねばり強く止めようとする。
エ 悪気なく、思った事をそのまま口にすることがある。

4 ―②「しんと静まり返った」時の参加者の心情として当てはまるものを次から一つ選…び、記号で答えなさい。
ア お祝いの場にふさわしくない話題に緊張している。
イ サナエちゃんの正論に賛成の意思をしめしている。
ウ その場にいない人の悪口をいうことに対し、反抗心を抱いている。
エ 話し合いのはじまりとなる意見について、乗り気になって考えている。

5 ―③「サナエちゃんがあわれむような目で千春を見た」理由は何であると考えられま…すか。三十五～四十五字で書きなさい。

6 ―④「息巻いていた」が表す感情をひとことで書きなさい。

平成三十一年度　入学者選考検査　第一次選考　検査Ⅰ（国語）

大阪教育大学附属池田中学校（50分）

（注）句読点（、や。）やかぎかっこ（「」）などの記号はすべて一字として数えます。また、「訴える」のように読みがなをふってある漢字は、答える時にひらがなに書きかえてもかまいません。なお、文章中の一部の漢字をひらがなにしています。

一　次の文章を読んで、後の問いに答えなさい。

（小学五年生の千春は、ふとしたことから路地の奥にある「何でも修理屋」を見つけた。そこでアルバイトをする「おじさん」は、実は発明家だという。おじさんと仲良くなった千春は、学校が終わると修理屋に顔を出すのだった。）

「今日はどうだった？」とおじさんから聞かれるたびに、①「たまねぎ」か「はちみつ」と千春も答えるようになった。つまらなかったとか、いやなことがあったとか、ぐずぐずと訴えるよりも、「たまねぎ」とひとこと返すほうが*いさぎよい。それに、なんだかかわいい。

たまねぎの日のできごとは、お母さんやお父さんにはなんとなく言いにくいのに、なぜかおじさんには話してしまう。知りあったばかりだし、千春はもともと自分の話をするのが得意でもないのに。

「おれは聞き上手だからな」

おじさんは誇らしげに胸を張ってみせる。たしかに、それもあるのかもしれない。千春が途中で口ごもったり考えこんだりしても、決して急かさず、辛抱強く続きをまっている。

「お母さんや先生は、ちゃんとしたことを言わなきゃまずいだろうけど、おれはそういう責任もないし。気楽なもんだ」

冗談ぽく言いながらも、千春がなにか質問すれば、おじさんはじっくり考えてから答えてくれる。

ただし、こっちも気は抜けない。きみはどう思う、とおじさんは必ず問い返してくるからだ。

「わからないことは恥ずかしくない」

おじさんはいつも言う。

「自分の頭で考えてみようとしないことが、恥ずかしい」

五月の終わり、千春がお店へ入るなり、おじさんのほうから聞かれた。

「今日はたまねぎか？」

よっぽど*ゆううつそうな顔をしていたらしい。

発端は、週末に開かれた、サナエちゃんのお誕生日会だった。千春と紗希もふくめ、クラスの女子の半分以上が a シヨウタイされていた。

サナエちゃんから日程を知らされるなり、紗希は悔しそうに断った。

「ごめん。あたし、行けない。塾の全国テストなんだ」

「そっか。じゃあ、しょうがないね」

サナエちゃんも残念そうに答えた。怒っているふうには見えなかった。

でも、b 本音はそうじゃなかったらしい。お誕生日会の当日、集まったみんなの前で、サナエちゃんはおおげさにため息をついてみせたのだ。

[問6]

[問7]

(1)								
(2)								
(3)	J		K		L		M	

(完答)

[問8]

(1)	
(2)	

[問9]

→ →

(1)		
(2)		(漢字)

[問5]

(1)	長野県の気候は
(2)	

[問6]

(1)	
(2)	

[問7]

[問8]

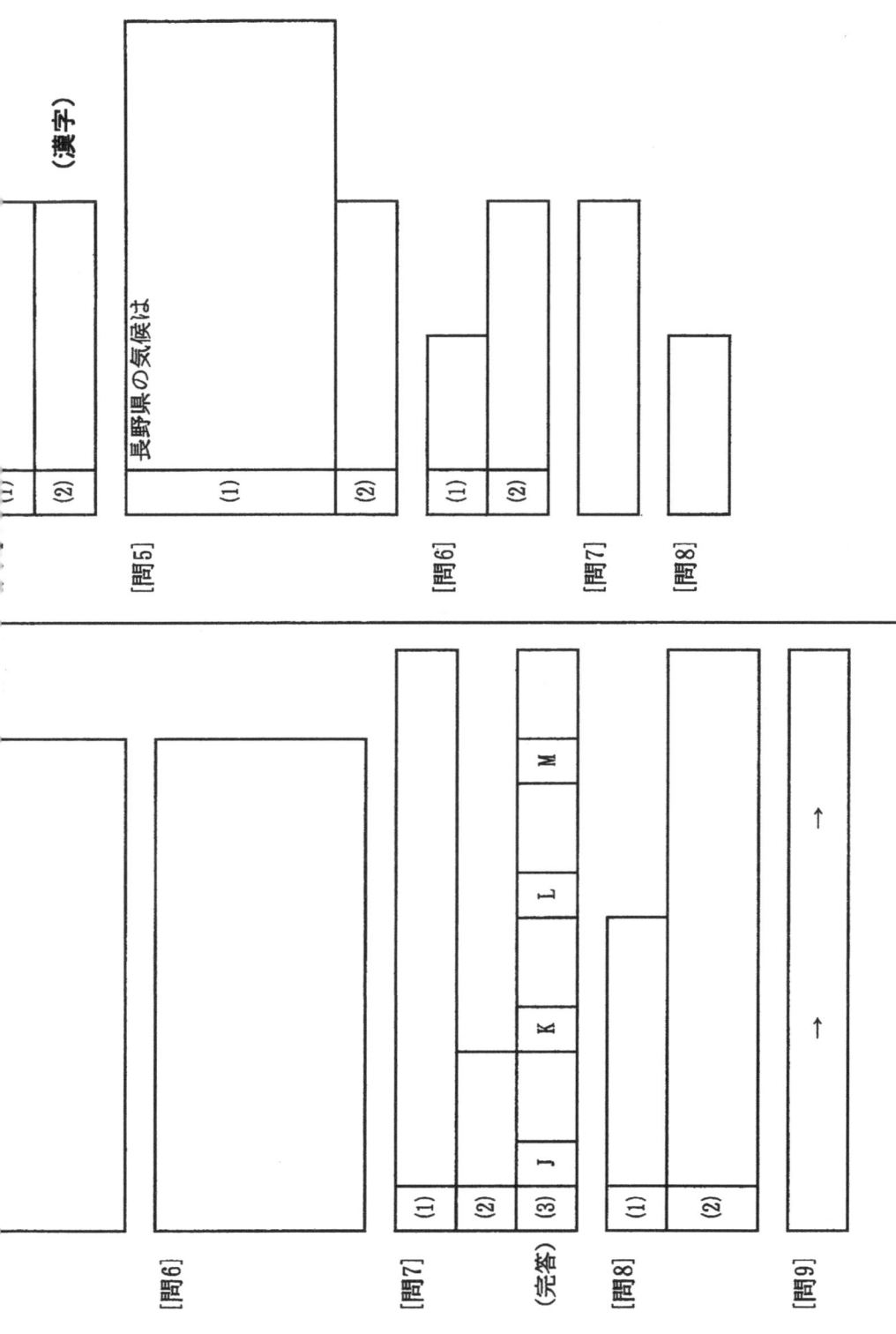

(2)	
(3)	
(4)	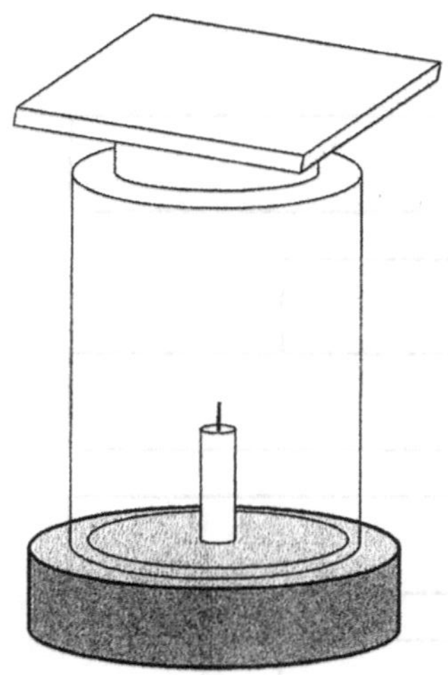

4

(1)			
(2)	①	②	③
(3)			
(4)			

5

(1)		(2)	
(3)			
(4)			
(5)			
(6)		(7)	

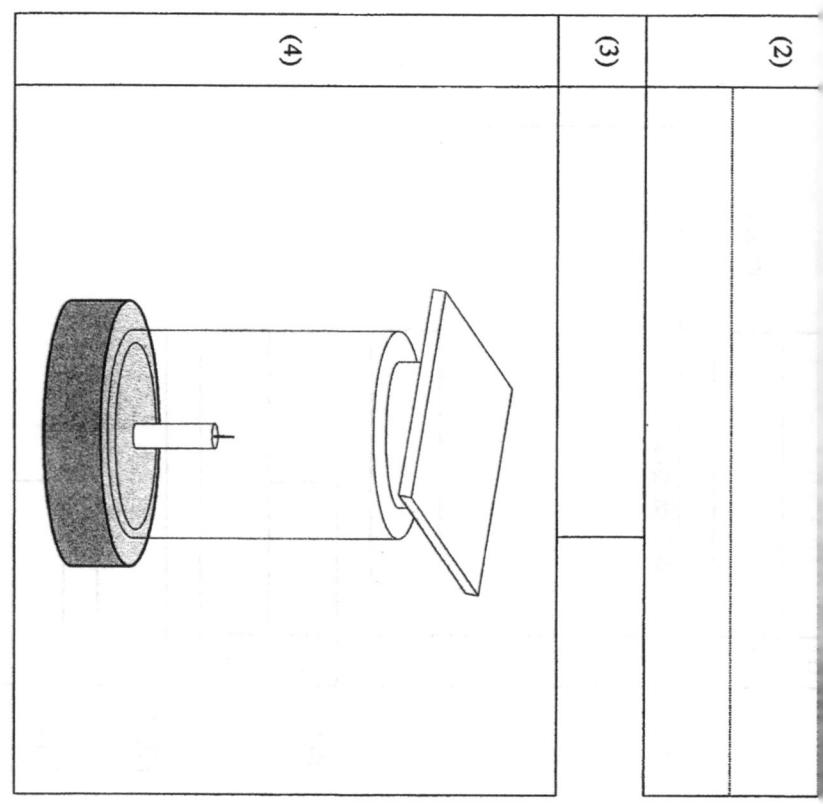

二

1

a

b

c

2

はじめ

おわり

3

4

5

6

7

8

★

9

10

点。

11

12

40

50

三

100

150

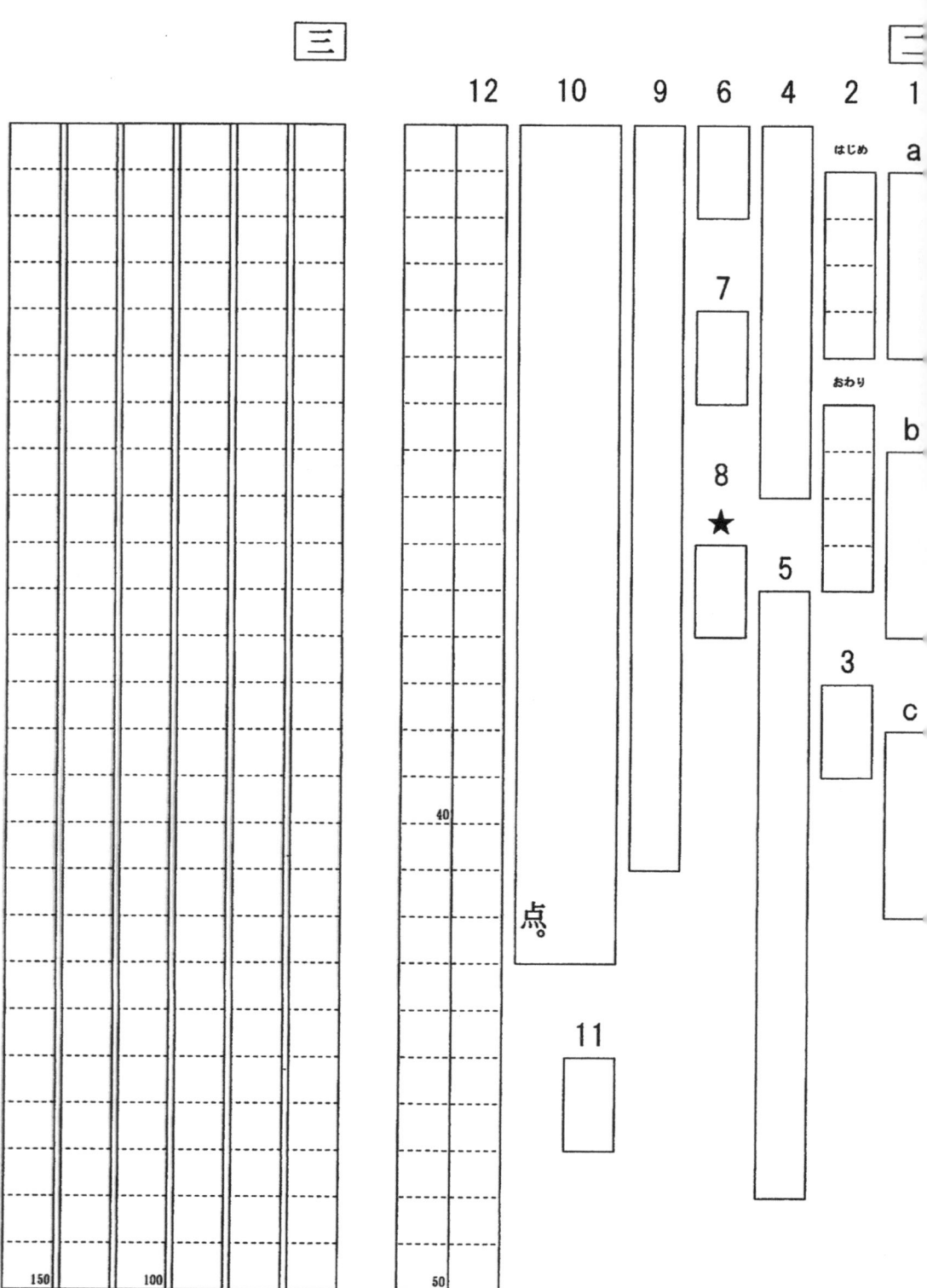

第2次選考の検査Ⅳで「図画工作」を受検するみなさんへ（平成31年度）

（注）このプリントの内容に関しては質問を受けつけませんので、よく読んで内容を理解してください。

◆検査内容

1. あるものをよく見ながら、絵をかいてもらいます。
   用具は４Ｂのえんぴつです。
   見てもらうものは検査時に発表します。

2. 自分の作品についての説明を、配布した用紙に書いてもらいます。

※時間は両方で２０分です。

◆採点は次の点に注目しておこないます。

・ものをよく見て自分の絵と比べ、形を確かめながら、かいているか。
・紙の大きさに注意して調和や配置をよく考えて、かいているか。
・線の強弱や太い線、細い線など、えんぴつの使い方をくふうして、かいているか。
・自分で絵をかいたときに考えたことを、ことばで具体的に説明しているか。
・準備物の忘れ物がないか。

◆準備物

・こさが４Ｂのえんぴつ
・消しゴム（ねり消しは使えない）
（それぞれの予備は自分で考えて用意してください）

第2次選考の検査Ⅳで「体育」を受検するみなさんへ（平成31年度）

（注）このプリントの内容に関しては質問を受けつけませんので、よく読んで内容を理解してください。

◆検査内容

1. ある種目の運動をしてもらいます。
2. 新体力テストのある種目をしてもらいます。

※種目、内容については検査時にお知らせします。

◆採点は次の点に注目しておこないます。

1. 検査内容1について

・基本的な技能が身についているか。

・課題を実行することができているか。

・記録

2. 検査内容2について

・測定方法が理解できているか。

・効果的な身体の使い方ができているか。

・記録

◆準備物

・運動に適した服装

・体育館シューズ

・ウィンドブレーカーやコートなどの防寒着

機械類	20.2	機械類	32.6
（ Q ）	17.3	石油製品	13.3
鉄鋼	12.0	鉄鋼	8.4
魚介(ぎょかい)類	9.1	プラスチック	4.0
石油製品	3.7	有機化合物	3.9

［問 3］ 下線部③について、韓国と日本の食文化を調べると、米を主食とする文化が共通していることがわかりました。これはなぜですか。日本と韓国の古くからのかかわりを参考にして説明しなさい。

［問 4］ 下線部④について、韓国と日本では文化が大きく異なっていたことがわかりました。特に文字に関しては漢字を用いず、独自の文字を使ってきました。これに関して次の問いに答えなさい。

（1） 右の文字は韓国独自の文字です。このような文字を何というか答えなさい。

이게다

（2） この文字ができたころ、日本では足利義満が中国と正式な貿易をおこなっていました。このときの中国にあった国の名は何か答えなさい。

［問 5］ 下線部⑤についてオリンピックが開かれた平昌では、自然環境をいかした観光業（かんこうぎょう）の他に、高原野菜の生産や牛の飼育がさかんに行われていました。また日本海でとれるスケトウダラを干したファンテという食品が特産品であることがわかりました。これについて、以下の各問いに答えなさい。

図 8

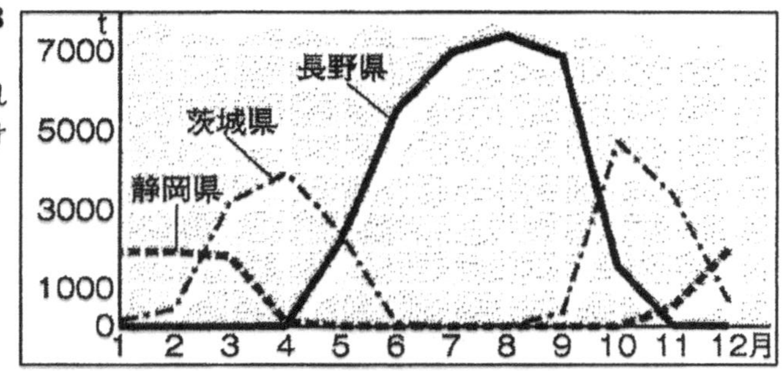

2013 年 東京都中央卸売（おろしうり）市場資料より作成

（1） 日本では高原野菜（レタス）は図 8 のように東京に出荷されています。長野県は高原野菜（レタス）を 6 月から 9 月にかけて茨城（いばらき）県や静岡県より多く出荷（しゅっか）しています。長野（ながの）県がその時期に他県より多く出荷している理由を、解答らんの書き出しに続く形で答えなさい。
また、「t」とは重さの単位です。

以下のア～エからそれぞれ選んで記号で答えなさい。なお、各割合は四捨五入されているため、合計しても100％にはなりません。

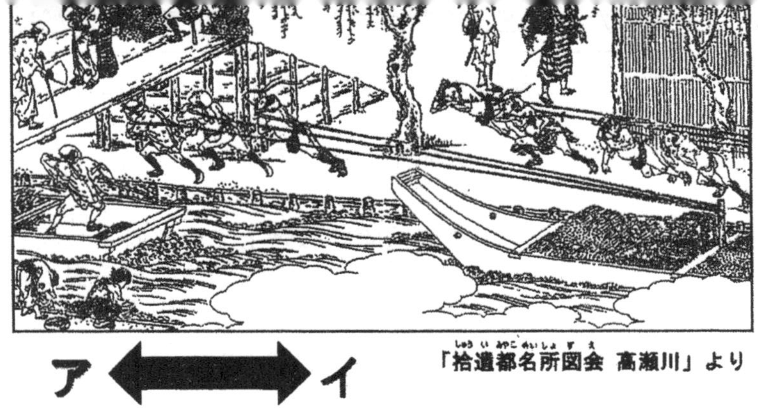

「拾遺都名所図会 高瀬川」より

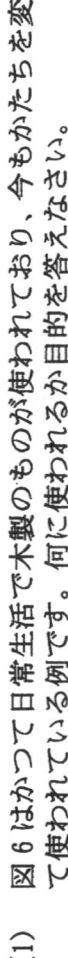

表 5

J	64.9%
K	29.0%
L	5.9%
M	0.2%

EDMC エネルギー・経済統計要覧　2016 年度版より

ア：航空機
イ：鉄道
ウ：旅客船
エ：自動車

図 6

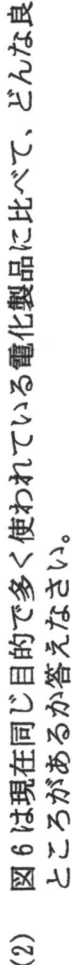

［問 8］　下線部⑧について、以下の各問いに答えなさい。

(1)　図 6 はかつて日常生活で木製のものが使われており、今もかたちを変えて使われている例です。何に使われるか目的を答えなさい。

(2)　図 6 は現在同じ目的で多く使われている電化製品に比べて、どんな良いところがあるか答えなさい。

［問 9］　下線部⑨にあるように、自分の住んでいる街の伝統的な食べ物について調べるときのやり方について、以下のア～ウを正しい順番に並びかえて記号で答えなさい。

ア：実際に現地へ出かけ、くわしい人に話を聞いたり、博物館に行ったりする。
イ：調べたいテーマを話しあって決める。
ウ：調査結果を模造紙に書いて発表する。

Ｂ：なるほど。冷蔵ができない⑧昔の人の知恵だね。⑨他にもそんな例がないか調べてみよう！

［問１］　下線部①について、以下の各問いに答えなさい。

（1）　兵庫県について説明した以下のア～エの各文で、まちがっているものを一つ選んで記号で答えなさい。

ア：兵庫県は陸上で京都府と大阪府の両方に接している。
イ：兵庫県には人の住む島が複数ある。
ウ：本州の海岸線を一周する場合、二回通らなければならないのは兵庫県だけである。
エ：兵庫県には空港がない。

（2）　兵庫県の面積は 8401 ㎢（2014 年）で、人口は 563 万人（2015 年）です。同じ時期の大阪府の面積は 1905 ㎢で、人口は 886 万人です。大阪府の人口密度（1 ㎢あたり何人いるか）は、兵庫県の人口密度の何倍か答えなさい。答えは四捨五入して、小数第一位まで求めなさい。

図 1

ある農作物の都道府県別生産量の割合

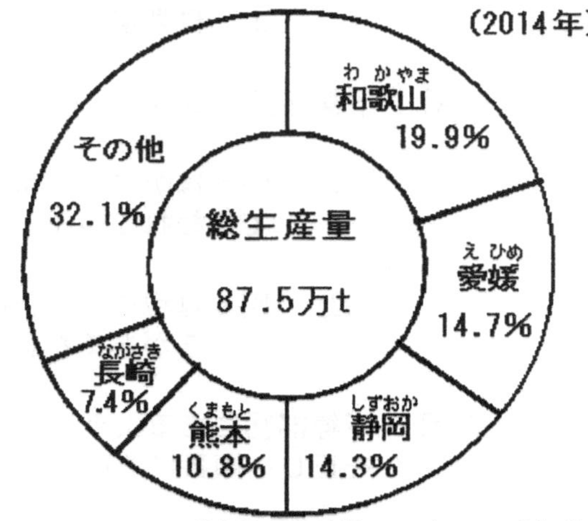

「農林水産統計 2016年」より作成

［問２］　下線部②のように、日本各地には似た気候をいかして同じ農作物を作っている地域があります。図１であらわされる農作物は何か答えなさい。

［問３］　（　③　）には市の名前が入ります。この都市は去年の 11 月 18 日に市の名前を変えることが決まりました。この市の名前を以下のア～エから選んで記号で答えなさい。

ア：津
イ：岸和田
ウ：篠山
エ：彦根

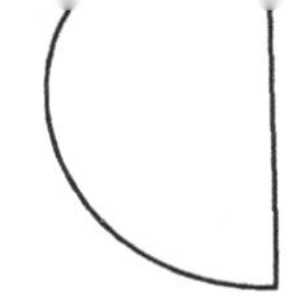

ア～エの記号で答えなさい。
　ア．明け方　　イ．真昼　　ウ．夕方　　エ．真夜中

(3) 図２は北半球の上から地球と月の位置をあらわしたものです。
日本で図１のように見えるときの月の位置はどれですか。
もっとも適するものをア～エの記号で答えなさい。

図２
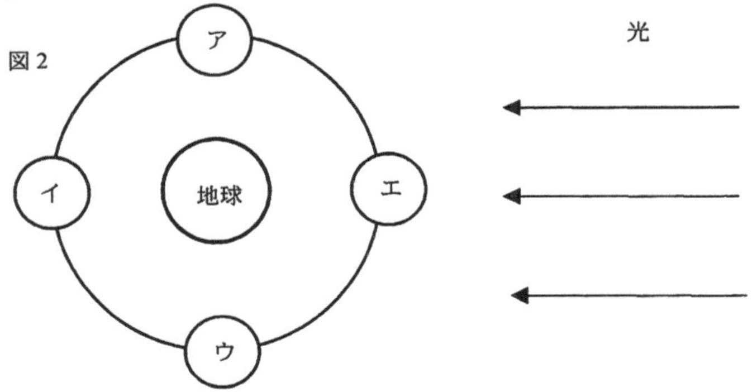

(4) 図２で月は地球の周りをどちら回りに回っていますか。時計回りか反時計回りで答えなさい。

(5) ゆきさんは３年生の春休みに行ったカナダからみた月の形について考えました。日本で図１のように見えた日，カナダから見た月の形はどれだと思いますか。もっとも適するものをア～エの記号で答えなさい。ただし，カナダもこの日はよく晴れているものとします。

ア．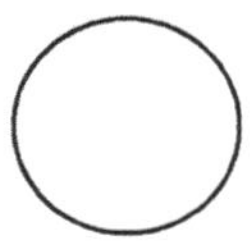　イ．　ウ．　エ．月は見えない

(6) ゆきさんは地球が見える月面上から見た地球の形も考えました。日本で図１のように見えるとき，月から見た地球はどの様な形に見えると予想できますか。図２をもとに太陽と地球と月の位置関係を考え，もっとも適するものをア～ウの記号で答えなさい。ただし，地球は昼の部分しか見えないものとします。

ア．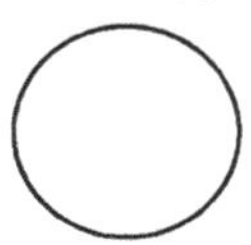　イ．　ウ．

図３
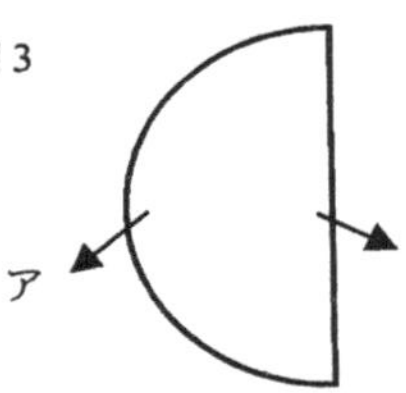

(7) 日本で図１のように見えるとき，月の山かげが大きくできて見やすい部分はどこですか，図３のアまたはイで答えなさい。

調べました。

(3) [実験 2] の文中の (㋐) にあてはまることばを答えなさい。

(4) 図 3 は，ろうそくを燃やす前のびんの中の気体のようすを表しています。ろうそくの火が消えた後のびんの中の気体のようすは，どのようになっていると考えられますか。それぞれの気体の量の変化がわかるように，解答用紙の図に○，△，□の記号をかきなさい。ただし，○はちっ素，△は酸素，□は二酸化炭素を表しており，実際に空気中にふくまれる気体の割合とは異なっています。

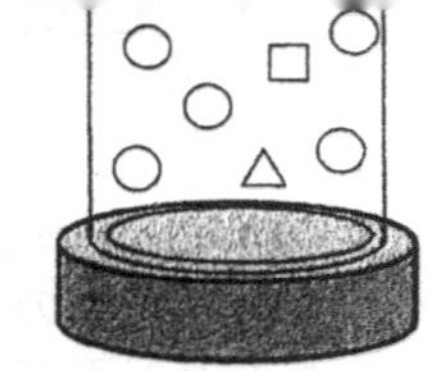

ろうそくを燃やす前のようす

3 メダカと人のたんじょうについて，次の問いに答えなさい。

(1) メダカの受精卵の実際の大きさとして，もっとも近いものを右のア～エの図から1つ選び，記号で答えなさい。

ア．　イ．　ウ．　エ．

(2) まいさんはメダカにたまごを産ませるため，下のような条件①～④を満たした右の図 1 のような状態でメダカを飼いました。

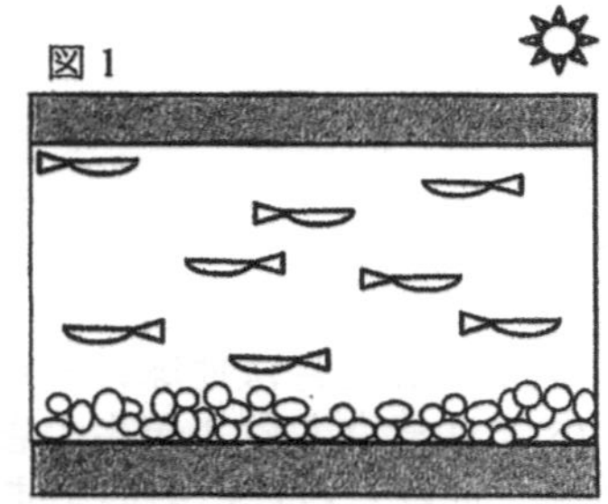

図 1

条件①　直接日光が当たる，明るいところに水そうを置いた

条件②　よくあらった小石や砂を水そうの底にしきつめ，きれいなくみ置きの水を入れた

条件③　めすとおすをそれぞれ同じ数だけ入れた

条件④　えさは 1 日に 1～2 回食べ残さないくらいの量をあたえ，水がよごれたら半分位をくみ置きの水と入れかえた。

メダカを飼い始めて 1 週間たちましたが，たまごを産むようすが見られませんでした。メダカにたまごを産ませるには，水そうの条件②をどのように変えればよいですか。説明しなさい。

(3) 人の子どもは受精してから，どれだけの期間でたんじょうしますか。次のカ～ケからもっとも近いものを 1 つ選び，記号で答えなさい。

カ．約 16 週間　キ．約 25 週間　ク．約 38 週間　ケ．約 46 週間

(4) 人の受精卵とメダカの受精卵の大きさを比べた文として，もっとも適切なものを次のサ～セから選び，記号で答えなさい。

サ．人の受精卵の大きさは，メダカの受精卵の約 10 分の 1 である

シ．人の受精卵の大きさは，メダカの受精卵とほとんど同じである

ス．人の受精卵の大きさは，メダカの受精卵の約 10 倍である

セ．人の受精卵の大きさは，メダカの受精卵の約 100 倍である

(5) 右の図 2 は，母親の子宮の中にいる人の子どもの様子を表したものです。解答らんの同じ図に，子どもが母親から運ばれてきた養分などをとり入れたり，いらなくなったものを交かんしたりするのに必要なつくりの図を全て書きこみなさい。また，そのつくりの名前も図の横に書きこみなさい。

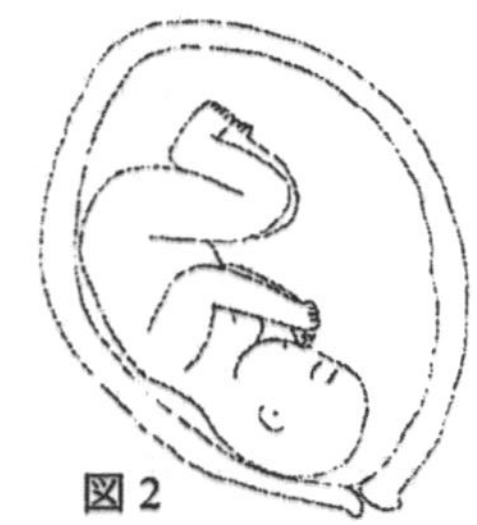

図 2

(6) 人の (5) のようなつくりがないメダカの子どもは，育つための養分をどのようにしていますか。説明しなさい。

(1)　A組の中で，最も多く本を借りた生徒と最も少なかった生徒の冊数の差は，何冊以上何冊以下と考えられますか。

冊以上　　冊以下

(2)　それぞれのクラスで本を多く借りた生徒を順番に並べたとき，ちょうど真ん中の位置にあたる生徒の借りた冊数が，必ずクラスの平均の冊数より多く借りていると考えられるクラスをすべて答えなさい。

8

(1)　図1の長方形を同じ向きにいくつかならべて，たてと横の長さの比が3：7の長方形を作りました。最も少ない数で長方形を作るとすると，いくつの長方形が必要ですか。

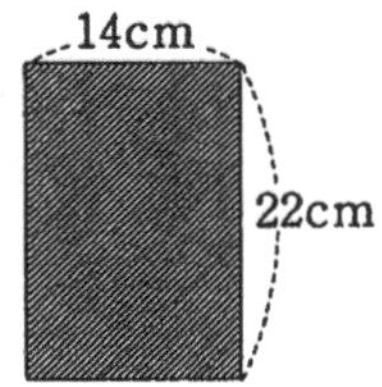

図1

(2)　図1の長方形の全体をいくつかの正方形に分けます。以下の条件をみたすとき，いくつの正方形に分けることができますか。

・大きさの異なる3種類の正方形で分ける。
・分けた正方形の合計の数が最も少ない。

また，くりぬく直方体はしゃ線の部分を底面とし，通りぬけるまでくりぬきます。

(1)　図1のように2ヶ所からくりぬきました。残った体積を求めなさい。

cm^3

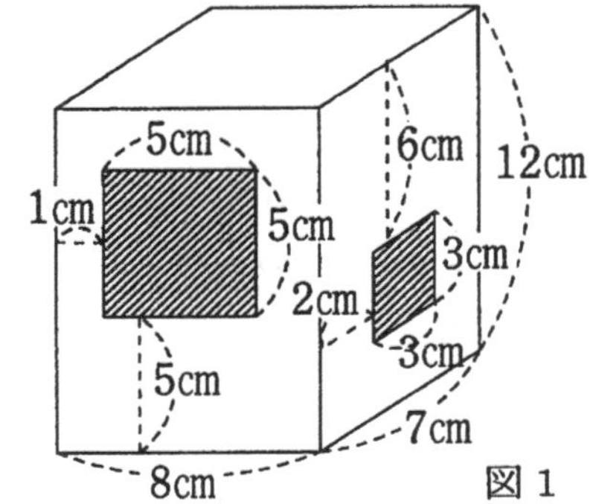

図1

(2)　(1)の状態から，図2のようにさらにもう1ヶ所くりぬきました。残った体積を求めなさい。

cm^3

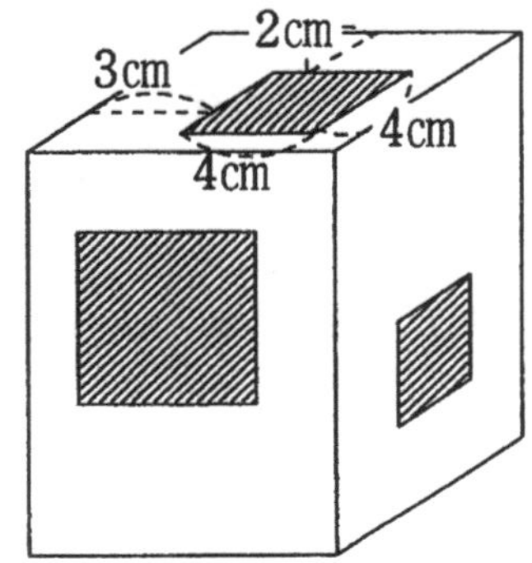

図2

A　　　B
の家　　　学校

(1)　A のバス停はかずやさんの家からどれだけはなれていますか。

km

(2)　家を出る時間がいつもより 4 分おくれたとします。A のバス停からいつものバスに乗るためには，時速何kmで移動しなければいけませんか。

時速　　　km

[3]　A さんは，25m プールを往復し，平泳ぎとクロールでそれぞれ 1000m 泳ぎます。クロールで泳ぐ速さは平泳ぎの速さの 1.5 倍です。それぞれの泳ぎ方において速さは一定とし，ターンのたびに 1 秒ずつかかるものとします。平泳ぎで休けいをせずに 1000m 泳ぐと，24 分 39 秒でした。

(1)　平泳ぎで 25m を泳ぐのにかかる時間を求めなさい。

秒

(2)　クロールでは 100m ごとにターンの時間をふくめて 1 分の休けいをいれながら泳ぎました。1000m を泳ぐのに何分何秒かかりますか。

分　　　秒

長さは何cmですか。

cm

(2)　しゃ線の部分の面積は何cm²ですか。

cm²

[6]　図 1 のように，底面が半円の柱の形をした容器があり，長方形の部分が開いています。この容器を平らなゆかに置き，水をいっぱいに満たします。

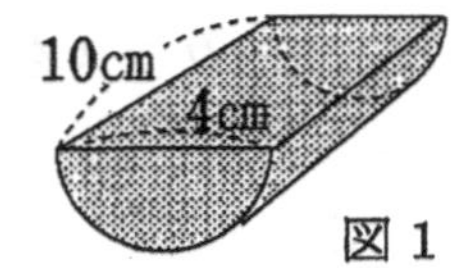

図 1

(1)　この容器を図 2 のように 45° 静かにかたむけると何cm³の水が容器に残りますか。

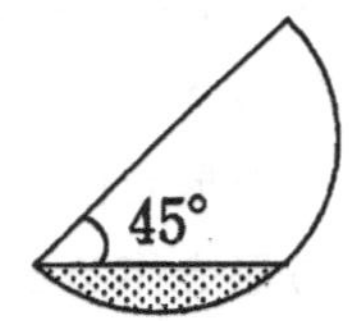

図 2

cm³

(2)　(1)の容器に水が残っている状態で、長方形の部分にふたをして，図 3 のように容器をおきかえたとき，水面の高さは何cmになりますか。小数第 2 位を四捨五入して小数第 1 位で答えなさい。

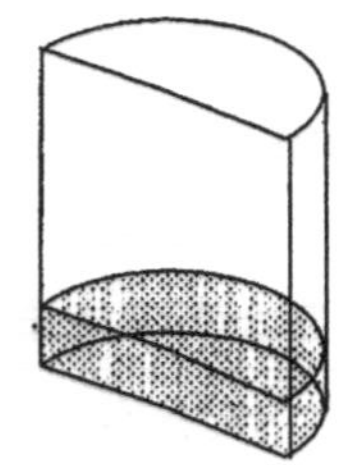
図 3

cm

6 文章中の□に当てはまる言葉を文章中から漢字一字でぬき出して書きなさい。

7 文章中の空らん（ あ ）にあてはまる言葉を次から選び、記号で書きなさい。

ア すると　イ そして　ウ ただし　エ なぜなら

8 この文章には次の一文がぬけています。これを元にもどす場合にふさわしい場所を文章中の〈★ア〉～〈★エ〉から選び、記号で答えなさい。

滅(ほろ)びた王朝が発行したおカネですから、中国に持っていって価値を保証してもらうことはできません。

9 ―⑤「それ」が指しているものを文章中からぬき出して書きなさい。

10 ―⑥「同じこと」とありますが、「おカネ」と「コトバ」はどのような点で同じだといえますか。「～点。」という形で答えなさい。

11 （ A ）（ B ）に当てはまる言葉の組み合わせとして、ふさわしいものを次から選び、記号で答えなさい。

ア A―集合　B―ミス
イ A―振動(しんどう)　B―シミ
ウ A―大小　B―濃(こ)さ
エ A―変化　B―伸(の)び

12 この文章は読者に何を説明するためのものですか。「社会科学」「本質」の二語を必ず使って四十字～五十字で書きなさい。

今年から元号が変わります。あなたが新しい元号を決められるのであれば、どのようなものにしますか。近代以後の元号（明治・大正・昭和・平成）をふまえて考え、そこにどのような思いを込めたのかも合わせて説明しなさい。

※次の条件を全て満たして書くこと。

内容についての条件

条件1　新しい元号は、漢字二字であること。

条件2　新しい元号の頭文字が、MEIJIの「M」、TAISHOの「T」、SHOWAの「S」、HEISEIの「H」にならないようにすること。

条件3　未来に何かの願いを込めたものであること。

書き方についての条件

条件1　百字～百五十字で書くこと。

条件2　正しい原稿(げんこう)用紙の使い方に従って書くこと。

7　―⑤「教室の中には冷たい風が吹き荒れている」とはどういう様子を表していますか。簡単に書きなさい。

8　―⑥「価値観の相違」について、次の問いに答えなさい。

(1)　この言葉の意味を説明している部分を文章中から二十四字でぬき出し、はじめの四字を書きなさい。

(2)　「紗希」と「サナエちゃん」の価値観として最もふさわしいものをそれぞれ次から一つずつ選び、記号で答えなさい。

ア　友だちとケンカをすることは決して悪いことではない。
イ　学校での人間関係や勉強は将来に必要なことではない。
ウ　いい人生を送るために今の自分に必要な勉強をすべきである。
エ　学校での生活や人間関係は塾のそれよりも大切である。
オ　価値観の相違は争いの原因となるので起きてはいけない。

9　文章中の□は「おじさん」の発言です。最もふさわしいと考えられる言葉を文章中からぬき出して書きなさい。

次の文章を読んで、後の問いに答えなさい。

説明のつかないaフシギなものに対し、それがどういう原理*で動いているのかを知ろうとするのが、経済学も含む科学というものです。①私はどうして単なる紙切れである一万円札を持っていると、ニコニコするのでしょう。皆さんだって、一万円の小遣いをもらえればうれしくなりますよね。

私たちは紙を食べるヤギではないので、②モノとしての一万円札があるからうれしいのではありません。一万円札には「日本銀行券」と書かれています。「日本銀行という③公共機関が発行しているから価値がある」「法律で一万円の価値があると決められているから価値を持つ」と考えている人が多いでしょう。経済学者にもそういう人がいます。

日本初の貨幣*である「和同開珎」という銅貨は、七〇八年につくられました。これは中国の貨幣にならって発行されたもの。〈★ア〉当時の日本政府は和同開珎を流通*させようとしたのですが、実際には全然使われなかった。どうして使われなかったのかはよくわかりません。④和同開珎の多くは神社仏閣の遺跡の柱の下の部分から発掘されている。〈★イ〉当時の人にとって□は貴重でしたし、貨幣には難しい字が書かれていたので、もっぱらおまじないとして使ったのではないかと思われます。

奈良や平安時代の政府はおカネを発行しては人々に「使え、使え」といいましたが、ちっとも使われないので一二回やってあきらめました。〈★ウ〉ところがそのうち日本の経済は発達して、日本海を中心にして中国や朝鮮半島と活発にbボウエキをするようになる。（　あ　）、日本で商売をする人が、中国のおカネを使いだしたんです。中国の王朝*は唐、宋、明と変わりましたが、日本では唐の時代に発行されたおカネが宋や明の時代になっても使われていた。〈★エ〉それでも当時の日本人は⑤それを使っていた。このようにおカネの流通は、政府の思いどおりには制御*できないのです。

私たちがどうして一万円を持つとうれしいのかといえば、他人が一万円として受け取ってくれるからです。この「誰かが受け取ってくれる」というところがポイントです。これは物理法則ではありません。多くの人が「価値がある」と思っていることに意味がある。

―社会科学の出発点は、ここにあります。

「ガリ勉ってやだよね。友だちより勉強のほうが大事って、どうなの？」

サナエちゃんちの広々としたリビングが、②しんと静まり返った。

お誕生日会の主役だから、反論しづらいというだけではない。クラス委員をつとめ、先生からも頼りにされているサナエちゃんは、しっかり者で気が強い。堂々と反対意見をぶつけられるのは、同じくらい気の強い、当の紗希くらいなのだった。

それでも勇気を振りしぼって、千春は言い返した。

「だけど、紗希も来たがってたよ」

本当のことだった。パーティには参加できないかわりに、サナエちゃんのためにプレゼントを買って、休み明けに学校で渡すつもりだと聞いていた。

③サナエちゃんがあわれむような目で千春を見た。

「前から思ってたけど、千春ちゃんも大変だよね？あの子、最近塾ばっかりで、学校なんかどうでもいいって思ってるっぽくない？」

今度は、なにも言い返せなかった。それは千春もうすうす感じていることだったから。

紗希が塾通いで忙しくなってから、いっしょに帰ったり、遊んだりする機会はめっきり減っている。最近はたまに、宿題を写させてほしいと頼まれるようにもなった。写させてあげること自体は、別にかまわない。これまで千春も、何度となく紗希に勉強を教えてもらってきた。ただ、こんな宿題なんか意味あるのかな、とこぼされても、なんとも答えられない。

紗希に悪気がないのは、千春にもわかっている。悪気なく、学校の授業はたいくつだとけなし、塾の先生や友だちの話ばかりする。悪気がないとわかっていても、千春はなんだかすっきりしない。

お誕生日会の翌日、紗希になにをどう伝えるべきかと千春はなやんだが、その必要はなかった。

サナエちゃんの文句は、すでに本人の耳にも入ってしまっていたのだ。お誕生日会に出席した誰かが、こっそり告げ口したようだった。

「こそこそ悪口言うなんて最低」

紗希は④息巻いていた。

「あたし、別にガリ勉じゃないし。将来のために必要なことをしてるだけだよ。いい学校を出て、いい会社に入って、いい人生を送りたいんだもん。」

以来、紗希とサナエちゃんはひとことも口をきいていない。紗希の味方につく女子もいて、⑤教室の中には冷たい風が吹き荒れている。どういうわけか、担任の先生と男子たちは、まったく気づいているそぶりがないけれども。

千春の話を聞き終えたおじさんは、低くうなった。

「ややこしいことになっちまってるなあ」

そのとおりだ。ものすごく、ややこしいことになっている。

「いわゆる＊価値観の相違ってやつだ。小五でもあるんだなあ。そりゃ、あるか」

「カチカンノソーイ？」

またしても、千春にとってははじめて聞く言葉だった。

「生きてくうえで大事にしたいものが、ちがうってこと」

おじさんが補った。それなら、千春にもなんとなくわかる。

「有名な学校や大きな会社に入るのが、すごく重要だって考える人もいる。そうじゃない